HISTOIRE

DU

COMMERCE DE BORDEAUX

HISTOIRE

DU

COMMERCE DE BORDEAUX

DEPUIS LES TEMPS LES PLUS RECULÉS JUSQU'A NOS JOURS

PAR

M. L. BACHELIER

AVOCAT, ANCIEN SOUS-PRÉFET.

Protectione et libertate quò non commercium.

BORDEAUX

IMPRIMERIE DE J. DELMAS

RUE SAINTE-CATHERINE, 159.

1862

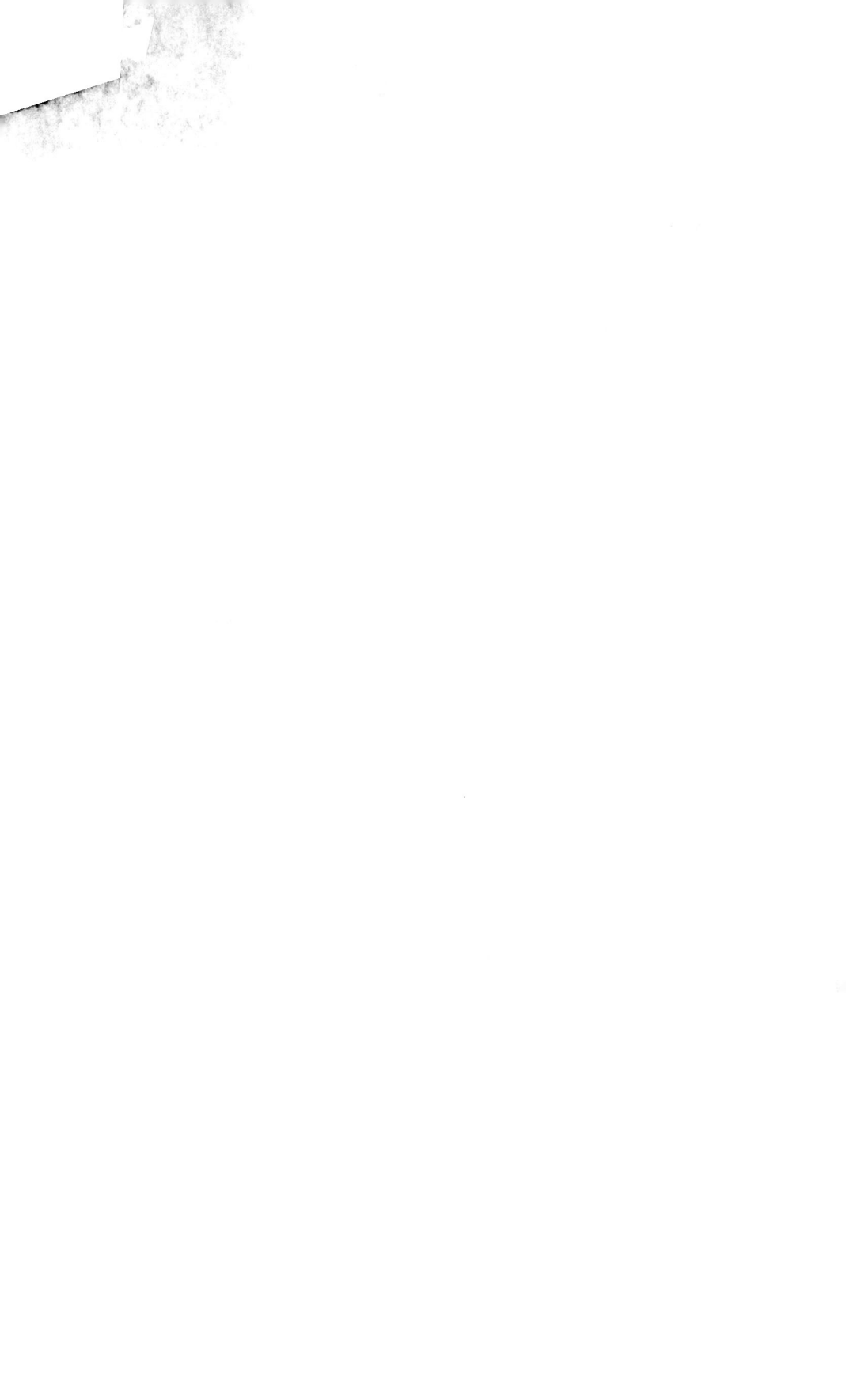

AU COMMERCE

DE BORDEAUX

Par son très-humble et très-dévoué

serviteur,

BACHELIER, Avocat.

OBSERVATIONS PRÉLIMINAIRES

Bordeaux est depuis bien des siècles un des ports les plus fréquentés du monde ; cette ville, heureusement située, a rarement entendu le bruit des armes, et n'a pris qu'une faible part aux grandes commotions politiques ; le commerce est sa vocation naturelle : tous les éléments de la richesse y circulent et s'y combinent sur une grande échelle ; on peut dire que notre place est une de ces fortes artères sur lesquelles on est sûr de sentir le degré d'affaiblissement ou de vigueur, de calme ou d'agitation du pays tout entier. L'*Histoire du Commerce de Bordeaux* est donc un livre d'intérêt général.

Mais cette histoire doit être surtout utile et attrayante pour tous les habitants de notre riche contrée. Quel homme intelligent n'aime à trouver, dans un tableau précis et vrai, la marche et les progrès d'une aptitude qui a toujours fait la fortune de son pays ? — Au point de vue pratique, quel négociant ne doit rechercher les règles du présent dans les leçons du passé, et où peut-on trouver, mieux que dans l'histoire du commerce, la solution des grandes questions qui nous intéressent si profondément ?

Notre tâche a présenté de grandes difficultés. Il est rare de rencontrer des matériaux authentiques et de quelque importance pour montrer ce qu'était le commerce de Bordeaux jusqu'au XVIe siècle; on peut dire que très-peu de chose a été conservé : les chroniques, les annales, l'histoire de la province et de la ville n'ont en général jugé digne d'intérêt que les guerres, les réceptions des princes, les conflits des autorités locales; quant aux arts, aux sciences, au commerce, les auteurs ne s'en sont pas occupés; si quelques mots leur en échappent de loin en loin, c'est, pour ainsi dire, involontairement; on doit lire des centaines de volumes pour trouver quelques renseignements passés inaperçus; il faut, comme Cuvier, reconstruire ce mammifère du premier âge avec des débris en poussière et dispersés. Les archives de la chambre de commerce de Bordeaux ne remontent qu'aux premières années du XVIIIe siècle; alors seulement commencent des chiffres commerciaux véritablement exacts et une suite régulière de données certaines.

Quelle que soit la faiblesse de cet essai, je crois pouvoir invoquer ces raisons comme une excuse légitime. Je fais le premier tracé d'un sentier qui sera plus tard élargi et complété par une main plus habile. Si mon exemple vient à être suivi, comme je l'espère, je me trouverai très-heureux d'avoir fait des recherches qui puissent servir à la publication d'une histoire du commerce de Bordeaux entièrement digne du sujet.

Nul travail ne mérite mieux, en effet, d'arrêter les méditations de l'un de ces hommes remarquables que le commerce de Bordeaux a souvent produits, et qui se trouvent toujours dans ses rangs. — Le goût de notre

époque se porte vers tout ce qui tient aux études économiques. La société cherche, de nos jours, à retrouver,
à comparer les titres de son activité et de son intelligence, à faire, pour ainsi dire, l'inventaire de tout ce
qui compose la richesse de son génie et de sa force.
Aussi chaque nation a l'histoire de son commerce. En
France, un grand nombre de nos villes principales, Marseille, Lyon, Rouen, Nantes, ont également la leur; il
faut prendre part à ce mouvement élevé. Pourquoi le
port important de Bordeaux resterait-il silencieux au
milieu de cette noble émulation?... Bordeaux, l'une des
villes les plus célèbres du grand commerce maritime!...
celle peut-être où les relations du nouveau monde ont
trouvé, dans le XVIIIᵉ siècle, l'impulsion la plus active
et produit les plus immenses résultats!...

Il n'est donc pas possible que ce soit le défaut d'intérêt du livre que nous publions qui ait arrêté jusqu'ici les
hommes spéciaux; ne serait-ce pas plutôt les difficultés
nombreuses du travail, le temps qu'il exige et la nécessité de lui donner les proportions qu'il paraît réclamer?
Cette réflexion nous a plus d'une fois intimidé; nous
ne nous sommes pas découragé cependant; nous avons
marché, sincèrement convaincu qu'il faut savoir se dé-
vouer à un travail d'intérêt général, dût-on ne produire
qu'un simple document imparfait, qu'une réunion de
matériaux consciencieusement préparée.

On a le droit de nous demander quelles sont les opinions et la pensée dominante de cet ouvrage; peu de
mots suffiront à cet égard.

La richesse du commerce sera toujours en raison directe de la modération des tarifs et de la liberté des
transactions internationales; c'est là maintenant une

vérité absolue pour tous les esprits droits et non pré-
venus. On peut discuter sur des détails, réclamer des
ménagements pour les conséquences anciennes d'une
mauvaise direction; mais le temps et l'expérience ont
parlé : on ne peut plus contester le principe; le nouveau
traité de commerce qui le consacre sera l'un des actes
les plus féconds de notre époque. Comment l'historien
du commerce de Bordeaux pourrait-il avoir un autre
sentiment ? — Notre port n'a-t-il pas été le défenseur
le plus vigoureux de cette doctrine économique qui va
changer la face du commerce et sera désormais la base
des rapports du monde?—Ne devons-nous pas en trouver la démonstration dans toutes les parties du tableau
que nous essayons d'esquisser?

C'est donc à ce point de vue que nous nous sommes
trouvé naturellement placé pour étudier et écrire l'histoire du commerce de Bordeaux; toutefois, il faut le dire,
nous discutons rarement, et cela doit être. L'histoire
n'est, selon nous, qu'un rapport fidèle dont l'objet est de
préparer, mais non d'imposer un jugement. Le récit
calme a été notre tâche; nous sommes d'ailleurs certain
de n'avoir manqué ni de modération ni d'impartialité envers toutes les opinions.

Ajoutons une explication bien simple quant au plan
de notre travail :

Il est facile de reconnaître du premier coup d'œil que
Bordeaux a pour base de son commerce trois éléments
principaux : les riches produits de son sol, qui en ont
fait de tout temps un des plus grands marchés de l'Europe; — sa position géographique reconnue depuis dix-
huit siècles comme l'étape la plus heureusement située
pour les rapports commerciaux du levant et du couchant;

— le mouvement considérable d'entrepôt, de commission et de revente, conséquence forcée de ses relations maritimes. L'histoire du commerce de notre ville est donc principalement le récit de la marche et des péripéties de ces trois éléments à travers les siècles.

Nous avons essayé d'être toujours clair et précis. Considérant surtout le commerce de Bordeaux dans les actes et les événements principaux de son existence, plutôt que dans la statistique complète de son mouvement, nous évitons les détails inutiles et les notes nuisibles à la clarté, sans méconnaître néanmoins l'obligation d'indiquer nos preuves.

Toutefois, quelques points de notre travail nous ont paru nécessiter la communication de plusieurs documents d'une certaine étendue : le récit ne peut pas toujours remplacer les chiffres ; en matière historique surtout, il est bien des circonstances où l'analyse ne pourrait faire sentir qu'imparfaitement la nature et l'importance d'un texte ; les commerçants trouveront probablement dans ces travaux anciens un intérêt et des rapports que nous aurions pu n'y pas apercevoir.

Au milieu de cette étude longue et difficile, l'espoir d'obtenir l'approbation du commerce nous a soutenu. « Ce n'est pas seulement par goût, dit un auteur célèbre, c'est par devoir, c'est par besoin, que tous les citoyens doivent accueillir, provoquer même la promulgation des connaissances, soit théoriques, soit pratiques, sur le commerce. »

HISTOIRE

COMMERCE DE BORDEAUX

Depuis les temps les plus reculés jusqu'à nos jours

CHAPITRE I.

ÉPOQUE GAULOISE.

Enfance vigoureuse du commerce bordelais. — Gouvernement patriarcal
des tribus. — Principe fécond de la liberté des échanges.

Les premières opérations de commerce sur le fleuve
la Gironde et ses affluents paraissent antérieures à la
fondation de Bordeaux. — On lit, en effet, dans lés
Commentaires de César, que le jeune Brutus eut le
commandement de la flotte romaine et des vaisseaux
gaulois qu'on avait fait venir des ports Santones (1)
(Saintonge) avec ordre de s'avancer au plus tôt contre
les Vénètes ; d'où il faut conclure qu'il y avait déjà
dans ces quartiers de la Gaule un commerce maritime que devaient alimenter les riches produits

---

(1) Brutum adolescentem classi Gallicisque navibus, quas ex Picto-
nibus et Santonis, reliquisque pacatis regionibus convenire jusserat,
præficit ; et quum primum posset, in Venetos proficisci jubet.

(*Cæsaris Commentaria, De Bello gallico*, liv. III.)

arrivant par la Garonne et la Dordogne. Or, il est reconnu que Bordeaux n'existait pas à cette époque de la conquête romaine, du moins à l'état de ville; c'est l'opinion générale des historiens (1). On ne concevrait pas, en effet, que César, si exact à nommer toutes les cités gauloises qui se soumirent aux Romains après la victoire de Crassus, et notamment Tarbes, Bigorre, Pau, Auch, etc., n'eût pas fait mention de Bordeaux, si cette ville eût existé (2).

Il faut donc admettre avec Dom Devienne, que les premiers fondateurs de Bordeaux furent les débris des tribus gauloises du Berry vaincues et dispersées par César, *Bituriges Cubi,* qui prirent le nom de *Bituriges Vivisci* (3).

Lorsque ces peuplades malheureuses se furent établies sur la rive gauche de la Garonne, ce fleuve était loin d'avoir, devant la cité naissante, l'aspect qu'il présente aujourd'hui : la rivière la Devise for-

---

(1) Dom Devienne, *Hist. de Bordeaux*, dissert. prélim.

(2) Hâc auditâ pugnâ, maxima pars Aquitaniæ sese Crasso dedidit, obsidesque ultro misit : quo in numero fuerunt Tarbelli, Bigerriones, Preciani, Vocates, Tarusates, Elusates, Garites, Ausci, Garumni, Sibutzates, Cocosatesque. (*Cæs. Comm., De Bello gallico,* liv. III.)

(3) L'origine biturige de Bordeaux ne peut pas être contestée : on lisait sur un ancien autel, trouvé lors de la démolition des Piliers des Tutelles : *Augusto sacrum et genio civitatis Bituricum Viscorum.* — Ausone, né à Bordeaux, nous apprend qu'il tirait son origine de la nation vivisque : *Hæc ego viviscâ ducens ab origine gentem.* — Saint-Isidore, dans des étymologies, Vinet, dans ses notes sur Ausone et Auteserre, pensent que les Bituriges-Vivisques étaient une colonie des Bituriges-Cubi : *Scimus Bituriges Viviscos à Biturigibus Cubis, Gallica gente, profectos.* (Dom Devienne, *Hist. de Bordeaux,* dissert. prélim.)

mait à son embouchure un bassin d'une assez vaste étendue (1); un peu plus loin, vers le midi, le ruisseau le Peugue coulait dans la même direction. Au milieu de ces cours d'eau, au centre de marais immenses qui la défendaient de toutes parts et sur un terrain légèrement incliné du couchant au levant, s'élevait la ville gauloise avec ses murs de pierres brutes entremêlées de fortes poutres croisées (2), et ses maisons d'osier et de planches surmontées de leurs toits en forme de coupole (3). A quelques pas, la Garonne, libre dans ses rives naturelles, inondait à chaque marée tous ces terrains d'alluvion, garnis aujourd'hui de riches cultures (4); des îles élevaient au milieu du fleuve leur nature variée (5), et les hauteurs qui terminent le paysage, au levant, étaient couvertes d'anciennes forêts de chênes et de cyprès (6).

Tel est le tableau qu'offrait la nouvelle cité des Bituriges; mais elle dut prendre un développement

---

(1) Strabon, *Géographie*, liv. IV.

(2) Muris autem omnibus Gallicis hæc ferè forma est : Trabes directæ perpetuæ in longitudinem, paribus intervallis, distantes inter se binos pedes, in solo collocantur hæ revinciuntur introrsùs; et multo aggere vestiuntur. (*Cæs. Comm., De Bello gallico,* liv. VII.)

(3) Hoffmann, *Hist. comm.*, trad. Duesberg, p. 311.

(4) On a trouvé, au pied de la côte du Cypressat, de gros anneaux de fer auxquels on attachait les navires.

(Dom Devienne, *Hist. de Bordeaux*, dissert. prélim.)

(5) Insula Marthoguas quæ est inter Burdigalam, et Laureum montem.
(*Arch. de Saint-André.*)

(6) Bordeaux avait en perspective, au delà de la rivière, une forêt de cyprès qui couvrait les hauteurs qui la dominent.

(Ausone, idylle VIII.)

rapide, puisque, soixante ans à peine après cette première époque, Strabon, qui le premier indique Burdigala dans la géographie de l'Aquitaine, dit que c'était une ville marchande et un port de mer renommé (1).

Rien n'égale en effet l'activité des premiers fondateurs. On dirait que la Providence double toujours le génie et la force de ceux qui ouvrent un nouveau sol. Il est d'ailleurs facile de comprendre que cette tribu vivisque, débris énergique de vingt villes détruites par l'invasion romaine (2), dut chercher dans le travail le bien-être qu'elle avait perdu et profiter du fleuve magnifique que lui offrait sa nouvelle patrie.

On vit donc se concentrer rapidement dans le port vaste et commode de Burdigala, le commerce maritime que faisait déjà cette partie de la Gaule, et qui avait lieu principalement avec la Grande-Bretagne, l'Irlande et quelques villes du nord, telles que : *Coriosopites* (Quimper), *Corriolum* (Cherbourg), *Caletium* (Calais), bourgades alors peu importantes.

Montesquieu dit, d'après Pline l'Ancien, que, plusieurs siècles avant César, le commerce du plomb et de l'étain des *Cassiterides* (îles Sorlingues) arrivait

(1) Burdigala, Biturigum Viviscorum emporium.

(Strabon, *Géogr.*, liv. IV.)

Selon le lexicon de Jacques Fusan, ce dernier mot signifie : *locus ad mercaturam et negotiationes exercendas aptus.*

(2) Uno die amplius viginti urbes Biturigum incenduntur. Hoc idem fit in reliquis civitatibus; in omnibus partibus incendia conspiciuntur.

(*Cæs. Comm., De Bello gallico*, liv. VII.)

par les ports de la Gaule sur l'Océan, et que depuis ces ports ces métaux étaient voiturés par terre jusqu'à la Méditerranée (1).

Un grand nombre de documents prouvent encore l'ancienneté de ces rapports commerciaux, et la part qu'y prenait la Garonne : « Il y a quatre endroits, dit Strabon, où l'on s'embarque ordinairement pour passer du continent aux îles de Bretagne; ce sont : les embouchures du Rhône, de la Seine, de la Loire et de la Garonne. » (2)

Outre ses métaux, la Grande-Bretagne et ses îles fournissaient au continent des chiens renommés, que les Gaulois employaient à la chasse et même à la garde de leurs villes; des froments, des laines et des teintures telles que l'écarlate et le vermillon (3). On trouvait en Irlande du borax et des pelleteries.

De leur côté, les vaisseaux bordelais transportaient dans ces contrées les huiles de Provence, les vins, parmi lesquels ceux du pays figurèrent bientôt au premier rang (4); une grande quantité de marchandises variées, telles que : liqueurs, fruits conservés, jambons des Pyrénées, déjà très-renommés à cette époque (5); produits de l'industrie biturige, entre autres : saies bariolées et même brodées d'or, ouvrages de cuivre, d'ivoire et d'ambre, poterie fine (6),

(1) Montesquieu, *Esprit des Lois*, ch. XXI.
(2) Strabon, *Géogr.*, liv. IV.
(3) *Ibid.*
(4) Columelle, *De Rusticâ*, Pline l'Ancien.
(5) Strabon, *Géogr.*, liv. IV.
(6) Huet, *Hist. du Comm. des anciens*, p. 188.

et, en outre, tous les objets du commerce de l'Orient qui de Marseille se répandaient par plusieurs voies dans les diverses parties de la Gaule.

« Du port de débarquement, dit Strabon, on vient gagner l'Aude, qu'on remonte à une certaine distance, mais le chemin qu'on a ensuite à faire pour arriver à la Garonne est plus long; on l'évalue à sept ou huit cents stades. Ce dernier fleuve se décharge dans l'Océan. » (1)

Le même géographe écrit plus loin : « Ce qui mérite d'être remarqué, c'est la parfaite correspondance qui règne dans ces contrées par les fleuves qui les arrosent, et par les deux mers dans lesquelles ces derniers se déchargent; correspondance qui, si l'on y fait attention, constitue en grande partie l'excellence de ce pays, par la grande facilité qu'elle donne aux habitants de communiquer les uns avec les autres, et de se procurer réciproquement tous les secours et toutes les choses nécessaires à la vie. Cet avantage devient surtout sensible en ce moment où, jouissant des avantages de la paix, ils s'appliquent à cultiver la terre avec plus de soin, et se civilisent de plus en plus. Une

(1) Strabon, *Géogr.*, liv. IV.
      Per quem Romani commercia suscipis orbis,
      Nec cohibes; populosque alios, et mœnia ditas
      Gallia queis fruitur, gremioque Aquitania lato.
                    (Ausone, *Villes célèbres.*)
« Tu reçois le commerce du monde romain et tu le transmets à d'autres; tu enrichis les peuples et les cités que l'Aquitaine renferme en son large sein. »

si heureuse disposition de lieux, par cela même qu'elle semble être l'ouvrage d'un être intelligent plutôt que l'effet du hasard, suffirait pour prouver la Providence. » (1)

César nous fait connaître quelles étaient la forme et l'installation des navires qu'employait à cette époque le commerce maritime des ports gaulois sur le Grand Océan. Le héros historien ne dépeint, il est vrai, que ceux des Vénètes, mais il est facile de comprendre que les autres ports de la Gaule occidentale devaient être au même point de progrès pour la construction maritime. Ce qui le prouve, c'est que les *Commentaires* signalent les rapports intimes et fréquents de ces contrées entre elles (2) : « Ces vaisseaux avaient le fond plus plat que les autres et étaient par conséquent moins incommodés des bas-fonds et du reflux. La poupe et la proue en étaient fort hautes et plus propres à résister aux vagues et aux tempêtes. Tous étaient de bois de chêne et ainsi capables de soutenir le plus rude choc; les poutres transversales, d'un pied d'épaisseur, étaient attachées avec des clous de la grosseur d'un pouce : leurs ancres tenaient à des chaînes de fer au lieu de cordes, et leurs voiles étaient de peaux molles bien apprêtées, soit faute de lin, soit parce qu'ils ignoraient l'art de

---

(1) Strabon, *Géogr.*, liv. IV.

(2) Crassum cum cohortibus legionariis XII et magno numero equitatûs in Aquitaniam profiscisci jubet, ne ex his nationibus auxilia in Galliam mittantur; ac tantæ nationes conjungantur.

(*Cæsar. Comm., De Bello gallico*, liv. III.)

faire la toile, soit pour qu'elles fussent plus à l'épreuve des vents impétueux de l'Océan, ou parce qu'ils les croyaient plus propres à faire mouvoir des machines aussi pesantes que l'étaient leurs navires, ce qui est plus vraisemblable. (1) »

Ainsi, dans ces temps éloignés, non-seulement les moyens de navigation étaient assez avancés à Bordeaux, mais encore les mœurs, les usages et l'industrie y favorisaient déjà le développement du commerce. Les habitants de l'Aquitaine aimaient la parure et les objets d'ornement, tels que bagues, bracelets et colliers; ils portaient des chausses étroites, des habits aux couleurs éclatantes et variées; on fabriquait des robes courtes à manches et des manteaux de laine épaisse hérissés de flocons, qu'on allait vendre jusqu'à Rome et dans toute l'Italie (2). Les femmes surtout y avaient un goût particulier pour la toilette; elles n'étaient jamais vues en public *chétivement et mal en ordre* (3), selon les expressions des anciennes chroniques. Pour les officiers de l'armée, les cottes d'armes se portaient rayées, brodées de fleurs; les casques, ordinairement en métal, étaient enrichis d'ornements divers.

Bordeaux, ainsi que chaque ville importante de la Gaule, avait des marchands ambulants qui transportaient les produits de son industrie dans les tribus les

(1) César, *De Bello gallico*, liv. III.

(2) Strabon, *Géogr.*, liv. IV; Hoffmann, *Hist. du Comm.*, traduction Duesberg, p. 511.

(3) Tillet, *Chron. bordelaise*, part. I, page 5.

plus éloignées, et, selon César, ces marchands faisaient naître partout où ils passaient l'intérêt et la curiosité (1).

Quant aux monnaies, les Bituriges-Vivisques, comme toutes les autres tribus gauloises restées indépendantes, se servaient de quelques pièces d'argent ou de cuivre grossières et sans effigie ; mais en général, le commerce extérieur se faisait par voie d'échange (2).

Tels furent les premiers éléments du commerce de Bordeaux. En peu de temps, ils durent produire une grande prospérité, parce que l'action du pouvoir était paternelle et simple, les impôts presque nuls, la liberté des échanges franche et complète. Tant il est vrai qu'après des erreurs, des luttes et des études de plusieurs siècles, on est tout surpris de reconnaître que le dernier mot de la science se trouve très-souvent dans les règles primitives les plus naturelles. .

(1) Est autem hoc Gallicæ consuetudinis, ut, et viatores etiam invitos consistere cogant, et, quod quisque eorum de quâque re audierit, aut cognoverit, quærant et mercatores in oppidis vulgus circumsistat; quibusque ex regionibus veniant, quasque ibi res cognoverint, pronunciare cogant. (*Cæsar. Comm.*, *De Bello gallico*, liv. IV.)

(2) Strabon, *Géogr.*, liv. III, p. 512.

CHAPITRE II.

ÉPOQUE ROMAINE.

Le luxe et les relations des Romains donnent une nouvelle étendue au
commerce de Bordeaux. — Grande prospérité de cette ville à l'époque d'Ausone. — Mais bientôt l'empire se corrompt et s'affaiblit. —
Le torrent des Barbares s'avance. — Les dépenses exagérées, la
fausse politique et la peur font naître tous les désordres : impôts excessifs, altération des monnaies, prohibitions. — Le commerce de
Bordeaux disparaît presque entièrement avec la confiance et la liberté.
— Ce qui en reste assiste languissant à la mort de l'immense société
romaine et doit mourir avec elle.

La nouvelle ville de l'Aquitaine ne fut pas longtemps sous le pouvoir indépendant des chefs bituriges qui l'avaient fondée; comprise dans la soumission
générale des Gaules, sous Auguste, elle conserva
néanmoins ses coutumes, ses usages, son administration particulière (1). Pendant plusieurs années,
l'autorité romaine n'y fut pour ainsi dire que nomi-
nale; Bordeaux s'aperçut à peine du changement de
son état politique, et, selon Strabon, elle continua à
jouir de sa liberté (2).

Sous le règne d'Aurélien, la province d'Aquitaine
vit encore se développer sa vie et sa prospérité; ce
prince encouragea le commerce et donna l'impulsion
à de grands travaux. — L'empereur Constance se

(1) Verneilh Puirasceau, *Histoire d'Aquitaine*, t. I, p. 59.
(2) Strabon, *Géogr.*, liv. IV.

déclara protecteur des gens de mer ; il les exempta des contributions publiques et leur accorda de grands priviléges. Ce fut par ses soins que les rapports avec l'Angleterre, qu'avaient diminués les pirateries des Barbares, furent rétablis et protégés. Il répara et augmenta le nombre des vaisseaux qui portaient dans les Gaules les blés de la Grande-Bretagne ; ces froments étaient ensuite transportés sur des barques qui remontaient les rivières pour l'approvisionnement des villes et des campagnes (1).

Au commerce primitif vinrent se joindre les rapports maritimes des Romains eux-mêmes ; la Garonne fut bientôt fréquentée par tous les navires de construction variée qui parcouraient les différentes mers de l'Europe, et dont l'Aquitaine imita la grâce et la richesse. Les côtes d'Espagne et de Portugal établirent avec le port de Bordeaux un commerce important ; on importait de la Turdétanie (Andalousie), de la Lusitanie (Portugal), de la Cantabrie (Asturies et Biscaye), du blé, du vin, de l'huile très-remarquable par sa qualité ; Bordeaux en retirait encore de la cire, du miel, des bois de construction pour la marine, des salaisons, des laines de la plus grande finesse et tellement recherchées, qu'on achetait les béliers jusqu'à un talent pour tâcher d'en acclimater la race (2).

Bientôt l'ancienne Burdigala disparut pour faire place à une nouvelle cité plus grande, plus belle,

---

(1) Huet, *Hist. du Comm. des anciens*, p. 384.
(2) Strabon, *Géogr.*, liv. III, p. 409.

environnée de fortifications régulières et renfermant dans son sein un havre vaste et commode (1). Vers le milieu du IVe siècle, époque où vivait le poète Ausone, la ville de Bordeaux avait atteint le plus haut degré de prospérité et de splendeur.

« O ma patrie! dit cet écrivain, toi, célèbre par tes vins, tes fleurs, tes grands hommes, les mœurs et l'esprit de tes citoyens, et la noblesse de ton sénat, je ne t'ai point chantée des premières, comme si, convaincu de la faiblesse d'une pauvre cité, j'hésitais à essayer un éloge non mérité! Ce n'est point là le sujet de ma retenue, car je n'habite pas les rives sauvages du Rhin ou les sommets de l'Hémus et ses glaces arctiques; Burdigala est le lieu qui m'a vu naître; Burdigala! où le ciel est clément et doux, où le sol, d'une humidité féconde, prodigue ses largesses, où sont les longs printemps, les rapides hivers et les coteaux chargés de feuillage; son flot qui bouillonne imite le reflux des mers. L'enceinte carrée de ses murailles élève si haut ses tours superbes, que leurs sommets aériens percent les nues. On admire au dedans les rues qui se croisent, l'alignement des maisons et la largeur des places, fidèles à leurs noms; puis les portes qui répondent en droite ligne aux carrefours, et au milieu de la ville le lit d'un fleuve alimenté par des fontaines; lorsque l'Océan, père des eaux, l'emplit du reflux de ses ondes, on voit la mer tout entière qui s'avance avec ses flottes. » (2)

---

(1) Dom Devienne, *Hist. de Bordeaux*, Ire part., p. 2.
(2) Ausone, *Idylle à Bordeaux*.

Au mouvement du commerce maritime s'unissait, comme de nos jours, la vivacité de la navigation fluviale, des barques de tout genre allaient et venaient en amont et en aval du fleuve, conduisant à Bordeaux le bétail, le bois, les récoltes des campagnes, environnantes; c'est encore ce que nous fait connaître Ausone en parlant d'un de ses fermiers qui l'avait quitté pour faire le commerce des villes situées sur la Garonne et ses affluents : « Il troque du sel contre du froment, le voilà marchand consommé; il court les fermes, les campagnes, les villages; il négocie par terre et par mer; barques, bateaux, chaloupes, brigantins, le promènent sur le Tarn et la Garonne. » (1)

. Le même auteur, dans son épître au poète Théon, qui habitait le bas Médoc, lui demande s'il s'y occupait du commerce et s'il y achetait à bon marché du suif, de la cire, de la poix, de la résine et du papyrus, pour les revendre bientôt à des prix exorbitants, à raison de l'augmentation qui survenait tout à coup sur ces marchandises.

Beaucoup d'objets appartenant au commerce d'approvisionnement d'aujourd'hui existaient déjà dans l'usage des habitants; les petites huîtres de grave,

(1) Et nunc paravit triticum casco sale,
　　Novusque pollet emporus.
　Adit inquilinos, rura, vicos, oppida
　　Soli et sali commercio;
　Acatis, phaselis, lintribus, stlatis, rate,
　　Tarnim et Garumnam permeat.

(Ausone, ép. XXII, à *Paulin*.)

pêchées dans la mer des Boïens (côtes du Médoc),
faisaient le délice des tables bordelaises et s'expédiaient jusque dans l'Italie.

« Pour moi, dit Ausone, les plus précieuses
sont celles que nourrit l'Océan des Médules ; ces huîtres de Burdigala, que leur qualité merveilleuse fit
admettre à la table des Césars, ont mérité entre
toutes la première palme ; leur chair est grasse, blanche, très-tendre, et à l'exquise douceur de leur suc
se mêle un goût légèrement salé de saveur marine. » (1)

Les habitants des landes qui séparent Bordeaux
de la mer, exerçaient, dès cette époque, l'industrie
du charbon ; ils transportaient également sur les marchés de la ville les bois communs, la poix, la résine,
la cire, le millet. « T'aviserais-tu, dit saint Paulin à
Ausone, de passer sous silence la brillante Burdigala
et de citer de préférence les noirs Boïens. » (2)

Disons enfin, pour compléter ces rapprochements,
que les habitudes des campagnes, au moment de la
récolte des vins, étaient à peu près ce que nous les
voyons encore ; c'est ce qu'Ausone nous dépeint

(1)   Sed mihi præ cunctis ditissima, quæ Medulorum
       Educat Oceanus, quæ Burdigalensia nomen,
       Usque ad Cæsareas tulit admiratio mensas,
       Non laudata minùs, nostri quam gloria vini.
                        (Ausone, ép. IX, à Paulin.)
(2)   An tibi mi domine illustris, si scribere sit mens,
       Quâ regione habites, placeat reticere nitentem
       Burdigalam, et piceos malis describere Boïos ?
                   (Lettre VII, de saint Paulin à Ausone.)

dans un de ses morceaux les plus gracieux : « Mes vignobles se reflètent dans la blonde Garonne. Suivant le pied de la montagne, le penchant qui monte jusqu'à la dernière cime, le vert Iyéus se montre partout sur les bords du fleuve. Le peuple, joyeux à l'ouvrage, et l'alerte vigneron, parcourent avec empressement, les uns le sommet de la montagne, les autres la croupe inclinée de la colline, et se renvoient à l'envi de grossières clameurs ; ici, le voyageur qui chemine en bas sur la rive, plus loin le batelier qui glisse sur l'onde, lancent aux campagnards attardés des chants moqueurs que répètent les rochers, la forêt qui frissonne et la vallée du fleuve. » (1)

Le commerce, en répandant la prospérité dans nos contrées, y avait, comme toujours, agrandi le goût des sciences et des arts, et développé l'éducation publique. Ce fut à cette époque qu'on vit s'élever à Bordeaux ces écoles célèbres et ces professeurs distingués dont Ausone nous a transmis les noms.

Ce dernier auteur revient souvent sur les beautés de sa patrie, et on conçoit son enthousiasme, car lorsqu'il partait pour sa terre de *Condate Portus,*

(1)   Sic mea flaventem pingunt vineta Garumnam.
        Summis quippe jugis tendentis in ultima clivi
        Conseritur viridi fluvialis margo lyæo
        Læta operum plebes, festinantesque coloni
        Vertice nunc summo properant, nunc dejuge dorso,
        Certantes stolidis clamoribus : indè viator
        Riparum subjecta terens, hinc navita labens
        Probra canunt seris cultoribus : adstrepit ollis
        Et rupes, et silva tremens et concavus amnis.

                    (Ausone, idylle X.)

nulle contrée n'égalait la magnificence du tableau qui
se présentait devant lui : sa riche galère suivait
comme un trait rapide le courant du fleuve passant
au milieu de mille navires aux formes variées : la
trirème avec ses bancs de rameurs disposés en éta-
ges (1) ; le *priste*, remarquable par la figure de baleine ou de dragon marin qui s'élançait au devant de,
sa proue (2) ; le *liburnes*, fait pour la marche rapide (3). La grande ville dessinait sur le ciel ses
tours élevées; en dehors des murs, de beaux édifi-
ces publics attiraient les regards; le temple du dieu
tutélaire (Piliers des Tutelles) élevait au milieu des
arbres son double rang de colonnes corinthiennes, et
sur la rive droite du fleuve, dans les plaines d'alluvion, au sommet des hauteurs, se montraient de gra-
cieuses villas d'architecture grecque ou romaine (4).

Qui eût dit que ce tableau de richesse sociale, de
civilisation, de progrès, devait rapidement disparaître pour faire place à la nuit profonde qui suivit l'in-

(1)   Triplici pubes quam Dardana versu impellunt
        Terno consurgunt ordine remi.   (Virgile, *Énéide*, liv. V.)
(2) Huet, *Histoire de la Marine ancienne*, p. 135.
(3)   Ordine contentæ gemino crevisse liburnæ. (Lucain, p. 145).
(4)   Hæc summis innixa jugis, labentia subter
        Flumina despectu jam caligante tuetur.
        Atria quid memorem viridantibus assita pratis,
        Innumerisque super nitentia tecta columnis ?
                              (Ausone, idylle X.)
« Une dernière repose sur un pic escarpé et n'entrevoit qu'à travers
un brouillard le fleuve qui coule à ses pieds. Que dirai-je de ces por-
tiques semés sur de vertes prairies, de ces toits soutenus de colonnes
sans nombre? »

vasion des Barbares et que continua la servitude du
moyen-âge?

Dès cette époque brillante que nous venons de
dépeindre, et qu'embellissaient le luxe transporté
dans les Gaules, le séjour d'une légion, les dépenses
d'une aristocratie romaine riche et prodigue; au sein,
disons-nous, de cette prospérité, Bordeaux renfer-
mait déjà des éléments de faiblesse et de destruction
que la décadence de l'empire augmentait chaque
jour.

Les monnaies romaines, introduites dans l'Aquitaine, y étaient devenues une cause rapide d'activité
commerciale; mais les fraudes et les altérations incessantes les convertirent bientôt en moyens de perturbation.

« Les empereurs, dit Montesquieu, réduits au
désespoir par leurs dépenses, se virent obligés d'altérer les monnaies; Didius Julien en commença
l'affaiblissement. On trouve que la monnaie de Ca-
racalla avait plus de la moitié d'alliage; celle d'A-
lexandre Sévère, les deux tiers; l'affaiblissement
continua, et sous Gallien on ne voyait plus que du
cuivre argenté. »

Bordeaux avait en outre, il est vrai, des monnaies
qui lui étaient particulières, mais les mêmes raisons
durent entraîner l'altération des monnaies locales.

D'un autre côté, les taxes romaines, exercées
d'abord avec modération, prirent une extension
désastreuse; les guerres des peuples du Nord et
les luttes sanglantes des prétendants à l'empire,

jointes aux exactions des proconsuls, les rendirent écrasantes; on prélevait un droit de 5 p. 100 de la valeur pour la seule exposition des objets sur les marchés. Les empereurs établirent bientôt un tarif intolérable, qui frappait à l'importation toutes les marchandises étrangères. Ce système reçut son application dans toutes les provinces conquises (1).

Des lois de prohibition absolue vinrent aussi porter un coup mortel au commerce. « La politique romaine, dit Montesquieu, fut de se séparer de toutes les nations qui n'avaient pas été assujéties. La crainte de leur porter l'art de vaincre fit négliger l'art de s'enrichir. Ils firent des lois pour empêcher tout commerce avec les Barbares. Que personne, disent Valens et Gratien, n'envoie du vin, de l'huile ou d'autres liqueurs aux Barbares, même pour en goûter; qu'on ne leur porte point de l'or, ajoutent Valentinien et Théodose, et que même ce qu'ils en ont, on le leur ôte avec finesse. » Le transport du fer fut défendu sous peine de la vie (2).

Certains empereurs firent même arracher une grande partie des vignes dans l'Aquitaine, de crainte que cette liqueur n'y attirât les Barbares (3). On redoutait pour ces belles contrées l'enthousiasme que l'Italie avait excité chez les peuples du Nord. Plu-

(1) Code *De vectigalibus*, liv. VII.
(2) Montesquieu, *Esprit des Lois*, ch. XI.
Non solum Barbaris aurum minimè præbeatur, sed etiam si apud eos inventum fuerit, subtili auferatur ingenio.
(Lib. II, au code *De commerciis et mercatoribus*.)
(3) Montesquieu, *ibid.*

tarque écrivait à peu près à la même époque qu'Aruns le Toscan avait attiré les Barbares, en leur montrant les fruits dorés et les vins précieux : « Aussitôt qu'ils en eurent goûté, dit l'historien, ils saisirent leurs armes pour chercher ces heureuses contrées, auprès desquelles toute autre leur paraissait stérile et sauvage. » (3)

Enfin, la séparation des empires d'Occident et d'Orient vint détruire le patriotisme, augmenter la faiblesse et compléter le désordre ; une nuée de peuples sortis des marais de la Baltique, Goths, Visigoths, Gépides, Vandales, Hérules, Saxons et autres, se répandirent dans la Gaule et dans l'Italie, ravagèrent l'Aquitaine, incendièrent sa métropole, et le faible empereur Honorius, espérant arrêter leurs conquêtes, permit aux Visigoths de fonder le royaume de Toulouse, dans lequel la ville de Bordeaux se trouva comprise.

(3) De la Primaudaie, *Hist. du Comm. du moyen-âge*, p. 125.

CHAPITRE III.

INVASION DES BARBARES. — DUCS D'AQUITAINE.

Anéantissement du commerce de Bordeaux. — Il se ranime un moment
sous Charlemagne, mais ce n'est qu'un éclair rapide. — Dévastation
par les Normands. — Ruine générale de l'Aquitaine. — De ce cata-
clysme qui dure deux siècles sort une société toute nouvelle. — Domi-
nation et privilége de la race guerrière. — Constitution hiérarchique
des nobles, partage des terres, esclavage des peuples, mépris des arts
et du commerce. — La loi est morte. — Le droit n'a pour base que
la force du seigneur. — Taxes arbitraires. — Spoliations. — Brigan-
dages. — Droit de naufrage. — Tout esprit de justice et de liberté
commerciale a disparu dans l'incendie de la vieille Europe.

Il faut essayer d'écrire une partie quelconque de
l'histoire, pour comprendre la nuit profonde qui se
répandit sur l'Europe, au moment où cessa de luire
pour elle le flambeau de l'empire romain; les arts,
l'éducation, les sources de la richesse sociale, tout
disparut sous le torrent des Barbares, et lorsqu'on
cherche à peindre les phases successives du commerce, on ne peut, en arrivant à cette époque, que
constater sa disparition complète et présenter le triste
récit de cette calamité qui dura plusieurs siècles.

Tous les rapports commerciaux, frappés et para-
lysés, s'arrêtèrent simultanément parce que l'invasion
et la ruine furent générales : les Alains, les Vandales,
les Visigoths, les Suèves ravagèrent la Gaule et l'Espagne; la Grande-Bretagne devint la proie des
Saxons, l'Italie et la Grèce furent parcourues par les

Huns, et la partie de l'Allemagne commerçant avec les Gaules se soumit aux armes des Bourguignons.

Les contrées se dépeuplèrent, l'agriculture cessa de produire pour le commerce, les trois quarts des vignobles disparurent, notamment dans l'Aquitaine, parce que cette culture demande des soins qui ne pouvaient convenir au caractère et aux habitudes guerrières des peuples du Nord.

Les vainqueurs s'emparèrent presque entièrement du sol. « Lorsque les Barbares faisaient leurs invasions, dit Grégoire de Tours, ils prenaient l'or, l'argent, les meubles, les vêtements, les hommes, les femmes, les enfants; le tout se rapportait en commun et l'armée partageait (1). » Les Visigoths, qui furent cependant les plus modérés, prirent les deux tiers des terres : « *Licet eo tempore quo populus noster mancipiorum tertiam et duas terrarum partes accepit.* » (2)

Comment le commerce de Bordeaux aurait-il résisté dans ce naufrage complet de la propriété et de la liberté ?... Ce qui restait d'hommes libres dut s'éloigner d'une profession qui ne pouvait plus trouver ni considération ni sûreté, et quant aux habitants soumis à la servitude, ils n'avaient aucun droit réel de propriété et ne pouvaient rien transmettre (3). — Le commerce fut entièrement avili, les Barbares ne le regardèrent d'abord que comme un objet de leur

---

(1) Grégoire de Tours, liv. II, ch. XXVII.

(2) *Lois des Bourguignons*, tit. 54, § 1.

(3) Joachim Potgienserus, *De statu servorum.*

brigandage, et quand ils furent établis, ils ne l'hono-
rèrent pas plus que l'agriculture et les autres pro-
fessions des peuples vaincus (1).

L'intolérance et les persécutions religieuses vinrent encore augmenter les malheurs de la Gaule méridionale ; « les Visigoths, qui professaient l'arianisme,
s'imaginèrent que les peuples qui leur étaient soumis
devaient suivre leur religion ainsi que leurs lois; la
résistance qu'ils éprouvèrent de la part des catholi-
ques, les détermina à sévir contre eux avec la plus
grande rigueur; on commença à leur interdire l'entrée des églises. Sidoine Apollinaire, évêque de Cler-
mont, rapporte dans sa lettre à Basile d'Aix, qu'on
voyait presque partout les ariens découvrir les toits
des églises, enlever leurs portes et faire paître les
bestiaux jusque sur les autels. Ils poussèrent l'inhu-
manité jusqu'à massacrer ceux qu'ils ne purent sé-
duire. On vit des flots de sang inonder l'Aquitaine;
plusieurs évêques perdirent la vie dans cette persé-
cution; celui de Bordeaux fut de ce nombre. » (2)

D'un autre côté, l'aristocratie militaire, maîtresse
partout, ne cherchait qu'à augmenter ses revenus,
sans se soucier de conserver les moyens de communication les plus indispensables au commerce; on
affermait ou on cédait à prix d'argent jusqu'aux chemins et aux lits des rivières; une loi des Visigoths
permettait aux particuliers, moyennant certaines
redevances, d'occuper la moitié du lit des grands

(1) Montesquieu, *Esprit des Lois*, liv. XXI, ch. XIII.
(2) Dom Devienne, *Hist. de Bordeaux*, p. 13.

fleuves, pourvu que l'autre restât libre pour les
filets (1). On peut se figurer ce que devint le port de
Bordeaux sous une législation de cette nature. Tout
se bornait à une faible navigation fluviale. Si quelques marins entreprenants et résolus se hasardaient
à prendre la mer, ils avaient encore plus à redouter
le pillage que la tempête. Ce fut, en effet, à cette
époque que s'établit le droit barbare d'aubaine et de
naufrage, qui a duré plus longtemps que les meilleures lois. Lorsqu'un navire était jeté sur la côte par
la force du vent, et plus souvent encore par un
pilote perfide, il devenait la propriété du seigneur
de la contrée. Quelquefois même le chef féodal faisait
ouvertement la piraterie; les *Rôles gascons* nous ap-
prennent qu'Édouard III, roi d'Angleterre, fut obligé
d'user de tout son pouvoir pour empêcher un seigneur d'Albret de confisquer à son profit les barques
de Bayonne et du golfe de Gascogne (2). Sur les côtes
de Bretagne, le droit d'aubaine ne conservait rien
au propriétaire du vaisseau. Dans l'Aquitaine, cet
usage était plus modéré : le seigneur du pays prenait
un tiers, les sauveurs de la côte ou plutôt les com-
plices du pillage, avaient le deuxième tiers, et le reste
était conservé au propriétaire et à l'équipage (3).

Les Visigoths ne régnèrent que 80 ans environ sur
l'Aquitaine, mais les premiers siècles qui succédèrent
à leur possession ne furent pas de nature à ranimer

(1) *Lois des Visigoths*, liv. VIII, tit. IV.
(2) *Rôles gascons*, p. 1341.
(3) Clairac, *Coutumes de la mer.*

le commerce. Les luttes des enfants de Clovis ne firent qu'ajouter aux anciens malheurs ; la ville de Bordeaux, frappée de découragement et de stupeur, languissait dans un état de misère et d'abandon. L'esprit de commerce paraissait entièrement éteint ; cette agonie dura pendant les trois siècles de la première race. A peu près confinés dans leurs ports et leurs fleuves envasés, les peuples du midi de la Gaule bornaient presque entièrement leur commerce à la pêche côtière et à la vente du sel marin, ainsi que cela avait également lieu dans tous les ports de la Méditerranée (1).

Tout à coup, à la voix de Charlemagne, les ténèbres qui couvraient l'Europe commencèrent à se dissiper ; l'industrie et le commerce se ranimèrent. Ce prince, qui ne savait même pas écrire, comprit, par la seule force de son génie, tous les secrets qui font les grandes nations ; ses célèbres Capitulaires accordèrent une protection toute spéciale au commerce ; il invita la noblesse à l'honorer et même à le pratiquer ; on ne dérogeait pas en l'exerçant. Les opinions du monarque se propagèrent, et ce qui le prouve, c'est que lorsque plus tard, et à l'époque des croisades, le besoin d'argent fit naître des traités entre les vassaux et les seigneurs, ceux-ci se réservèrent non-seulement les denrées produites par leur propriétés, mais encore celles qu'ils avaient achetées pour les revendre (2).

(1) Hoffmann, *Hist. du Comm.*, trad. par Duesberg, p. 155.
(2) Mably, *Obscurités sur l'Hist. de France*, t. III, p. 450.

Sous ce grand prince, les anciennes opérations du commerce de Bordeaux reprirent leur importance et leur activité. A mesure que les limites de son empire s'étendirent jusqu'à la Baltique, l'Elbe, le Danube, les Alpes et l'Èbre, Charles fit des traités avec les souverains étrangers pour garantir la sécurité des commerçants français, et développer leurs avantages; il établit en faveur de la navigation des phares sur les points dangereux; il créa sur les côtes de son empire un système de défense contre les incursions des pirates du Nord et des Sarrasins (1).

Le beau port de Bordeaux profita de cette impulsion nouvelle et de ces heureuses créations; sa prospérité refleurit sous l'influence de l'ordre et du pouvoir, comme elle mourra toujours sans eux. Des travaux importants améliorèrent le fleuve, les vaisseaux étrangers reparurent en grand nombre, et nos navigateurs se répandirent de nouveau sur l'Océan, dans la Grande-Bretagne, dans la Flandre et jusqu'au fond de la Baltique, pour y porter nos vins, nos fruits, et en rapporter en retour des toiles, du fer, des laines, des bois de construction, des pelleteries et toutes les marchandises du Nord. Bordeaux envoyait également en Angleterre et dans les ports du nord de la France les huiles à brûler provenant de la pêche qui se faisait déjà dans le golfe de Gascogne. M. de Fréville rapporte, dans son *Histoire du Commerce maritime de Rouen,* une légende curieuse, relative à ce commerce : Un jour que saint Philibert

(1) Pardessus, *Lois maritimes*, introd., p. 78.

se promenait dans le cloître, saint Saëns, cellérier du monastère, l'aborde et lui déclare que l'huile manque pour l'entretien de la lampe et de l'autel. — *Mais, reprit saint Philibert, n'y a-t-il plus une seule goutte d'huile?* — *Il en reste une demi-livre, vénérable abbé, et j'ai cru la devoir réserver pour le service des hôtes et pour vous.* — *Eh bien! mettez ce reste dans les lampes, et sachez que nous aurons bientôt, grâce à Dieu, de l'huile pour toute l'année.* — En effet, ajoute la légende, vers le soir, on reçut la nouvelle qu'un navire, *frété à Bordeaux*, était entré dans le port avec une cargaison d'huile à brûler. — C'était un envoi des amis de saint Philibert (1).

Comme dans les premiers siècles, le commerce d'Orient reprit avec l'Aquitaine, par la voie de la Provence et du Languedoc, des rapports actifs et étendus; un grand nombre de Syriens arrivaient en France et y apportaient les étoffes de soie de Damas, les vins-liqueurs, le papyrus, les parfums, les perles, les pierreries (2). Enfin, la plus grande partie de l'Allemagne comprise dans l'Empire commerçait avec la France jusqu'aux Pyrénées, et Bordeaux était le point central de beaucoup de ces rapports commerciaux (3).

Chose bien rare ! au milieu même de ces temps barbares et malgré la force absolue de son pouvoir, Charlemagne comprenait les conséquences fécondes de la tolérance; il reconnut combien le génie commercial de la nation juive pouvait être utile à la richesse de son vaste empire; sous son règne les israélites furent tranquilles; ils jouirent même de quelque influence à la cour; c'est un israélite que Charlemagne envoya en ambassade auprès du calife Haroun-al-Raschid. Il honorait également de sa confiance un autre individu de la même nation qui faisait fréquemment les voyages de la Syrie et en rapportait les précieuses denrées du Levant. Sous ce grand empereur, en un mot, le commerce et la liberté de ce peuple intelligent furent protégés comme ceux des autres sujets (1).

L'éducation reparut aussi avec le commerce; Charlemagne fit venir des professeurs étrangers et les combla de richesses. Bordeaux vit renaître ses jours de lumière et de grandeur.

Malheureusement, ce réveil du commerce et de la civilisation ne fut qu'un éclair rapide; le génie et la force de Charlemagne ne passèrent pas à ses successeurs. Lorsque ce bras puissant fut tombé, le torrent des peuples barbares reprit son cours; les Sarrasins recommencèrent à infester les côtes méridionales de l'Europe et interrompirent la navigation de l'Occident avec le Levant. Du côté de l'Atlantique, les Nor-

(1) Depping, *Hist. du Comm.*, p. 452.

mands, arrivant au dernier degré de l'audace, débarquèrent sur tout le littoral de la France. Vers le milieu du IXe siècle, une flotte normande pénétra dans la Gironde, s'empara de Bordeaux, et les vainqueurs mirent tout à feu et à sang dans la ville et ses environs; ils recommencèrent plusieurs fois leurs ravages pendant plus de soixante ans. « Comme rien ne pouvait arrêter leur férocité, les Bordelais abandonnèrent leur malheureuse patrie; il ne resta de Bordeaux que quelques maisons éparses que les Normands n'épargnèrent que parce qu'ils en avaient besoin pour leur servir de retraite. Frothaire, archevêque de Bordeaux, demanda au pape Jean VIII d'être transféré à Bourges, car Bordeaux, disait-il, n'avait plus besoin de pasteur, puisque les Barbares en avaient détruit ou dispersé tout le troupeau. » (1)

Qu'était devenue cette cité magnifique déjà si renommée dans le monde?... A travers les larges brèches du mur d'enceinte, on n'apercevait qu'un tableau de ruine et de désolation. Dans le lit de ce fleuve, si beau de nos jours, le courant grondait au milieu de barrages à moitié détruits, de pieux couverts de limon, et de nombreuses carcasses de navires incendiés gisaient sur les vases amoncelées (2).

Au milieu de tous ces désastres, l'herbe croissait

_____

(1) Dom Devienne, *Hist. de Bordeaux*, p. 20.

(2) On lit, en effet, dans les vieilles annales de l'époque, que la navigation des rivières était interceptée par les machines de toute espèce qu'on y avait placées à fleur d'eau pour tâcher d'arrêter l'invasion des Normands. (*Recueil des Histoires de France*, t. VII, p. 617.)

partout dans les villes abandonnées ; les Barbares en avaient dispersé les habitants, et s'ils leur avaient laissé la vie, ce n'était que sous la condition d'une forte rançon. Parmi les cultivateurs des campagnes, les uns étaient allés s'établir dans l'est, d'autres s'étaient résignés à subir toutes les horreurs de l'invasion ; d'autres encore, rompant les liens les plus sacrés, s'étaient précipités au devant des Barbares, et, pour assouvir leurs passions, les surpassaient en cruautés, trempant leurs mains dans le sang de parents ou d'amis (1).

En Aquitaine, comme dans toutes les contrées voisines de la mer, les vignes et les vergers étaient dévastés ; de vastes espaces offraient à peine aux regards un seul être humain ; on ne rencontrait plus de marchands sur les routes, un morne silence régnait dans les campagnes et les ronces couvraient les terres labourables (2).

Dans cet abandon presque entier de l'agriculture, on comprend combien la misère devait être profonde et le dépeuplement rapide : des familles affamées se donnaient en servitude aux riches seulement, pour ne pas mourir de faim. Charles le Chauve fut obligé de rappeler en faveur de ces infortunés la loi de Moïse, d'après laquelle l'homme qui se vend à un autre, ne sera esclave que six ans et recouvrera sa liberté la septième année (3).

(1) Depping, *Hist. des Normands*, p. 137.
(2) *Hist. générale du Languedoc.*
(3) De illis Francis hominibus qui tempore famis, necessitate cogente, se ipsos servitudini vendidère, etc. (Édit de l'an 864, art. 34.)

Quelquefois pourtant, le peuple, ne prenant conseil que de son désespoir, se soulevait pour s'affranchir du fléau qui pesait sur lui ; mais ces insurrections tumultueuses étaient ordinairement dispersées par l'énergie féroce des Barbares ou réprimées par les seigneurs francs eux-mêmes, qui ne voulaient pas que le peuple fît des attroupements, eussent-ils pour objet de repousser les ennemis. C'est ainsi qu'en 859 on extermina les malheureux qui s'étaient insurgés entre la Loire et la Seine, pour défendre le pays contre les pirates du Nord (1).

Cette affreuse situation dura jusqu'au commencement du Xe siècle, époque où Charles le Simple, ayant cédé aux Normands une partie de la Neustrie, ces Barbares cessèrent de ravager la France.

Les Bordelais rebâtirent alors leur ville, mais non dans sa première magnificence ; l'ancienne avait été construite dans un temps de prospérité, sous la direction des maîtres les plus habiles ; l'autre se ressentit de la décadence et de la misère (2).

L'Aquitaine passa sous le pouvoir de ducs souverains indépendants des rois de France, et qui régnèrent pendant deux siècles. Les documents historiques de cette époque, peu nombreux et très-incomplets, ne fournissent aucun renseignement sur le

(1) Vulgus promiscuum inter Sequanam et Ligerim adversùs Danos fortiter resistit; sed quia incautè suscepta est eorum conjuratio, à potentioribus nostris facilè interficitur. (*Annales Bertin*, ad ann. 859.— Depping, *Hist. des Normands*, p. 267.)

(2) Dom Devienne, *ibid*, p. 20.

commerce et l'industrie; il faut franchir plusieurs générations sans rien trouver d'exact sur ce qui constituait les rapports et les progrès du pays bordelais; mais, nous le répétons, quelles pouvaient être dans ce pays, essentiellement agricole, la liberté du commerce, la sûreté des engagements, la prospérité des échanges, à une époque où chaque province avait un maître différent, et chaque maître un pouvoir absolu sur la vie et les biens de ses sujets. Toute émulation avait disparu; ce qui restait des arts, des manufactures et des métiers, s'exerçait dans les cloîtres; le corps du peuple, esclave ou serf, n'était employé qu'au travail de la terre (1).

Remarquons aussi que, dès l'avénement du régime féodal, les anciennes douanes établies par les souverains ne furent plus, ainsi que les autres impôts, que des droits perçus au profit de chaque seigneur, à l'entrée comme à la sortie de leurs domaines; les marchands n'étaient regardés que comme des serfs dont on méprisait la personne et dont on convoitait la fortune. Quand les besoins du seigneur l'exigeaient, la spoliation armée remplaçait la perception trop lente des droits de passage; les marchands étrangers étaient encore traités plus durement que les régnicoles. Cette distinction, qui commença ainsi par la barbarie, s'est développée ensuite par esprit mal entendu de protection nationale. Telle est encore une des tristes origines du système protecteur (2).

(1) Arnould, *Balance du Comm.*, introd., p. 10.
(2) Dalloz, *Répert. général*, V° *Douanes*, n° 10.

Toutefois, il paraît certain que vers la fin du XIe siècle, sous les derniers ducs d'Aquitaine, le commerce de Bordeaux avait repris une certaine importance; ce qui le prouve, c'est qu'avant son mariage avec Louis le Jeune, Éléonore de Guyenne publia sous le titre de *Roöle des Jugements d'Oleron* un code maritime, où l'on retrouve toutes les règles principales que nous suivons à peu près encore sur les obligations des armateurs, des capitaines et de l'équipage, sur les pilotes, le fret, les avaries et le règlement des intérêts dans le cas de jet à la mer.

Néanmoins cette Éléonore fut, sous plusieurs rapports, une princesse fatale à la France, car, après son divorce avec Louis le Jeune, elle épousa en 1154 Henri d'Anjou, héritier du trône d'Angleterre, et par là fit passer sous le sceptre anglais la riche province d'Aquitaine, événement historique qui est devenu le point de départ de nos guerres les plus malheureuses.

CHAPITRE IV.

ANGLAIS. — CROISADES. — RETOUR DE LA GUYENNE A LA COURONNE DE FRANCE.

La société européenne sort enfin du chaos causé par l'invasion barbare. — Le commerce de Bordeaux s'agrandit de toutes les relations anglaises. — Mais l'esprit de privilége domine le monde. — Le principe de liberté étouffé dans les sociétés l'est encore plus pour l'industrie et les relations commerciales : priviléges des castes; priviléges des corporations; priviléges de l'industrie nationale; priviléges des produits de l'agriculture; priviléges des villes. — Cependant les croisades produisent pour le commerce des effets inattendus. — Le besoin et le développement des rapports avec le Levant font rechercher une route directe pour les grandes Indes. — Découverte de l'Amérique.

Après le second mariage d'Éléonore, Bordeaux devint capitale de la Guyenne, nouvelle province que les Anglais composèrent du Bordelais, de la Saintonge, de l'Agenais, du Quercy, du Périgord et du Limousin. Dans sa nouvelle situation, le commerce de Bordeaux dut naturellement augmenter, puisque cette ville devint libre d'étendre ses rapports dans les provinces nombreuses, soit de la Grande-Bretagne, soit du continent, qui obéissaient au roi d'Angleterre, et notamment la Normandie, l'Anjou, le Maine, le Poitou et la Touraine.

Dès cette époque, on voit, en effet, la marine bordelaise transporter en Normandie des chargements considérables de vin que le Havre et Rouen répandaient dans toutes les contrées voisines, et surtout dans l'île de France. Les monastères contribuaient eux-mêmes à ce mouvement; on lit dans l'*Histoire du Commerce de Rouen* : « En descendant la Seine, au-dessous de Mantes, le premier barrage féodal que l'on rencontrait aux XIe et XIIe siècles était celui de la Roche-Guyon; les maîtres de cette imprenable forteresse semblent avoir tenu rigueur pendant fort longtemps aux moines de Saint-Wandrille; peut-être avaient-ils raison? car il résulte d'un accord de 1292 que les religieux des deux monastères envoyaient dans leurs prieurés de l'île de France des vins de *Gascogne,* en quantité si considérable, qu'on n'oserait pas dire qu'ils n'en vendissent pas. » (1)

Mais les relations directes avec Londres et les principaux ports d'Angleterre devinrent surtout beaucoup plus considérables.

Voici quelques faits et documents commerciaux de cette époque :

1213. — Le registre des finances du roi Jean indique une somme de 517 livres 17 schellings pour achat de 348 tonneaux de vin, dont 222 tonneaux vin de Gascogne.

1246. — On trouve sur les comptes du chancelier de l'Échiquier 414 livres pour 404 tonneaux vin de Gascogne, et 1,846 livres pour 901 tonneaux du même crû.

1299. — Arrivée à Londres de 173 navires bor-

_____

(1) *Hist. du Comm. de Rouen*, t. I, p. 60.

delais chargés de vins. D'autres bâtiments du même port fréquentaient Douvres, Sandwich, Hastings, etc.

1372. — Arrivée à Bordeaux de 200 bâtiments anglais venant charger des vins (1).

1154. — Les Anglais fixent un maximum pour le prix des vins, qu'ils limitent de 20 à 25 sous sterling le tonneau.

1212. — Sur chaque chargement de vin importé en Angleterre, le roi prend un tonneau devant le mât et un tonneau derrière. Ce droit s'appelle *prisa*.

1273. — Henri III établit un nouveau droit de Gange d'un denier sterling par tonneau pour l'entrée en Angleterre des vins de toute provenance.

1302. — Nomination à Londres de six dégustateurs chargés de vérifier la qualité des vins.

1302. — Les vins d'Aquitaine sont exemptés du droit de *prisa* (2).

Les retours d'Angleterre se faisaient principalement en fers et laines. On a conservé une lettre d'avis de la maison Gherardi, de Londres, datée de 1286, au sujet d'un contrat d'achat de laines passé avec quelques abbayes anglaises (3) ; de Bordeaux, ces laines se transportaient à la Méditerranée, où les navires génois venaient les charger pour les répandre en Italie. Chaque balle de laine, pesant quatre quintaux de Provence, coûtait en fret et en droits, jusqu'à Aigues-Mortes, 9 florins d'or ; pour l'assu-

---

(1) *Chronique bordelaise.* — Duesberg, *Hist. de la Navigat.*, p. 407.
(2) Duesberg, *Hist. de la Navigat.*, p. 407.—Franck, *Traité des Vins.*
(3) Duesberg, *Hist. de la Navigat.*, p. 407.

rance depuis Londres jusqu'en Italie, on payait 12 ou 15 florins, suivant les périls du transport (1).

Dans cette situation, notre ville reprenait quelque splendeur, et présentait cet aspect original et pittoresque que l'art gothique imprimait aux grandes cités. Bientôt s'élevèrent ces nobles monuments d'architecture que nous admirons encore de nos jours : les tours de l'Hôtel-de-Ville qui devaient figurer à jamais dans les armes de Bordeaux, les flèches aériennes de Saint-André, la pyramide grandiose de Saint-Michel. Dans le port, ce n'était plus les bateaux grossiers des Barbares, ni les bâtiments variés des Romains; le génie naval avait combiné ses moyens pour les mers tourmentées qu'il fallait parcourir. Les navires étaient plus forts, la mâture et les voiles mieux établies. Le goût exagéré des gaillards avait produit aux deux extrémités du pont des constructions très-élevées enrichies d'ornement, et qu'on appelait les châteaux d'avant et d'arrière. Pour le petit cabotage, on se servait de barques légères, connues sous le nom de nefs; elles n'avaient, en général, qu'un seul mât, une grande voile et un foc; mais dans les temps calmes, elles pouvaient employer six à huit fortes rames.

Un des événements politiques les plus curieux de l'histoire, contribuait à cette époque à ranimer le commerce maritime; les croisades rétablirent plus de rapports que les Barbares n'en avaient détruits; des

---

(1) Depping, *Hist. du Comm. du Levant*, t. I, p. 301.

flottes nombreuses durent se former pour transporter les armées en Orient. Ces vaisseaux rapportaient à leur retour les soies de Constantinople et de la Morée, les broderies de la Grèce et les beaux tapis de la Perse. Le goût de ces riches produits fit renaître partout l'esprit industriel et commerçant. La prospérité des républiques de Venise, Gênes et Pise, sortit de cette lutte prolongée. Tout en transportant les approvisionnements immenses de l'armée des Croisés, la marine de ces cités opulentes rétablit et soutint le plus grand commerce qui eût jamais existé entre l'Europe, l'Égypte et les Indes.

La part que prenait Bordeaux à ce mouvement oriental avait lieu par Aigues-Mortes, Narbonne, Béziers, Montpellier et le port de Lattes, pratiqué à l'embouchure de la rivière de Lez, et qui communiquait à Montpellier par un chemin pavé. Souvent ces villes s'associaient entre elles pour compléter leurs chargements. La ville de Toulouse entrait aussi dans ces associations. Quoique située dans l'intérieur du Languedoc, elle pouvait facilement rassembler dans ses murs, par la Garonne, non-seulement les productions de la Guyenne et des côtes occidentales de la France, mais encore toutes les denrées des contrées septentrionales que les Flamands, les Normands et les Anglais apportaient à Bordeaux (1).

Pour les soieries et les épices du Levant, Montpellier était le principal entrepôt correspondant avec

(1) Clicquot de Blervache, *Comm. int.*, p. 35.

la capitale de la Guyenne. On conserve encore une note
de la maison du roi d'Angleterre, Henri III, écrite à
Bordeaux en 1232 et qui demande à Montpellier
vingt pièces d'étoffe de soie, quatre de drap écarlate
et trois gourdes de gingembre confit (1). Il y avait à
Montpellier une corporation de marchands de poivre
que l'on appelait la *caritad* ou la charité des poivriers ;
on préparait dans cette ville, à l'aide des herbes de
l'Orient, des épiceries, baumes, électuaires, conserves
et autres substances servant, soit à la médecine, soit
aux raffinements du goût ; de là, ces différents produits étaient transportés en grande partie à Bordeaux,
qui les répandait dans tous les ports de l'Occident et
du Nord.

Toutefois, et malgré cet heureux progrès, le commerce de notre port n'avait encore qu'une importance
relative ; les préjugés et l'ignorance arrêtaient son
développement ; les nobles, renonçant aux principes
de Charlemagne, avaient abandonné le négoce et le
méprisaient ; la bourgeoisie même le pratiquait peu ;
les israélites établis hors l'enceinte de la cité bordelaise, dans le territoire du prieuré Saint-Martin, en
faisaient la plus grande partie (2). Il y avait si peu de
fortune dans la ville, qu'en vertu d'une ordonnance
royale, aucun bourgeois ne pouvait être condamné,
pour quelque cause que ce fût, à une amende supérieure à 60 sous bordelais (3).

(1) Depping, *Hist. du Comm. du Levant*, t. I, p. 305.
(2) Clicquot de Blervache, *Comm. int.*, p. 70.
(3) *Chronique bordelaise*, p. 25.

D'un autre côté, les pirates continuaient à infester les mers, et ce fut pour en garantir le commerce que se forma dans le Nord la Hanse teutonique, à laquelle Bordeaux et Marseille s'associèrent.

Enfin, un fanatisme cruel arrêtait aussi le génie commercial; dans ce siècle, les israélites furent persécutés avec une inconcevable violence et presque toujours sans aucune autre raison que le désir de s'emparer des richesses qu'ils avaient acquises. Les proscriptions eurent lieu en Guyenne, comme dans toutes les possessions anglaises. Jean Sans-Terre s'empara de tous les biens des israélites, et il y en eut peu qui n'éprouvassent des traitements horribles; un d'eux, à qui on arracha sept dents, une chaque jour, donna 10,000 marcs d'argent à la huitième. Henri III tira d'Aaron, juif d'Yorck, 14,000 marcs d'argent et 10,000 pour la reine.

Cependant les israélites, réduits au désespoir, trouvèrent un moyen de sauver une grande partie de leurs capitaux en les confiant à des tiers, et dans les lieux de leur refuge, ils inventèrent la lettre de change en donnant aux négociants étrangers et aux voyageurs des lettres secrètes de crédit sur les dépositaires de leur fortune (1).

Au surplus, la nation anglaise n'avait pas alors cette sagacité commerciale qui la distingue aujourd'hui; la Grande-Bretagne était à cette époque, à l'égard de la France, ce que l'Espagne est de nos

_____

(1) Montesquieu, *Esprit des Lois*, t. II., chap. XVI, p. 45.

jours; ainsi, les Anglais ne connaissaient d'autre manière de transporter leurs laines que de les vendre
telles que la nature les leur produisait; ils ne sa-
vaient pas les mettre en œuvre; leur industrie igno-
rait même l'art de faire le savon, matière indispensable à toutes les manufactures d'étoffes et surtout
aux fabriques de laine; cette ignorance industrielle
ne commença à se dissiper que vers 1558, époque
de la prise de Calais par le duc de Guise.

L'Angleterre n'était guère plus avancée pour ses
statuts et ses principes commerciaux. Il ne serait pas
difficile de faire voir que c'est dans les anciennes
ordonnances des rois de France que les Anglais ont
puisé leurs plus belles lois sur le commerce; qu'on
lise attentivement les édits de Charles VIII, de
Louis XII et de François Ier, on y trouvera la base
de tout leur système commercial (1). Plus que toute
autre nation, l'Angleterre du moyen-âge avait adopté
le principe absolu de restriction et de privilége; la
Chambre des communes ne cessait de provoquer des
mesures prohibitives contre l'industrie du dehors;
elle avait obtenu la défense de l'importation des tissus
étrangers; en 1381, elle fit défendre toute exportation et importation par navires étrangers (2). Les Anglais allaient même jusqu'à interdire rigoureusement
sur la place de Bordeaux la vente des vins récoltés
dans les campagnes non soumises au roi d'Angleterre.

(1) Clicquot de Blervache, *Comm. int.*, p. 79.
(2) Depping. *Hist. du Comm.*, t. I, p. 340.

« *Fut ordonnat que lous peysanneys de Santa-Croux jurant sur lou bras de St-Moumolin, qué una pipa de bin que disent awgé vindut è la confrérie de St-Moumolin, si a le loc anglais et de leur propre bénéfice.* » (1)

Ajoutons que ce fut à cette époque que se formèrent ou que prirent une véritable force, les priviléges des villes, les maîtrises, les monopoles ; l'idée de liberté commerciale acheva de disparaître entièrement sous les principes d'inégalité, de méfiance et d'égoïsme qui devinrent la base artificielle de tous les rapports sociaux.

L'occupation anglaise n'avait donc apporté aucune amélioration aux abus du système féodal. Henri III, roi d'Angleterre, tenta, il est vrai, d'abolir le droit de naufrage en Guyenne par son édit de 1226; mais sur les routes, des taxes arbitraires continuaient à être perçues par les seigneurs, et un grand nombre d'entre eux, retranchés dans leurs châteaux forts, exerçaient fréquemment un véritable brigandage qui rendait le commerce impossible. On peut même dire que le vol était organisé et protégé; un certain baron de Rochefort ne vivait qu'en rançonnant à main armée les bourgs et les campagnes voisines ; ses soldats pillards dévalisaient tous ceux qui passaient par la voie publique (2). A Peyrehorade, un vicomte d'Horte arrêtait les marchands et voyageurs venant de Bayonne et les mettait à contribution (3). Dans

(1) *Chron. de Bordeaux*, part. II, p. 29.
(2) Lebaud, *Hist. de Bretagne*, p. 209.
(3) *Rôles gascons*, p. 1341.

cette situation, si les commerçants voulaient entreprendre le moindre voyage, ils étaient obligés de se réunir en grand nombre et de voyager en armes. On lit dans la capitulation de Rouen, 1419, que les habitants devaient apporter au château toutes leurs armes à la réserve de celles que les marchands portent quand ils vont à leur commerce (1).

Quant à la condition des personnes, elle était bien loin d'être plus heureuse en Guienne que partout ailleurs ; les croisades, les besoins des seigneurs, avaient bien fait naître quelques concessions, mais le servage régnait toujours dans toute l'étendue de l'ancienne Gaule. L'évêque de Champfleury cherchant à acheter un beau cheval pour faire son entrée dans la ville épiscopale, on lui en présenta un pour lequel il donna en échange cinq serfs de ses terres, savoir : trois hommes et deux femmes (2). Les chroniques de toutes les provinces présentent des faits semblables.

Pour se faire une idée juste du développement que pouvait avoir le commerce de Bordeaux, il ne faut pas perdre de vue que plusieurs des éléments principaux qui le composent aujourd'hui n'existaient pas encore ; ainsi, la fabrication des eaux-de-vie était ignorée dans les premières années du XIVᵉ siècle ; on ne connaissait pas l'usage du sucre et du café ; les trois quarts des industries naissaient à peine, et quant aux vins, il est certain que la Guyenne n'avait pas la dixième partie des vignobles qu'elle possède de nos

(1) Arnould, *Balance du Comm.*, p. 70.
(2) *Essai sur l'Hist. de Paris*, t. V, p. 423.

jours ; le Médoc n'était alors qu'un désert couvert de bois (1).

D'un autre côté, la propriété territoriale n'avait aucune garantie réelle; elle dépendait des événements. En 1260, un certain nombre de seigneurs bordelais s'étant révoltés contre le gouvernement tyrannique du comte de Leycester, le vainqueur fit arracher une grande étendue de vignes, démolir les châteaux et dégrader les terres. Quelquefois, des mesures bizarres, inspirées sans doute par quelques faits isolés, effrayaient le petit cultivateur et l'empêchaient de défricher dans le voisinage des grandes propriétés seigneuriales ; on lit dans les règlements du roi Richard une disposition ainsi conçue : « Quiconque entrera dans la vigne d'autrui et y prendra une grappe de raisin, payera cinq sols ou perdra une oreille. » (2)

Avant de terminer ce paragraphe, nous croyons devoir rapporter ici quelques détails donnés par l'abbé Baurein, sur la construction du clocher de Saint-Michel, parce qu'ils sont de nature à faire connaître quelle était, à l'époque anglaise, la valeur relative de l'argent à Bordeaux : Une pièce de bois de 20 pieds de longueur, sur 1 pied carré, coûtait 24 liards; le tonneau de moellon valait 6 deniers; une grosse pierre de taille, 5 deniers; la journée des hommes se payait 3 sous; les appointements de Bauducheau, entrepreneur du clocher, étaient de 60 liv. par an.

(1) Franck, *Traité des vins*, p. 210.
(2) *Règlements du roi Richard*, ch. 5.

A la fin du travail, la fabrique récompensa cet entrepreneur par le don d'un bel habit qui coûta 10 liv. On lit, en effet, dans les registres de comptabilité :

« *Plus, paguat una rouba et ferradoura, en la feyssoun, qui fut dounade à Ugues Bauduchau, per los services de detz ans que abe feyt per l'ovre, de nuyt et de jour, ci.... detz livres.* »

Les victoires de Charles VII et l'occupation définitive de la Guyenne par la France produisirent une perturbation considérable dans le commerce de Bordeaux ; de nombreuses et riches maisons anglaises, établies dans le pays depuis longtemps furent obligées de le quitter, avec autorisation d'emporter tous leurs biens ou d'en disposer. Le dépeuplement et le préjudice que cette circonstance occasionna furent tels, que quelques années plus tard Louis XI jugea indispensable de publier des lettres-patentes accordant des priviléges considérables aux étrangers qui viendraient fixer leur résidence à Bordeaux (1).

La Grande-Bretagne ne tarda pas à établir sur l'entrée des vins bordelais des droits très-élevés, qui portèrent un coup funeste au commerce. On lit dans la *Chronique de Guyenne :* « Bien est vrai que le trafic qu'ils font de vin au dit Bordeaux, est beaucoup moindre qu'il n'a été ci-devant à cause des taxes imposées au royaume d'Angleterre. » (2) De son côté, la France redoutant toujours les intrigues

---

(1) Dom Devienne, *Hist. de Bordeaux*, pages 98 et 103.
(2) *Chron. bordelaise*, 1ʳᵉ part., p. 26.

anglaises en Guyenne, avait adopté un système de surveillance qui nuisait aux rapports commerciaux. Les navires anglais montant à Bordeaux étaient tenus de laisser à Blaye leurs armes, munitions et artillerie; avant même d'entrer en rivière, ils devaient mouiller sur la côte de Soulac pour demander un sauf-conduit (1). Les capitaines ou négociants anglais ne pouvaient sortir de la ville pour aller acheter des vins qu'accompagnés d'un archer et avec la permission expresse des jurats; dans la ville même, ils ne logeaient que dans des hôtels désignés par le fourrier de la ville, et il ne leur était permis de circuler, dans les rues ou sur le port, qu'à sept heures du matin, avec obligation de se retirer à cinq heures du soir (2). De cet état de choses devaient naître des représailles toujours défavorables aux affaires : ainsi, le roi d'Angleterre ordonna qu'on ne pourrait charger des vins à Bordeaux avant décembre, c'est-à-dire au moment le plus préjudiciable aux voyages; de son côté, le roi de France décréta que la morue et autres poissons salés venant d'Angleterre ne seraient reçus dans le port de Bordeaux qu'après Pâques, et les laines anglaises qu'après la Saint-Jean (3).

Telles sont les principales circonstances commerciales que l'histoire nous transmet comme ayant été la conséquence immédiate du retour de la Guyenne

(1) Delurbe, *Anciens Statuts de Bordeaux*, p. 190.
(2) *Chron. bordelaise*, 1re part., p. 26.
(3) *Chron. bordelaise*, p. 152.

à la France. Quant à la nature du commerce et au
fond des rapports, il est facile de comprendre que
des années nombreuses s'écoulaient sans y apporter
de changements très-remarquables, parce que l'a-
griculture, la civilisation et l'industrie ne progres-
saient encore qu'avec une grande lenteur.

Toutefois, les ports de Bordeaux et de Bayonne se
livraient déjà à la pêche de la baleine, qui se faisait
souvent dans le golfe même de Gascogne, ce qui
nous est attesté par ce passage de Clairac : « Les
pêcheurs de cap Berton et du Flech ou du Boucau,
les basques de Biarritz et autres pêcheurs de Guyenne,
lesquels vont hardiment par grande adresse harpon-
ner et blesser à mort la baleine en pleine mer, ne
paient ou n'ont payé jusqu'à présent quoi que ce soit
au roi ni à seigneur quelconque, pour amener et
déposer leurs prises à terre. La saison du passage
des baleines sur les côtes de Guyenne et de Biarritz
commence après l'équinoxe de septembre et dure
presque tout l'hiver. La raison pour laquelle ces
beaux cétacés viennent au dit temps s'ébaudir en ces
plages, est qu'ils fuient les profondes ténèbres et les
rigueurs de l'hiver, qui, pour lors, possèdent la mer
glaciale du Nord, en laquelle est leur repaire et leur
séjour ordinaire pendant tout l'été ; car les baleines
sont naturellement amoureuses de la lumière et de
l'aspect du soleil, comme le sont aussi plusieurs autres poissons et divers oiseaux qu'on nomme de passage, tous lesquels pendant tout l'été font séjour aux
mers et les oiseaux aux terres hyperborées, sous ou

proche le pôle, aux fins de jouir de la grâce et du plaisir d'un jour continuel de six mois de durée. Les grands profits et la facilité que les habitants de Guyenne ont trouvé à la pêcherie des baleines ont servi de leurre et d'amorce à les rendre hasardeux à ce point que d'en faire la quête sur l'Océan, par toutes les longitudes et les latitudes du monde. A cet effet, ils ont ci-devant équipé des navires pour chercher le repaire ordinaire de ces monstres. Ce sont les barques et les navires de quelques marchands de Bordeaux qui se rendirent les premiers vers la mer glaciale du Groënland, au nord de l'Islande et au Spitzberg, où ils ont enfin trouvé la station ordinaire des baleines, pendant le jour qu'il y fait de six mois de durée; là, ces monstres jouent et s'ébattent en troupes comme les carpes en un vivier, et les poissons blancs dans les rivières et fleuves tranquilles, et les pêcheurs en rencontrent à choisir plus qu'ils n'en veulent ou qu'il ne leur en faut. Les Anglais qui n'avaient pas l'adresse ou l'industrie de cette pêcherie, en ayant eu l'avis, furent jaloux; ils y accoururent et leur firent de grands molestes pour les empêcher de travailler et de descendre à terre, lesquels ils continuèrent et redoublèrent tous les ans; enfin, ils leur prohibèrent absolument la descente en Islande et Groënland, pour y travailler à fondre les lards; depuis, un bourgeois de Cibourg, nommé François Saupette, a trouvé l'invention, laquelle a fort utilement réussi, de cuire et fôndre les graisses à flot et en pleine mer, loin des terres, toujours flottant sans mouiller l'ancre, ce qui leur revient à grand profit, car ils étaient fort incommodés à porter les lards crus à cause de la senteur de venaison ou de la puanteur et corruption, et le marc ou immondice qui ne peut être fait huile revenait au tiers de la cargaison; par l'invention de Saupette, ils sont à présent libérés de tous ces inconvénients et n'ont nul besoin de descendre à terre. » (1)

A peu près à la même époque, les pêcheurs commencèrent à profiter des bancs immenses de harengs qui descendent tous les ans du pôle nord ; le golfe de Gascogne offrit aux marins de la Guyenne les sardines et autres poissons de même espèce, pendant que s'établissait dans la Méditerranée la pêche analogue de l'anchois et du thon. Ce commerce du poisson devint dès lors une des sources principales de prospérité pour Bordeaux, et bientôt s'élevèrent, dans le quartier de la Rousselle, ces vastes magasins profonds et frais, dont un grand nombre existent encore de nos jours. (2)

En ce qui regarde les droits supportés par le commerce, la conquête de Charles VII replaça Bordeaux sous l'empire, à peu près arbitraire, des règles établies par Philippe le Bel et ses successeurs.

Les anciens droits de traites ou coutumes furent appliqués à tout le mouvement du commerce. Également imposés sur toute espèce de marchandises, soit sur les choses de nécessité, soit sur celles de

(1) Clairac, *Usages de la mer*, p. 151.
(2) Guilhe, *Études sur l'Hist. de Bordeaux*, p. 219.

luxe, ces droits étaient perçus à l'importation comme à l'exportation (1). Ils étaient, en effet, considérés comme impôt sur les profits des marchands; on ne comprenait pas alors que les profits des marchands ne sont pas de nature à être imposés directement, ou que le paiement de tout impôt assis de cette manière doit toujours retomber avec une charge considérable sur le consommateur (2). Les statuts de la sénéchaussée de Guyenne relevaient, il est vrai, cette contrée de tous droits quant à l'exportation, mais ce privilége se trouvait subordonné à l'empire des circonstances : si le gouvernement royal éprouvait un besoin, aussitôt la traite était rétablie, malgré les plus vives réclamations, et souvent Bordeaux se vit obligé de faire un sacrifice considérable en argent pour obtenir le retrait du nouvel impôt et le respect de ses priviléges (3). Il est même prouvé que, dans ces circonstances, la ville envoyait des cadeaux de vins précieux, soit aux ministres, soit aux seigneurs les plus influents (4).

Les choses étaient dans cette situation lorsque arriva, sous le règne de Charles VIII et vers les dernières années du XVe siècle, un événement qui étonna le monde et devait changer la face du commerce. Les conséquences de la découverte de l'Amérique ont été tellement immenses pour le port de

(1) Smith, *Richesse des Nations*, t. II, p. 573.
(2) *Repert. de la Législ.*, t. XVII, p. 537.
(3) *Chron. bordelaise*, pages 55, 59, 62, 69, 105 et 167.
(4) *Ibid.*, p. 73.

Bordeaux, que nous croyons devoir nous arrêter un moment sur ce fait historique d'un si grand intérêt.

Les anciens pensaient que le Grand Océan, situé à l'occident de l'Europe et de l'Afrique, ne formait qu'une immense étendue d'eau enveloppant la terre, sans interruption, depuis les rivages occidentaux de l'ancien monde jusqu'aux extrémités orientales des Grandes-Indes. Dans leur opinion, cette mer était impraticable, soit par la violence des tempêtes, soit par l'impossibilité d'en opérer la traversée; c'est ce que nous apprend ce passage remarquable de la *Géographie* de Strabon : « Que la terre habitée soit une île, dit ce savant géographe dans l'introduction de son ouvrage, d'abord le sens et l'expérience vous le disent, puisque partout où les hommes peuvent parvenir aux extrémités de la terre, ils trouvent cette mer que nous nommons Océan; ensuite, là où les sens ne peuvent s'en assurer, la raison le démontre. En effet, tout le côté oriental, le long de l'Inde, ainsi que tout le côté occidental occupé par les Ibères et les Maures, se parcourent sur mer, de même que la plus grande partie du côté méridional et du côté septentrional; le reste, réputé jusqu'à présent non navigable, parce qu'aucun navigateur n'a encore osé s'y engager ou n'a pas exécuté jusqu'au bout ses desseins, n'est pas considérable, à en juger par les distances correspondantes aux points où l'on a pu parvenir; or il n'est point probable que la mer Atlantique soit divisée en deux par des isthmes aussi étroits qui empêcheraient seuls de naviguer tout autour

de la terre; on doit plutôt penser que cette mer est
une et continue. Ceux qui ayant essayé de faire par
mer le tour de la terre sont revenus sur leurs pas,
avouent tous qu'ils y ont été forcés, non pour avoir
rencontré quelque partie du continent qui leur fer-
mait le passage, mais par la disette et le défaut de
secours. Du reste, s'ils eussent pu poursuivre jusqu'au bout leur entreprise, ils eussent toujours trouvé
la mer ouverte devant eux. » (1)

Ces idées géographiques ne firent aucun progrès pendant bien des siècles. L'arabe Édrisi, qui
écrivait au XIᵉ siècle, appelle l'Océan la mer *Ténébreuse;* « personne ajoute-t-il, n'en connaît les limites
à l'ouest; il est couvert d'une nuit éternelle et en
proie à des tempêtes sans fin; nul pilote n'a osé s'y
aventurer en pleine mer. »

Toutefois, à l'époque même où ces opinions étaient
répandues, les grandes pêches entreprises par
les riverains du nord et de l'occident de l'Europe
habituaient les marins de ces contrées à braver
les tempêtes de l'Atlantique. Déjà, dans le IXᵉ siècle, Éric Branda était passé de l'Islande dans
le Groënland. On prétend même que le Vinland,
c'est-à-dire la côte la plus nord des États-Unis, fut
découverte pour la première fois en 956, par l'Is-
landais Biorn Herjols, qui était allé chercher son
père au Groënland. Poussé par la tempête vers le
sud-ouest, Biorn alla aborder à cette terre qui éta-

(1) Strabon, *Géogr.*, p. 113.

lait une riche végétation. De retour auprès de son père, il partit avec Lief Éricson, fils de cet Éric Branda qui avait fondé les premiers établissements au Groënland ; un Allemand, nommé Tinker, qui les accompagnait, leur fit entrevoir la possibilité de récolter du vin dans le Vinland. D'après les indications que les Sagas donnent sur cette contrée (1), il faut la placer sur la côte américaine, depuis New-York jusqu'à Terre-Neuve, où l'on rencontre, en effet, plus de sept espèces de vignes sauvages (2).

Il paraît même prouvé que les marins de Guyenne, dans leurs courses pour la pêche de la baleine, avaient également rencontré Terre-Neuve et le Canada dans le XIIIe siècle. Si les Castillans, dit Clairac dans son vieux langage, *n'avaient pas pris à tâche de dérober la gloire aux Français de la première atteinte de l'île Atlantique qu'on nomme Indes occidentales, ils avoueraient, comme ont fait Corneille, Woytsler et Antoine Magin, cosmographes flamands, ensemble Antonio Saint-Romain, Monge de San Benico* (De la Historia general de la India, *liv. Ier, chap. II, p. 8*), *que le pilote, lequel porta la première nouvelle à Christophe Colomb, et lui donna la connaissance et l'adresse de ce monde nouveau, fut un de nos marins de Guyenne* (3).

Cependant ces découvertes s'étaient peu répandues dans le monde maritime et n'avaient pas changé les

---

(1) *Traditions historiques des peuples septentrionaux.*
(2) *Notes sur l'édition impériale de Strabon*, t. I, p. 152.
(3) Clairac, *Usages de la mer*, p. 151.

idées des géographes sur la configuration de la terre ; on persistait à penser qu'au sud de l'Islande et dans tout le reste du globe, le Grand Océan s'étendait depuis les limites des rivages indiens jusqu'à ceux de l'Europe.

C'était le développement de l'intérêt commercial qui devait faire découvrir ce quatrième continent situé au milieu des mers et dont le monde avait toujours ignoré l'existence. Comme nous l'avons dit, le commerce des Indes orientales, considérable sous les Romains, avait, pour ainsi dire, disparu pendant les luttes et la barbarie qui couvrirent l'Europe du VIe au XIe siècle. Les croisades le réveillèrent, les républiques italiennes le rendirent immense ; mais les expéditions de ce commerce étaient coûteuses, difficiles et surtout d'une longueur désespérante ; elles se faisaient par l'Égypte et la mer Rouge, ou par l'Euphrate et le golfe Persique. Les progrès dans la science maritime, l'application de la boussole et de l'astrolabe durent porter les marins à rechercher s'il ne serait pas possible de trouver à travers les mers une route directe pour arriver dans les Indes et éviter ainsi les lenteurs et les transbordements ruineux.

Les premières recherches eurent pour point de départ le projet de parvenir à doubler l'extrémité méridionale de l'Afrique, et d'arriver ainsi dans les mers indiennes. Un grand nombre de navigateurs firent des tentatives vers ce but et découvrirent successivement toute la côte occidentale du continent africain. En 1486, Barthélemy Dias reconnut le cap

qui termine l'Afrique au sud ; mais il revint sans
oser le doubler, et le nomma cap des Tempêtes, à
cause des tourmentes qu'il y avait essuyées. A son
retour, et sur le rapport de ce voyage, le roi Jean II
de Portugal nomma ce promontoire cap de Bonne-
Espérance, parce qu'il espérait, à juste titre, que
cette découverte ouvrirait la route directe des Indes.

La seconde idée géographique, basée sur toutes les
traditions anciennes, était d'aller trouver les grandes
Indes orientales, en traversant directement l'Océan
du levant au couchant.

On sait que ce fut dans ce but qu'un marin de résolution et de génie, Christophe Colomb, comman-
dant trois caravelles du gouvernement espagnol, découvrit, le 3 août 1492, les îles Lucayes, puis Cuba,
Saint-Domingue, et enfin le continent d'Amérique.

Cette découverte inattendue fit naître un véritable
enthousiasme dans le monde. Pierre d'Anghiera écrivait dans ses lettres de 1493 à 1494 : « Chaque jour
il nous arrive de nouveaux prodiges de ce monde
nouveau, de ces antipodes de l'Ouest, qu'un certain
Génois, Christophus Columbus, vient de découvrir ;
notre ami Pomponius Lactus n'a pu retenir des lar-
mes de joie lorsque je lui ai donné la première nouvelle de cet événement inattendu. » (1)

Il est facile de comprendre, en effet, quel dut
être l'étonnement de l'Europe ; les philosophes admi-
rèrent cet événement comme une preuve de la vé-

_____

(1) Humboldt, *Hist. de la Géogr.*, t. I, p. 4 et suivantes.

rité de leurs conjectures, mais qui devait, à raison des difficultés, être placé parmi les faits les plus étonnants.; le peuple prit cette découverte pour un vrai prodige qui avait agrandi la terre et doublé le monde. Les souverains qui avaient refusé l'offre de Colomb en laissèrent voir leur repentir (1).

Les ports maritimes de France partagèrent l'immense impression que fit naître cette conquête de l'intelligence et du courage ; mais plusieurs circonstances, que nous examinerons dans la section suivante, les empêchèrent longtemps encore d'en recueillir les conséquences.

(1) Chapus, *Hist. des Révol. du comm.*, p. 163.

CHAPITRE V.

SEIZIÈME ET DIX-SEPTIÈME SIÈCLE.

La découverte du nouveau monde ne produisit d'abord d'autre effet que d'augmenter en Europe la passion de l'or. — Deux siècles devaient s'écouler avant que cette nouvelle situation ne fît naître pour la France de sérieux éléments de commerce. — Les luttes religieuses anéantissent la prospérité de Bordeaux. — Au retour du calme, Sully, et, au siècle suivant, Richelieu et Colbert, s'occupent du commerce; mais le système mercantile et protecteur l'emporte sur toutes les idées de liberté des échanges. — Tableau de l'organisation du commerce de Bordeaux pendant ces deux siècles.

§ Ier.

Exposé général.

La connaissance géographique de la terre se compléta rapidement par les découvertes nouvelles de Vasco de Gama et de Magellan. Le premier, parti de Portugal en 1497, doubla enfin le cap de Bonne-Espérance, parcourut toutes les côtes de la presqu'île indienne, et jeta l'ancre devant Calicut au mois de mai 1498; le second, chargé quelques années plus tard, par Charles-Quint, de diriger une expédition contre les Moluques, conçut le projet de s'y rendre par l'ouest, en passant au sud de l'Amérique. Le 21 octobre 1519, il entra dans le canal appelé alors des *Onze-Mille-Vierges,* qui fut ensuite nommé de *Magellan,* et que les navigateurs avaient pris jusque-

là pour un golfe. A travers mille dangers, il atteignit l'issue occidentale du détroit, et l'immense Océan
se déployant devant lui calme et majestueux, il le
salua du nom de mer Pacifique. Après quatre mois
de navigation, il reconnut les Philippines; puis l'expédition, ayant traversé la mer des Indes et doublé le
cap de Bonne-Espérance, rentra en Portugal le 7 décembre 1522, après avoir accompli le premier
voyage autour de la terre en 1,124 jours.

Ainsi que nous l'avons dit, ces grandes découvertes furent longtemps sans produire de nouveaux résultats dans le commerce de la France et notamment
dans les rapports maritimes du port de Bordeaux. Il
est facile d'en apercevoir les raisons : les îles et le
continent d'Amérique, presque entièrement à l'état
de nature vierge et ne nourrissant que des peuples
chasseurs, furent près de deux siècles sans pouvoir
offrir des moyens d'échange de quelque importance;
les Espagnols et les Portugais, qui en prirent la possession exclusive, n'y établirent que des provinces
nominales, et ne s'y livrèrent qu'à la recherche de
l'or, dont l'abondance les avait éblouis et devait
les égarer.

Il ne faut pas oublier toutefois que les navigateurs
français ne restèrent pas sans faire quelques tentatives pour prendre pied sur le nouveau monde. En
1535, et sous les auspices de François Ier, Jacques
Cartier remonta le Saint-Laurent, prit possession du
pays et l'appela la Nouvelle-France. Quelques années
plus tard, l'amiral de Coligny essaya de fonder une

colonie française dans les Florides. Ce dernier établissement fut perfidement détruit par les Espagnols,
et l'on sait que ce fut un enfant de la Guyenne, le capitaine Dominique de Gourgues, qui arma quelques
navires à Bordeaux et vengea ses compatriotes en
exterminant une partie des forces espagnoles dans
cette péninsule de l'Amérique.

Mais le commerce ne devait pas encore profiter
de ces entreprises ; ses développements furent arrêtés par les luttes sanglantes que provoquèrent les
réformes religieuses ; elles prirent une telle gravité
dans la Guyenne, que tout mouvement commercial
y fut entièrement paralysé. Calvin, réfugié à Angoulême, puis à Nérac, auprès de Marguerite de Na-
varre, répandit dans le midi de la France l'ardeur de
sa doctrine. Les persécutions et les arrêts du Parlement ne firent que rendre la réforme plus active. Le
protestantisme n'était pas alors considéré comme une
religion nouvelle, mais comme une simple réforme
d'abus religieux. Les nouveaux principes pénétrèrent
dans les communautés elles-mêmes ; le couvent des
Annonciades, à Bordeaux, y adhéra publiquement ; de
nombreux prosélytes se formèrent dans toutes les
classes et jusqu'au sein du Parlement. L'émotion devint générale, toutes les affaires, tous les intérêts
firent place à la guerre religieuse. Cet état d'anarchie dévora, pendant près d'un siècle, le commerce
et la prospérité du port de Bordeaux. Parvenus à
posséder des armées nombreuses, les réformés s'emparèrent plusieurs fois des ports et forteresses com-

mandant le cours de la Gironde. En 1562, Bourg, Blaye et tous les principaux mouillages situés de Bordeaux à la mer, se trouvaient au pouvoir des protestants; le commerce maritime était entièrement arrêté; on ne pouvait passer qu'avec des escortes nombreuses et en livrant de véritables combats. On lit dans la *Chronique bordelaise,* sous la date de 1574 : « Monsieur de Montpensier écrit aux maire et jurats pour leur donner avis d'une entreprise que ceux de la religion prétendue réformée avaient fait sur Blaye, et leur demander d'armer pour y pourvoir promptement six navires bien équipés, sous la conduite de Royer de la Galarande, général de l'armée navale, d'autant que les ennemis avaient des navires aux ports de Méchets, Talmon et Royan. »

La même chronique rapporte encore, sous la date du 20 août 1593, que la garnison de Blaye, appartenant aux réformés, vint jusque dans le port de Bordeaux prendre une galiote de guerre que la ville entretenait pour sa défense.

L'avénement d'Henri IV et l'édit de Nantes apaisèrent, pour un moment, la fureur des passions religieuses. Ce grand roi s'occupa sans retard d'améliorer la position désastreuse où se trouvaient les finances et le commerce de la France. Bordeaux fut un des premiers ports visités par ordre de Sully. Les renseignements fournis sur tout le littoral prouvèrent que la marine française était nulle. Pour la faire revivre, ce ministre frappa d'un droit d'ancrage tous les navires étrangers et accorda des priviléges aux navires français. Encouragés par les faveurs du Gouvernement, les commerçants se livrèrent à de nouvelles entreprises; Samuel Champlain, parti de Dieppe en 1608, établit définitivement la colonie du Canada, fonda la ville de Québec, et dès ce moment le port de Bordeaux dut faire quelques armements pour porter dans la colonie naissante des vins et eaux-de-vie dont le goût se répandit rapidement chez les peuples sauvages des rives du Saint-Laurent. A cette époque, on ne prenait en retour du Canada que des pelleteries, telles que peaux de loutre, rat musqué, renard rouge, hermine, daim, cerf, chevreuil et castor.

Dans le même temps, les navires portugais et hollandais commençaient à importer à Bordeaux toutes les productions du Brésil.

Après la mort d'Henri IV, le génie de Richelieu chercha à donner une nouvelle implusion au commerce maritime français; mais les difficultés étaient grandes, les intérêts rivaux embarrassèrent le pouvoir, et les intentions de ce grand ministre ne produisirent, il faut le reconnaître, que des tâtonnements sans résultats sérieux.

On considéra d'abord, comme principe dominant, l'esprit de monopole et d'antagonisme qui, depuis plusieurs siècles, gouvernait le commerce tant à l'intérieur qu'à l'extérieur; au droit d'ancrage établi par Henri IV, on substitua l'interdiction absolue de fréter aucun navire étranger; cela fit naître en Angleterre et en Hollande des mesures et des taxes élevées très-nuisibles aux rapports commerciaux.

On parut en général pénétré de cette pensée, que le commerce ne pouvait se développer qu'en se groupant dans des sociétés générales et privilégiées. « Pour *se rendre maître de la mer*, dit Richelieu, *il faut faire de grandes compagnies, obliger les marchands d'y entrer, leur donner de grands priviléges. Faute de ces compagnies, et pour ce que chaque petit marchand trafique à part de son bien, et partant pour la plus part en de petits vaisseaux assez mal équipés, ils sont la proie des princes nos alliés, parce qu'ils n'ont pas les reins assez forts comme aurait une grande compagnie.* »

Imbu de ces idées, dont le temps a démontré l'erreur, du moins comme règle absolue, le ministre de Louis XIII ne s'occupa qu'à former des compagnies pour l'exploitation entière du commerce dans tous les établissements français; il traça en 1626 le projet d'une compagnie générale des Indes orientales; mais ce plan ne reçut son exécution que sous le règne suivant. Quelques années plus tard, le commerce du Canada fut également attribué à une société qui ne put se maintenir. Denambuc, gouverneur de l'île Saint-Christophe, obtint le privilége de faire le commerce exclusif de toutes les colonies qu'il pourrait fonder dans les Antilles; l'État lui abandonnait pendant vingt ans toutes les îles que la société mettrait en valeur, et l'autorisait à se faire payer cent livres de tabac et cinquante livres de coton par chaque habitant, depuis seize ans jusqu'à soixante. Cette société ne fut pas prospéré; en 1649, elle vendit la Guadeloupe, Marie-Galante et les Saintes pour 73,000 fr.; la Martinique, Sainte-Lucie et la Grenade pour 60,000 fr. (1). Ces îles furent, comme on le sait, rachetées en 1664 par le gouvernement français pour une valeur double environ. Saint-Domingue, occupé en 1630, ne commença à faire un commerce régulier que vers 1661. Quelques années plus tard, d'Herville découvrit le Mississipi et fonda sur ses bords le premier établissement français dans cette partie de l'Amérique. Bordeaux armait seul à peu près le petit nombre de navires qu'exigeait ce commerce naissant.

La cour de France luttait avec énergie contre les difficultés de tout genre que présentait la conservation de ses colonies. En 1670, le Gouvernement fit fabriquer pour toutes les îles une monnaie particulière dans le but d'éviter le déplacement désastreux du numéraire; d'un autre côté, deux édits de 1673 et 1675 affranchissaient de tous droits de sortie les marchandises expédiées spécialement de Bordeaux pour les îles; enfin, en 1681, notre port fut avantagé de l'établissement d'un entrepôt pour le tabac venant des colonies.

Si tous ces efforts ne produisirent pas immédiatement de grands résultats, il faut tenir compte de l'état d'enfance dans lequel se trouvaient presque toutes choses, et reconnaître que Colbert s'occupa du commerce avec une activité qui mérite la reconnaissance du pays.

(1) *Hist. philosophique des deux Indes*, par l'abbé Raynal, t. VII, pages 7 et 9.

Après avoir rétabli la marine militaire et purgé les mers des pirates barbaresques, ce ministre porta son attention sur la marine marchande. Par une protection efficace, il parvint à lui donner, en peu d'années, un développement que la France n'avait jamais connu. Un grand nombre de mesures utiles furent mises en pratique : en 1663, un Conseil central et permanent du commerce fut établi à Paris ; chacune des grandes places y avait son représentant ; une prime fut accordée à tout navire au-dessus de cent tonneaux construit dans nos ports.

Malheureusement, ce génie actif ne put voir encore, du point de vue où il était placé, que la liberté et la concurrence pouvaient seules former la base de toute prospérité commerciale durable; persévérant dans la voie tracée par Richelieu, il s'empressa d'appliquer à nos colonies le système de monopole et de sociétés privilégiées ; par édit de 1664, le commerce exclusif des Antilles fut cédé à une compagnie qui ne put se soutenir et qui tomba quelques années après avec un déficit considérable ; le commerce de ces îles fut déclaré libre en 1674. Quant aux Indes, Colbert, accomplissant le projet de Richelieu, forma la grande Compagnie dite *des Indes orientales;* le privilége exclusif de ce commerce était accordé pour cinquante ans ; l'État s'engageait à payer 50 liv. par tonneau de marchandises exporté de France dans les Indes, et 75 liv. pour chaque tonneau pris aux Indes pour porter en France ; tous les navires revenant de l'Inde étaient obligés de se rendre à Lorient ou à

Toulon, pour y faire leur déchargement. Cette dernière mesure, qui mettait presque toutes les autres places maritimes dans l'impossibilité absolue de participer aux avantages de ce commerce, fut maintenue contre les réclamations les plus vives du port de Bordeaux. Toutefois, malgré ces priviléges et beaucoup d'autres, cette Compagnie ne donna que des pertes, et vers la fin du XVIIe siècle elle se vit forcée d'accorder des permissions particulières pour faire librement le commerce des Indes, moyennant une prime de 10 p. 100 sur la valeur des cargaisons. Ajoutons, pour terminer ce tableau de l'esprit commercial de cette époque, qu'en 1669 le commerce avec les puissances du Nord fut également adjugé à une Compagnie, mais ce ne fut encore là qu'un essai très-rapide. — Les différents points de la côte d'Afrique devinrent aussi la possession exclusive d'une grande Société commerciale par des édits de 1679 renouvelés en 1685; en sorte que le monopole étant universel, le capital se trouva obligé de subir le despotisme des Compagnies et les frais dévorants de leur administration.

Les places elles-mêmes se laissaient entraîner à la contagion du monopole; en 1671, et sur la demande du commerce de Bordeaux, Louis XIV créa dans notre ville une Compagnie privilégiée de commerce à laquelle il accorda toute sa protection, et qui n'eut cependant qu'une existence éphémère. L'édit d'établissement portait qu'aucun négociant de Bordeaux ne pouvait être nommé jurat-consul ou juge, ni aucun

habitant être reçu bourgeois, s'il ne justifiait avoir
dans la dite Société, savoir : 2,000 liv. pour être
jurat ou juge ; 1,000 liv. pour devenir bourgeois.
L'étranger demandant la naturalisation et la bourgeoisie devait avoir dans la Société : 1,000 liv.
pour la première qualité; 2,000 liv. pour la seconde.
Les vaisseaux de la Compagnie avaient seuls le droit
de porter les armes de la ville de Bordeaux à leur
couronnement.

Comme nous l'avons dit, le principe adopté ne se
bornait pas au monopole des Compagnies : Colbert,
entrant résolument dans le système mercantile, pro-
mulgua le tarif de 1667, qui, pour protéger l'industrie nationale, établit des droits élevés sur les produits
étrangers. Quelques années après, les draps anglais
furent réellement prohibés par l'énormité des droits
d'entrée ; et de leur côté les Anglais commencèrent,
au préjudice de nos vins, ces tarifs exagérés qui ont
occasionné aux contrées vinicoles des pertes incalculables.

Ce n'était pas uniquement dans un but fiscal,
mais par conviction économique, que le ministre de
Louis XIV suivait la marche protectionniste : « Je sais
bien, disait-il, que pour combattre mon opinion l'on
objecte que si nous nous mettons sur le pied de nous
passer des étrangers, ils feront de même à notre
égard ; qu'ainsi, il est plus expédient de laisser les
choses sur le pied qu'elles étaient et qu'elles ont
toujours été ; mais pour parler de la sorte, il faut
être peu instruit que nous n'avons besoin de personne

et que nos voisins ont besoin de nous. Ce royaume a tout généralement en soi-même, si l'on en excepte très-peu de chose ; mais il n'en est pas de même des États qui lui confinent : ils n'ont ni vin, ni blé, ni sel, ni chanvre, ni eau-de-vie, et il faut de toute nécessité qu'ils aient recours à nous pour en avoir. Ce serait donc profiter fort mal du bien que Dieu nous a fait, si nous le donnions pour des choses dont nous pouvons nous passer facilement. S'il faut que les étrangers aient de notre argent, ce ne doit être que pour ce qui ne vient pas dans le royaume, comme sont les épiceries qu'il faut aller chercher bien loin, ou les prendre des Hollandais. Pour tout le reste, il faut se passer d'eux, et que le luxe ne nous tente pas assez pour faire une faute aussi préjudiciable à l'État. »

Cependant, dans quelques autres de ses travaux, Colbert reconnaissait la nécessité d'établir des débouchés et de maintenir des relations libres et réciproques entre les nations ; voici comment il s'exprimait en 1669 dans le préambule de l'édit pour la franchise du port de Marseille : « Comme le commerce est le moyen le plus propre pour concilier les différentes nations et entretenir les esprits dans une bonne et mutuelle correspondance ; qu'il apporte et répand l'abondance par les voies les plus innocentes, rend les sujets heureux et les États plus florissants; aussi n'avons-nous rien omis de ce qui a dépendu de notre autorité et de nos soins pour obliger nos sujets de s'y appliquer et le porter jusqu'aux

nations les plus éloignées, pour en recueillir le fruit
et en retirer les avantages qu'il amène avec soi, et
y établir partout en même temps, aussi bien en paix
comme en guerre, la réputation du nom français. »

Les commerçants français eux-mêmes, tout en subissant les préjugés de leur époque, comprenaient
déjà les principes féconds du libre-échange ; on lit
dans un mémoire présenté en 1654 par le commerce
de Paris : « La nécessité commune des hommes ayant
produit le commerce, le principal emploi de ceux
qui en font profession est d'envoyer dehors ce qu'ils
ont de trop, et de tirer du dehors ce dont ils ont
besoin ; ce flux et reflux de secours mutuels produit
l'abondance, en laquelle consiste le repos et la félicité
des peuples. Nos voisins reconnaissent par expérience que la liberté, soit aux marchandises, soit
aux personnes, fait fleurir le négoce ; qu'aux lieux
où elles sont exemptes d'impositions, il s'en trouve
en abondance, et que lorsqu'il est permis librement
à toutes personnes d'en faire apporter, le peuple en
est fourni à bon compte. »

Le commerce de Bordeaux se faisait aussi remarquer dès ces temps reculés par les adeptes nombreux
qui y soutenaient avec énergie la liberté des échanges
et combattaient les droits prohibitifs. M. Ribadieu
rapporte un extrait assez étendu d'un mémoire remis
à M. Salomon Virelade, délégué à Paris pour coopérer
aux travaux préparatoires d'un traité de commerce avec
l'Angleterre ; on y lit : « 8° *Demander qu'il plaise à
Sa Majesté de lever les défenses de l'entrée des dra-*

peries et autres marchandises de soie et de laine, à condition que les Anglais permettent l'entrée des vins et manufactures de France en Angleterre, et révoquent l'acte de la dite prohibition du 7 septembre 1689.

» *10° Demander que, ne pouvant obtenir le rétablissement entier du commerce, il soit permis pour le moins de tâcher à le remettre en quelque partie et dans quelques provinces, s'il ne se peut pour tout le royaume; comme si la Normandie s'oppose à l'entrée des draperies, qu'au moins elles puissent être reçues en Guyenne, la Rochelle et Bretagne, pourvu que les Anglais permettent l'entrée des vins des dites provinces.* » (1)

Quels que fussent au surplus les défauts du système commercial adopté par l'État, il est certain que l'ordre, le progrès des lumières, le développement des sociétés européennes, avaient augmenté le commerce dans son ensemble ; voici quel était celui de la France vers le milieu du dix-septième siècle :

IMPORTATIONS.

Hollandais.

Poivre, girofle, muscades, gingembre, cannelle et autres drogueries.	3,193,130 liv.
Sucres tant raffinés qu'autres et fruits confits.	1,885,150
Drogueries médicinales et pour peinture. . .	842,080
A reporter.	5,920,360 liv.

(1) Ribadieu, *Des Négociants bordelais.*

Report.	5,920,360 liv.
Pierreries, perles, cotons, plumes, laines, bois de teinture, garance, noix de Galles, alun, couperose, vitriol et autres.	1,035,220
Draps, toiles, tableaux, livres.	6,889,960
Cuivre, étain, plomb, chaudières à eau-de-vie, épingles, fer et acier.	1,500,000
Canons, pierriers, soufre, salpêtre, poudre, mousquets, pistolets, épées.	1,235,000
Cuirs, maroquins, vaches de Russie, fourrures de toutes sortes.	675,300
Lins, chanvres, cires, poix, brai, mâts de navire, planches de sapin et autres.	1,700,170
Harengs, saumons, baleines, huile de baleine et autres huiles.	454,300
Beurre, fromage, chandelle et suif.	200,040

Anglais, Écossais, Irlandais.

Draps de laine, mantes et couvertures, bas de soie et de filoselle, toiles de soie, rubans, cuirs, plomb, étain, alun, beurre, suif, fromage, charbon de terre.	15,372,000

Espagnols, Portugais.

Draperie, laines, cotons, sucres, poivre, cannelle, gingembre, anis, raisins, figues, cochenille, indigo, joaillerie, drogues médicinales	4,922,500

Italiens.

Velours, satin, damas, gros de Naples, bas de soie, draps d'or, draps d'argent, soies, dentelles, glaces de Venise.	4,124,500
TOTAL DES IMPORTATIONS. . . .	44,029,320 liv.

EXPORTATIONS.

Hollandais.

Vins et eaux-de-vie.	6,192,632 liv.
Blé, froment, seigle, orge, pois, fèves, châtaignes.	3,450,450
Toiles et linges de Guyenne, Bretagne et Normandie.	1,583,432
Huile d'olive, amandes, figues, raisins et autres fruits de Provence.	715,177
Draperies, mercerie, quincaillerie, papiers. .	945,525
Miel, térébenthine, cire, etc.	355,500
Sel de La Rochelle, Marennes et pays Nantais.	2,488,750 .

Anglais, Écossais, Irlandais.

Vins, eaux-de-vie, vinaigres, blés, sel, huile d'olive, figues, amandes, toiles, papiers. (1).	12,904,100

Espagnols, Portugais.

Vins, blés, seigle, orge, toiles, papiers, mercerie, quincaillerie	5,851,950

Italiens.

Blés, vins de Languedoc et Provence, draperie, toiles, mercerie.	3,020,000
(2) Total des exportations..	37,477,516 liv.

(1) Sous le règne de Charles II, avec une population de cinq millions d'habitants, l'Angleterre recevait par an 90,000 pièces de vins dont 40,000 venaient de France ; en 1669, il fut introduit 45,000 tonneaux de vins, 20,000 étaient le produit de la France. (Brunet, *Consommation des vins de France en Angleterre*.)

(2) Arnould, *Balance du Comm.*

Le commerce de Bordeaux prenait une large part à ce mouvement, surtout pour les vins et les eaux-de-vie, que quatre à cinq cents navires anglais, hollandais et des ports de la Baltique, venaient y chercher chaque année, quand la paix le permettait. Toutefois, comme nous l'avons vu, vers la fin du XVIIe siècle, les tarifs élevés adoptés par la France avaient fait naître, surtout en Angleterre, des représailles désastreuses. Non-seulement cette réciprocité de mesures hostiles diminua considérablement notre exportation de vins, mais encore le gouvernement anglais, favorisant avec énergie la fabrication des bières et eaux-de-vie de grains, les consommateurs de ce pays contractèrent des habitudes nouvelles, et ce changement dans les goûts de nos voisins fut certainement le coup le plus funeste qu'ait reçu le commerce de Bordeaux.

Les relations avec les colonies restèrent encore naissantes et presque sans importance jusqu'à la fin du XVIIe siècle. Quelques navires de faible tonnage partaient chaque année de notre port dans les mois de novembre et décembre, apportant aux Antilles des vins communs, des farines, des jambons, etc., et rapportant du tabac, des cuirs, et principalement des cacaos et des indigos, qui en étaient alors les produits principaux, car la plantation de la canne à sucre commençait à peine dans les îles d'Amérique ; le café n'y fut transporté que dans les premières années du XVIIIe siècle et n'y compta comme récolte que vers 1730. Ajoutons, enfin, que Bordeaux expédiait également chaque année, pour la pêche de Terre-Neuve, quelques légers bâtiments qui en rapportaient de 25 à 30 milliers de morues. Le commerce des grandes Indes et celui de la traite des noirs, étaient presque entièrement nuls dans notre port.

§ II.

Usages. — Règles et établissements du commerce de Bordeaux pendant le XVIᵉ et le XVIIᵉ siècle.

Il ne nous a pas été possible de trouver des documents plus spéciaux et plus étendus sur les affaires de Bordeaux à l'époque dont nous nous occupons ; mais nous allons examiner en détail quels étaient à cette époque les usages et les règles sur le commerce des principaux objets, les droits perçus à l'entrée comme à la sortie des marchandises, et le développement sur notre place des diverses institutions commerciales.

ARTICLE Iᵉʳ.

COMMERCE DES VINS.

De temps immémorial, les anciennes coutumes du pays Bordelais, considérant le vin comme la principale et même comme la seule production importante de la contrée, avaient établi des priviléges en faveur des vins récoltés dans la sénéchaussée bordelaise; ces priviléges avaient été reconnus par plusieurs rois, notamment par lettres-patentes de Charles VII.

Voici l'analyse de leurs principales dispositions :

La consommation générale de la ville était exclusivement réservée aux vins bordelais.

Il était défendu aux taverniers de vendre aucun vin étranger en la ville de Bordeaux et ses faubourgs, tant qu'il y avait à vendre du vin du crû des bourgeois, à peine de 300 sous bordelais d'amende pour chaque barrique. On obligeait les bourgeois à joindre leurs lettres de bourgeoisie à la déclaration qu'ils étaient tenus de faire pour obtenir l'entrée de leurs vins dans la ville.

Les *taverniers* ne pouvaient refuser à aucun bourgeois ou habitant de la dite ville, de recevoir leurs vins pour les vendre au détail, et ce à peine d'être suspendus pour trois mois; en cas de refus, il était permis à tout bourgeois de faire *taverne sans tavernier.* (1)

Ce privilége de vente, consacré par de nombreux arrêts du parlement de Bordeaux, était absolu et exclusif; seulement la vente des vins appartenant aux communautés religieuses fut autorisée dans la ville comme vins bourgeois. On lit à cet égard, dans la *Chronique bordelaise,* « que le chapitre de l'église de Saint-André députa deux chanoines vers messieurs les jurats, pour leur représenter que les fermiers des fruits de leur temporel ne pouvaient vendre le vin en détail, attendu que les dits sieurs jurats refusaient de leur en donner la permission en qualité de vins bourgeois; que les fruits de la messe avaient toujours

(1) Delurbe, *Anciens Statuts de Bordeaux.*

été tenus et réputés pour bourgeois et avaient le
même privilége ; sur quoi , messieurs les jurats ,
ayant délibéré qu'il serait permis aux dits sieurs chanoines et à leurs fermiers de vendre en détail le vin
recueilli dans leur temporel, en rapportant un certificat du crû où le vin aurait été recueilli, et à la
charge que les dits fermiers seraient tenus au paiement
du droit des eschats et de la marque, deux des dits
sieurs jurats furent députés pour aller porter la dite
délibération au dit chapitre, qui les en remercia. » (1)

Les nobles eux-mêmes habitant le pays Bordelais
ne pouvaient jouir de ce privilége , pour la vente des
vins de leurs terres, qu'en se déclarant bourgeois
et en consentant à en remplir les obligations ; ainsi
la *Chronique* rapporte encore qu'un sieur de Jon-
quières, agissant tant pour lui que pour les autres
gentilshommes du Bordelais, réclama auprès de messieurs les jurats pour l'obtention du privilége, et qu'il
fut délibéré « que les gentilshommes d'extraction
habitant le Bordelais avec leur famille , jouiraient
du privilége des bourgeois de la dite ville, en
faisant apparoir de leurs lettres de bourgeoisie qu'ils
sont issus de personnes qualifiées de maire et jurats
d'icelle ville, à la charge par eux gentilshommes de
contribuer aux charges ordinaires et extraordinaires
de la dite ville, ainsi que font les autres bourgeois ;
et leur seront à l'avenir les permissions à vendre
leurs vins expédiées, en se purgeant, par serment, le

(1) Tillet , *Chron. bordelaise*, p. 14.

vin être de leur crû et recueilli dans le Bordelais. (1) »

Quant à la vente des vins en dehors de la consommation locale, il existait des règles rigoureuses qui assuraient également de grands avantages aux produits des crûs bordelais et rendaient la concurrence difficile. Il est indispensable de placer ici le texte de ces anciens statuts.

« I.

» Des vins prohibés et défendus entrer en la ville et cité de Bordeaux, et qui ne peuvent être vendus en détail, en taverne, et de la marque des dits vins.

» De tout temps et ancienneté, les vins qui sont portés et conduits en la ville de Bordeaux, de Castillon-lez-Périgord, de Lamothe-Montravel, Saint-Antoine, Sainte-Foy, Saint-Pey-de-Castets, Sainte-Radegonde, Duras, Gensac, Rauzan, Pujols, Cyvrac, Blaignac, jusqu'au milieu de Lengrane ; ensemble, les vins qui sont du crû pays, terres et seigneureries de Blaye, depuis l'estey de Boglon d'une part, et l'estey de Fruscau d'autre part, pour connaître la différence des vins, seront marqués de la demi-marque de la dite ville par tous les deux bouts de chacune barrique.

» *Tout le contenu en ce chapitre a été, par tant que besoin serait, confirmé par lettres-patentes du roi Charles IX et autorisé par plusieurs arrêts de la cour* (2).

(1) Tillet, *Chron. bordelaise*, p. 19.
(2) Ces notes sont de Delurbe et Clairac.

» *Les dits vins ne peuvent être menés et descendus au devant la ville de Bordeaux qu'après la saint Martin, tant suivant la commune observance que transaction sur ce intervenue le dernier avril 1502 avec les députés du pays.*

» Et les dits vins après avoir été marqués peuvent être mis et retirés ès faubourgs seulement de la dite ville et non au dedans d'icelle, ains et autres lieux, hors l'enclos et circuit d'icelle ville en portant certification suffisante et authentique, signée des juges des lieux où leurs lieutenants, et en se purgeant que les dits vins sont des terres et seigneureries susdites.

» Et payeront pour le droit de la dite demi-marque à la dite ville, pour chacun tonneau des dits vins, 2 sols 6 deniers bourdelois, sans comprendre ni les 2 deniers et maille ou obolle pour livre, qui sont dus à la dite ville pour le droit de la coutume d'icelle, pour la vente des dits vins au prix qu'ils se vendront par ceux qui ne seront bourgeois; lesquels bourgeois payeront pour le droit de la marque 6 liards.

» Et tels vins des lieux, terres et seigneureries dessus déclarées, ne pourront être vendus par ceux auxquels appartiennent ni par autres directement ou indirectement en taverne ni en détail ès fauxbourgs de ladite ville, esquels seulement peuvent être retirés, comme dit est, à peine d'amende arbitraire et contre les bourgeois d'être privés de leur bourgeoisie.

» Et pour éviter toutes fraudes qui peuvent être faites au préjudice du vin bourgeois ou non prohibé, être vendu en taverne ni en détail, est statué que certains chais, maisons ou lieux seront achetés esquels les vins des lieux dessus déclarés seront mis et reçus.

» Et tous autres vins qui seront descendus en cette dite ville, de plus haut que la seigneurerie de Gensac, comme étant des vins prohibés entrer en la dite ville, payeront pour le droit de marque de ladite ville 5 sols bourdelois par tonneau, sans en ce comprendre le droit de la coutume.

» Et est défendu aux bourgeois de ladite ville, à peine d'être privés de bourgeoisie comme dessus, et aux autres à peine d'amende arbitraire de faire entrer tels vins, par fraude ni autrement, en la dite ville de Bordeaux.

» II.

» *Des vins qui doivent être marqués de double marque de la dite ville, autres que du haut pays, et en quels lieux doivent être retirés.*

» Les vins du crû de Saint-Seurin, de Montagne, Tallemont, Royan, Berne, Moncuq, Billot et autres lieux au-dessus de la ville de Sainte-Foy-la-Grande, qui seront menés et conduits en la dite ville de Bordeaux, descendus aux Chartreux et auparavant que pouvoir être enchayés, seront marqués sur chaque bout de barrique de la double marque de la dite ville et ne pourront être mis ni retirés en autre lieu qu'aux Chartreux, à peine de perdition des dits vins.

» Et auparavant d'être enchayés payeront à la dite ville, pour le droit de la dite double marque, 5 sols bourdelois pour chaque tonneau.

» Et en outre sera payé de chaque tonneau des dits vins qui se vendront aux Chartreux, 14 deniers et maille pour livre à la dite ville, savoir est : 12 deniers pour la grande coutume et 2 deniers et maille pour livre pour la petite coutume. Et si les dits vins sont chargés aux périls et fortune de ceux auxquels ils appartiennent, sans par eux être vendus ni emparollés à personne, ne payeront, sinon les dits 2 deniers et maille pour livre au prix qu'ils pourront ou qu'ils seront estimés.

» III.

» *Des vins du haut pays prohibés entrer dans la ville de Bordeaux, de la marque d'iceux, et en quels lieux doivent être retirés.*

» Toute manière de vin de haut pays du crû de la Chalosse, Armaignac, Tursan, Gavardan et d'ailleurs, crûs par-dessus Sainte-Croix-du-Mont, de Saint-Macaire, menés et conduits en la dite ville de tout temps et d'ancienneté, sont vins prohibés entrer en icelle ville; ains doivent être descendus, mis et retirés aux Chartreux et non ailleurs, à peine de perdition des dits vins, le vaisseau être défoncé et brûlé, et le vin donné aux pauvres de l'hôpital.

» *Cet article, en ce qui concerne l'exécution des vins du haut pays entrés en la dite ville, est confirmé par plusieurs jugements de la Cour.* (Note de Delurbe.)

» Et auparavant que tels vins prohibés puissent être enchayés au dit lieu des Chartreux, doivent être marqués de la double marque de la dite ville par chaque bout des dits vaisseaux, et payer pour le dit droit de marque, à la dite ville, 5 sols bourdelois par tonneau.

» Et, en outre, sera payé par chaque tonneau des dits vins qui se vendront aux Chartreux 14 deniers tournois et maille pour livre, savoir : 12 deniers pour la grande coutume et 2 deniers et maille pour la petite coutume. Et si les dits vins étaient chargés aux périls et fortune de ceux auxquels ils appartiendront, sans par eux être vendus ni emparollés à personne, au dit cas, payeront seulement 2 deniers et maille pour livre au prix qu'ils pourront valoir et qu'ils seront estimés.

» Les vins susdits qui doivent, avant que les enchayer, être marqués de double marque par privilége, ne peuvent être vendus en taverne ni en détail ès lieux qu'ils doivent être retirés de tout temps et d'ancienneté. Et, en outre, n'est permis à aucun en rabattant iceux vins, changer et remuer les cercles des vaisseaux, si les dits cercles n'étaient pourris ou rompus.

» IV.

» *En quel temps les vins du haut pays peuvent être descendus.*

» Suivant les priviléges du roi Louis XI, donnés au mois de mars 1461, les vins du haut pays ne peuvent être descendus au-dessous la ville de Saint-Macaire,

jusqu'après le jour de la fête de Noël, et ne peuvent
être mis en la ville de Bordeaux ni vendus en détail.

» V.

» *Des vins de Gaillac et Rabastens et en quel temps peuvent être*
descendus.

» Et quant aux vins de Gaillac et Rabastens seulement et non autres, suivant le privilége du roi
Charles, donné le troisième jour de mars 1486, ne
peuvent être descendus avant la fête de Saint-André.
Et après la dite fête peuvent être descendus aux
Chartreux, et ne peuvent être vendus les dits vins par
ceux auxquels ils appartiennent, ni par autres, que
la fête de Noël ne soit passée. Toutefois, s'ils les
veulent charger pour les faire mener à leurs risques
et fortune, le pourront faire avant la dite fête de
Noël échue, et non les faire mener en Angleterre,
sous peine de perdition du dit vin, suivant l'arrêt de
la Cour du 2 décembre 1519.

» *L'arrêté au dit article est intervenu sur la trans-*
action faite avec les députés du Languedoc du 2 dé-
cembre 1500, homologuée par arrêt du grand conseil
du 23 mars au dit an.

» VI.

» *Des vins que les bourgeois et habitants du dit Bordeaux sont*
prohibés acheter, et en quel lieu les Anglais peuvent acheter
vins, et de ne vendre vins sur la Grave.

» Il est inhibé et défendu à tous bourgeois, manants
et habitants de la dite ville de Bordeaux, d'aller ou

envoyer acheter aucuns vins du haut pays, de Chalosse, Armaignac, Cominge, Gavardan et tous autres
pays hors le diocèse bourdelois et nouvelle conquête,
sous peine d'être privés à perpétuité du privilége de
bourgeoisie et autre punition, telle qu'il sera avisé
par les dits seigneurs.

» Est aussi défendu à toute manière de gens mener
aucuns marchands anglais ou autres par les bour-
dieux et sur les champs pour acheter des vins autres
que des bourgeois et de leurs propres vins et de leur
crû, sur peine d'amende arbitraire.

» *Pour cet article et le suivant, a été conformément
jugé par les arrêts de la Cour du 26 février 1554 et
8 février 1559, et ainsi a toujours été gardé, voir
qu'anciennement les Anglais ne pouvaient sortir hors
cette ville, pour aller trafiquer, sans être accompagnés d'un archer de la dite ville, avec le congé des
jurats.*

» Et même aux dits marchands anglais est expressément défendu d'aller acheter aucuns vins sur les
champs sans courtier ni autrement, sinon qu'aucuns
marchands de la dite ville les menassent pour acheter
les vins de leur propre crû seulement, et par congé
et par permission des dits seigneurs, sous-maire et
jurats, suivant l'ancienne coutume, sous même peine
que dessus.

» Semblablement est défendu à toute manière
de gens de vendre vin sur la Grave et au long de
la rivière, pour les fraudes qui en ce pourraient
être commises, à peine de dix livres bourdeloises

d'amende et plus grande, ayant égard à la quantité du vin vendu et des personnes; et à même peine est défendu aux bourgeois et autres d'acheter vin sur la Grave et au long de la rivière pour les causes que dessus. » (1)

Les règles que nous venons de rappeler n'étaient pas, nous le répétons, introductives d'un droit nouveau, mais confirmatives de priviléges anciens qui remontaient bien avant la conquête du pays sur les Anglais, suivant les titres indiqués au *Catalogue des rôles gascons,* imprimé à Londres, fol. 143, où l'on trouve cette règle : « *Pro civibus civitatis Burdigalæ ut nulli alii præter ipsos vina sua in tabernâ vendere possint.* » (2)

On y voit aussi que le roi Charles VII, après une première conquête, avait pleinement ratifié, confirmé et approuvé tous ces priviléges; mais que les Anglais ayant ensuite repris la ville de Bordeaux et Charles VII l'ayant conquise une seconde fois, ce dernier avait restreint et modifié les priviléges de la ville en quelques chefs et spécialement en ce qu'il avait décrété, que les vins du crû du haut pays, depuis Saint-Macaire et au-dessus, pourraient être amenés et descendus en la dite ville de Bordeaux après la fête de Saint-André, lorsque les anciens priviléges ne permettaient de conduire les mêmes vins à Bordeaux qu'après la fête de Noël.

Les pays placés hors la sénéchaussée bordelaise,

(1) Delurbe, *Anciens Statuts de Bordeaux,* p. 190.
(2) *Chron. bordelaise,* édit. de 1705, p. 10.

que ce système rigoureux contrariait, cherchèrent souvent à en éluder les règles; mais le Parlement, l'administration municipale et le peuple lui-même soutenaient leurs droits avec la plus grande vigueur. Ainsi, le parlement de Bordeaux décida dans plusieurs circonstances : 1° Que tout bourgeois et habitant de la ville et faubourgs de Bordeaux, de quelque condition qu'il fût, qui frauderait dans les déclarations ordonnées pour l'entrée des vins et qui prêterait son nom pour faire entrer des vins non bourgeois dans la ville, serait condamné en 1,000 liv. d'amende et déclaré déchu et incapable du droit de bourgeoisie; 2° que les vins du Languedoc ne pouvaient, sous quelque prétexte que ce fût, être entreposés ni à Lormont ni à Blaye ou autres lieux de la sénéchaussée de Bordeaux; 3° que les dits vins du Languedoc entreposés au faubourg des Chartreux et qui se trouveraient invendus au 8 septembre, ne pourraient rester en nature dans les celliers du dit faubourg, mais que les propriétaires des dits vins ou leurs commissionnaires seraient tenus de les renvoyer en Languedoc ou ailleurs, si mieux ils n'aimaient les convertir en eaux-de-vie à leur choix, à l'effet de quoi ils devraient le dit jour, 8 septembre, au plus tard, faire leur déclaration aux jurats de la ville de Bordeaux, tant de la quantité de vin qui leur serait resté que de l'option qu'ils auraient faite (1).

Les habitants de Bordeaux étaient tellement jaloux

_____

(1) Archives du département de la Gironde, *Documents commerciaux*, carton C., n° 751.

de leurs priviléges, que les décisions mêmes du pouvoir royal, qui essayaient parfois de les enfreindre, venaient se briser contre l'indépendance et la fermeté de l'autorité locale. Ainsi, en 1554, un marchand ayant obtenu du roi une autorisation pour faire descendre à Bordeaux 1,000 tonneaux de vin du haut pays avant l'époque fixée par les statuts, ce titre royal fut repoussé et resta sans exécution comme contraire aux priviléges (1).

En 1512, le duc de Longueville ayant fait entrer du vin du haut pays dans la ville, le peuple se souleva et l'insurrection ne put être apaisée que par la sortie des vins et le respect des priviléges (2).

A côté de ces règles et pour les compléter, la législation de cette époque contenait aussi des dispositions qui avaient pour but de conserver la qualité et la réputation des vins de Bordeaux et d'éviter qu'on ne pût tromper les étrangers par de fausses apparences.

Dans les contestations commerciales qui s'élevaient fréquemment sur l'exécution des statuts, les mémoires de l'époque faisaient ressortir avec force les motifs du privilége bordelais et la nécessité des règles qui le constituaient : « Plus la situation de la ville de Bordeaux, disaient-ils, est avantageuse, plus il importe à l'État de la faire fleurir. La terre qui l'environne est une terre ingrate et stérile, dont toute l'industrie des habitants ne peut tirer que du vin.

(1) *Chron. bordelaise*, p. 69.
(2) *Ibid.*

N'était-il pas naturel de donner quelque privilége au commerce de ce vin, pour engager les habitants non-seulement à demeurer dans le pays, mais encore à en cultiver les vignes? — Ces vins, d'ailleurs, méritent une distinction à cause de leur qualité. Il n'y en a point de plus propres pour le commerce étranger, parce qu'il n'y en a point qui soutiennent mieux le transport de la mer; ils ont même cette propriété singulière qu'ils s'y bonifient; mais il est essentiel pour cela qu'ils soient dans toute leur pureté, qu'ils ne soient point coupés avec des vins, soit du Languedoc, soit de la haute Guyenne, dont la qualité fort inférieure les altère et leur fait perdre leur crédit, tant chez les nations étrangères que dans nos colonies de l'Amérique. — Il est de notoriété publique, que de tous nos vins, il n'y en a point qui aient plus de réputation chez les peuples du Nord et surtout en Angleterre et en Hollande, que ceux de la sénéchaussée de Bordeaux. C'est à la faveur de ces vins que pour achever les cargaisons, se font ensuite des achats de ceux du Languedoc et de la haute Guyenne, qui, par eux-mêmes, ne seraient point recherchés. Ainsi, c'est aux vins du Bordelais que le Languedoc et la haute Guyenne doivent en partie le débit des leurs; c'est à ces vins que toute la France est redevable du commerce immense qui se fait par les étrangers dans le port de Bordeaux. Il est donc essentiel, pour maintenir ce commerce, de conserver la réputation du vin de Bordeaux et d'ôter aux nations qui le recherchent la crainte qu'il puisse être altéré. Comme la confiance est l'âme du commerce, la défiance en est la ruine. L'on est aujourd'hui obligé de prendre des précautions contre l'idée même de la fraude. Les deux peuples les plus puissants dans le commerce se sont plaints hautement par leurs ambassadeurs d'avoir été trompés. Il est nécessaire, pour les tranquilliser, de dissiper jusqu'aux soupçons. Ce n'est pas assez que le commerce soit exempt de fraudes, il faut que l'on ne puisse même y en soupçonner; c'est l'objet des règlements qui sont en vigueur depuis tant de siècles dans le port de Bordeaux. »

Ces règlements soumettaient, en effet, à la surveillance des jurats la forme et la contenance des barriques, la qualité des objets destinés à la culture de la vigne, l'époque des vendanges eu égard à la maturité du raisin, et même les procédés du commerce.

Ainsi, il était ordonné qu'il n'y aurait qu'une mesure et une forme de barrique pour tous les pays de la sénéchaussée bordelaise, et que ces barriques seraient invariablement de la contenance de 32 veltes ou 120 pots.

Les barriques bordelaises ne pouvaient être vendues et transportées hors la sénéchaussée, sous peine de perte des barriques et d'une amende déterminée par les jurats, suivant l'importance de la contravention.

Les tonneliers qui ne fabriquaient pas les barriques conformément aux coutumes étaient également punis d'une amende, et chacun d'eux devait marquer les barriques faites par lui d'une marque particulière.

Il était expressément défendu, sous peine d'amende et de saisie, de loger dans des barriques de forme et de contenance bordelaises, les vins récoltés hors la sénéchaussée; et notamment les vins du Languedoc ne pouvaient descendre à Bordeaux que dans des futailles d'une contenance déterminée, savoir : *les vins de Gaillac et Rabastens et autres vins du Languedoc, dans des pipes de 54 ou 56 verges au plus; et dans des demi-pipes de 27 ou 28 verges au plus; et les vins de Carcassonne et du bas Languedoc dans des muids de 90 verges, dans des demi-muids de 45, dans des tiercerolles de 60 et dans des quarts de muid de 22 à 23 verges, même dans des futailles de plus grande contenance que les muids, si bon leur semble, à la charge que toutes les dites futailles seront figurées différentes et cerclées différemment des barriques dans lesquelles les vins de la sénéchaussée de Bordeaux ont coutume d'être mis* (1).

En ce qui regarde les œuvres et carrassonnes servant à soutenir les vignes, il était établi :

« 1° Que le pau qui se vendrait sur le port de Bordeaux serait long de huit pieds au moins; le biballot de sept pieds; le carrasson de deux pieds et quart ;

» 2° Que le cercle vendu sur le port de Bordeaux

_____

(1) Delurbe, *Anciens Statuts de Bordeaux*, p. 190.

devrait toujours être de longueur voulue ; et que céux qui vendraient des faisceaux dans l'intérieur desquels se trouveraient des cercles rompus, gâtés ou courts, seraient condamnés à des dommages et à une amende de 65 sols bordelois ;

» 3° Que le merrain vendu sur le port de Bordeaux devrait toujours être de bonne qualité, sous peine de dommages-intérêts et d'une amende déterminée par les jurats. »

La récolte elle-même du raisin n'était pas abandonnée au caprice ou à l'incapacité du propriétaire, mais surveillée au contraire par l'autorité du pays, dans l'intérêt du commerce.

Il était défendu à toute personne ayant vigne, de quelque état et condition qu'elle fût, de vendanger avant que les jurats n'en eussent annoncé le moment en faisant sonner la grosse cloche de la ville, à peine d'une amende.

Les verjus et raisins ne pouvaient être apportés ou vendus dans la ville qu'après les octaves de Saint-Michel. La moindre fraude était sévèrement punie à l'égard des cultivateurs ; ainsi, les journaliers qui étaient convaincus d'avoir emporté chez eux des fruits, sécailles, sarments ou autres objets, quelque faible qu'en fût l'importance, sans en avoir obtenu permission du propriétaire, étaient condamnés à une amende de 65 sous bordelais.

Enfin, un grand nombre d'arrêts du parlement et de décisions des jurats faisaient défense aux commerçants de mélanger les vins ou d'en altérer la force et la qualité de quelque manière que ce fût, sous peine de grosse amende et de déchéance du droit de bourgeoisie (1).

ARTICLE II.

COMMERCE DES BLÉS ET FARINES.

Si les principes qui présidaient à Bordeaux au commerce des vins avaient pour but de protéger la qualité des produits du pays, la législation sur les blés se proposait surtout de défendre la position du consommateur pauvre et d'éviter les disettes.

En général, le commerce des blés était libre à l'importation; quant à l'exportation, elle n'avait pas dans le pays bordelais de législation fixe; dans les années d'abondance, des édits spéciaux en prononçaient la liberté; mais dans les années de faible récolte, les jurats avaient par eux-mêmes le droit d'arrêter la sortie de toutes les céréales (2).

Le principe de la liberté d'importation était absolu; la vie du peuple y trouvait une de ses plus grandes garanties. « En l'année 1575, dit la *Chronique bordelaise*, il y avait grande disette et cherté de grains, le peuple était en appréhension d'une famine; tout à coup arriva sur le port et hâvre si grande quantité de navires chargés de blé qu'il vint à fort bas prix, ce qui arrive ordinairement à Bordeaux. »

_____

(1) Delurbe, *Anciens Statuts de Bordeaux*, p. 205. — *Chron. bordelaise*, p. 84.

(2) Les droits intérieurs de province à province frappaient les céréales comme toute autre marchandise.

Quant aux règles du commerce intérieur des blés et farines, elles ont toujours été à peu près les suivantes pendant le XVIe et le XVIIe siècle.

1° Lorsqu'un chargement de blé, soit par bateau, soit par navire, arrivait dant le port, il était absolument défendu à toute personne, quels que fussent son état et sa condition, d'acheter au-dessus de la quantité nécessaire à sa provision, soit pour revendre en ville, soit pour exporter, avant que trois marées entières ne fussent passées depuis l'arrivée du dit chargement, et cela sous peine de punition et de saisie du blé acheté ;

2° Aussitôt l'arrivée dans le port, le propriétaire ou le commissionnaire du blé devait déclarer le lieu où était mouillé le bateau et le prix de son blé. A partir de cette déclaration, il ne lui était plus permis de déplacer son bateau et de changer son prix, quelles que fussent les circonstances;

3° Si le propriétaire mettait son blé à un prix trop élevé, une commission de jurats fixait elle-même le prix, et cette décision était exécutoire nonobstant toute réclamation;

4° Le côté du port de Bordeaux exclusivement désigné pour le mouillage des bateaux chargés de blé et pour la vente des céréales, avait pour limite le port de la Grave au midi, et le pont Saint-Jean au nord ;

5° Quand un chargement de blé ou de farines était destiné pour Bordeaux, il était expressément défendu de faire des ventes pendant le trajet et en quelque lieu que ce fût; le navire ou bateau devait arriver directement à Bordeaux avec son chargement entièrement libre;

6° Les blés et farines devaient être vendus sans préférence à tous ceux qui se présentaient avec leur argent; et, dans les temps de rareté, ils étaient distribués à tous, même aux plus indigents, selon les besoins de chacun et en présence d'un jurat nommé à cet effet : *Aucun*, dit le statut, *ne sera préféré au prolétaire qui achète pour vivre du jour à la journée.*

7° Défense expresse était faite à ceux faisant le commerce du blé d'aller au devant des bateaux; comme aussi de revendre les blés sur le lieu même d'achat, c'est-à-dire de la Grave au pont Saint-Jean;

8° Dans les temps de stérilité, tous les propriétaires étaient obligés de vendre leur blé au cours arrêté par l'autorité;

9° Bordeaux entretenait un grenier d'abondance et en renouvelait l'approvisionnement chaque année;

10° Tous les boulangers de la ville étaient tenus d'avoir un approvisionnement de trois mois dans la proportion de leur débit;

11° Les procès du commerce de blé étaient toujours jugés à bref délai, et les décisions en étaient exécutoires nonobstant toute opposition ou appel (1).

_____

(1) Delurbe, *Anciens Statuts de Bordeaux*, p. 155 et suivantes.

ARTICLE III.

COMMERCE DU POISSON SALÉ.

La ville de Bordeaux faisait déjà depuis plus d'un siècle un commerce considérable de poisson salé. Elle était à l'Occident l'entrepôt général du produit des pêches, qu'elle répandait dans la Guyenne, le Languedoc, l'Angoumois, le Poitou, le Limousin et même les parties septentrionales de l'Espagne. Les principaux articles de ce commerce, avant le XVIe siècle, étaient le merlus, qu'apportaient à Bordeaux les pêcheurs de la Bretagne; les colacs et saumons salés, dont les Irlandais faisaient alors la principale importation; le hareng, que fournissaient concurremment dans notre port les Normands, les Anglais, les Écossais, les Irlandais, les Flamands; enfin la sardine, qui venait en abondance des ports bretons et normands, et que les Anglais et les Picards apportaient aussi en saumure. La morue n'était alors que d'une faible importance dans le commerce du poisson sec; mais vers le commencement du XVIIe siècle, et dès les premiers établissements de Terre-Neuve, ce poisson devint un des principaux éléments du commerce de Bordeaux. On le rencontre, en effet, en quantité inépuisable, sur le grand banc placé dans le voisinage de cette île. Ce poisson se reproduit avec une facilité merveilleuse. Leuwenhock a compté dans l'ovaire d'une femelle de taille moyenne plus de neuf millions d'œufs. Il est vrai que ces œufs sont la proie d'une multitude de poissons et des morues elles-mêmes, sans quoi la mer entière, disent les naturalistes, serait occupée par ces animaux.

Le commerce du poisson salé avait donné lieu à des fraudes et à des abus nombreux, qui étaient combattus sur la place de Bordeaux par des règles spéciales; nous ne pouvons mieux faire que de rapporter ces règlements, antérieurs même au XVIᵉ siècle, et qui devinrent ensuite applicables à la morue comme à tout autre poisson (1).

« Du poisson salé, des visiteurs d'icelui et du salaire que les dits visiteurs doivent prendre.

» Pour éviter les abus qui ont été commis par les vendeurs de poisson salé, en le vendant en pipes et en autres vaisseaux sans compter le dit poisson, les dits sieurs sous-maire et jurats inhibent et défendent à tous marchands étrangers de vendre aucune sorte de poisson salé, s'il n'est à cents ou à milliers, et non à pipe, ni cap à queue.

» Pour exécution de ce règlement, seront députés par les dits seigneurs deux visiteurs du dit poisson salé, lesquels prêteront serment par-devant eux de faire vraie et loyale visite sans avoir acception de personne, et de compter le dit poisson salé au mieux qui leur sera possible.

» Et en faisant lequel compte, aucunes fois ne mettront trois pour deux et parfois quatre pour deux

(1) Delurbe, p. 211.

du dit poisson salé, selon que le poisson se trouvera et à l'avis et conscience des dits visiteurs.

» Et lesquels visiteurs seront appelés pour visiter et compter le dit poisson, si les dits visiteurs sont au pont Saint-Jean ou au chai où est déchargé le dit poisson, autrement non ; et tout incontinent que les dits visiteurs seront requis sans aucun délai, seront tenus à àller compter le dit poisson, sinon que fussent en autre compagnie empêchés à compter ou visiter autre poisson.

» Et lesquels visiteurs prendront pour leur salaire de compter et visiter le dit poisson et à le faire marchand en la qualité sus-déclarée, ce qui s'ensuit :

» Savoir est, pour visitation de chacune pipe de merlus, deux merlus du vendeur, réserve du grand merlus, vulgairement appelé *du comptage,* duquel n'en prendront seulement qu'un de chaque pipe, parce qu'un des dits merlus en vaut deux ; et de l'acheteur six deniers pour cent. Le bourgeois sera franc de tout droit.

» Plus, est statué que les dits visiteurs ne prendront pour autre merlus paré sec et de tout autre genre de poisson sec qui est mis en grenier, que demi-poisson pour cent du vendeur, et six deniers pour cent de l'acheteur, le bourgeois franc.

» Aussi est ordonné que de toute autre sorte de poisson salé, mouillé ou fréchant, appelé *saigneux,* les dits visiteurs prendront pour leur salaire une pièce de poisson pour cent du vendeur, et six deniers pour cent de l'acheteur, le bourgeois franc ; lequel poisson il sera au choix de l'acheteur de le prendre au prix de l'achat du cent, en baillant l'argent aux dits visiteurs de la dite pièce de poisson qui leur est due pour leur droit de comptage, visite et salaire, ou bien de laisser le dit poisson aux dits visiteurs.

« » Et en ce ne sont compris les bourgeois de cette ville, lesquels pourront vendre leur poisson de telle sorte qui leur plaira, sans être liés ni tenus de le vendre à cents ni à milliers marchands, comme les autres étrangers sont tenus de le vendre; toutefois, les dits bourgeois ne pourront vendre en la présente ville le dit poisson salé à cents ou à milliers, le détaillant, si ce n'est au marché public de la présente ville ou à leurs maisons seulement, sans être contraints de vendre la pipe entière.

» Aussi les dits visiteurs prendront pour millier de harengs blancs, trois harengs ou six deniers tournois pour les visiter, et autant pour les compter, au choix des marchands, quand requis en seront, et non autrement.

» Et pour millier de harengs rouges, prendront les dits visiteurs, s'ils sont requis les visiter, trois harengs, lesquels l'acheteur pourra avoir ou prendre des dits visiteurs à son choix, en leur payant six deniers tournois pour le comptage, les bourgeois francs, comme dessus est dit.

» Aussi auront les dits visiteurs et prendront pour le comptage de barrique de colac et saumon salé, pour leur salaire, comptage et visite, une pièce de poisson du vendeur.

» Est défendu qu'aucun chayat ni autres ses domestiques achètent aucune marchandise à la maison ou chai où se tiendra aucune sorte de marchandise, pour illic la revendre, en suivant le statut fait en 1304.

» Est aussi statué que dorénavant tout poisson que l'on voudra exposer en vente à détail, sera vendu au marché public de la dite ville, réservé que s'il y a aucun bourgeois qui en veuille vendre à détail en la maison où il fera sa demeure ou au pont Saint-Jean, faire le pourra par lui ou autre sans fraude, et non autrement, comme dessus est dit.

» *Par arrêt de la Cour du 30 décembre 1549, tout le poisson salé qui se débite par les regrattiers doit être vendu non au grand marché de la dite ville, ains au canton des Ayres, en la place et rue qu'on appelle puis le dit temps : le marché du Poisson-Salé.*

» S'il y a quelques matelots venant au port et hâvre de cette ville, qui, pour leur partage, ayent quelque quantité de merlus moins que d'un cent, ils le pourront vendre à détail en la dite ville, et non hors d'icelle.

» Aussi est fait inhibition et défense à tous Anglais, Écossais, Irlandais et Normands, que dorénavant ils n'ayent à empaquer leurs harengs ès barils de Flandre, à peine de vingt-cinq livres tournois pour la première fois. Et leur est enjoint de les vendre en même sorte qu'ils les portent du pays, à même peine que dessus.

» Aussi est défendu à tous charpentiers et barriquiers de n'empaquer aucun hareng en baril de Flandre venant des lieux susdits, à même peine que dessus et d'autre amende arbitraire.

» Semblablement est défendu aux manants et habitants de la dite ville de non acheter aucuns harengs venant des lieux susdits, qui soient empaqués en barils de Flandre ; ains chacune sorte de harengs sera empaquée en barils ou barriquots des lieux desquels les harengs seront portés. Et ne seront en autres barils ni en autre façon, sinon comme est accoutumé au pays duquel ont été transportés pour iceux revendre, à peine de 25 livres tournois d'amende, et autrement être punis à la discrétion des dits seigneurs.

» Est enjoint aux dits visiteurs et marchands que,
» s'ils savent aucun qui falsifie et empaque de nuit
» ou de jour aucun hareng et autre sorte de poisson au
» préjudice et dommage des acheteurs, qu'ils l'aient
» à révéler et faire savoir au prévôt de la dite ville,
» et en ce faisant auront pour leur salaire la tierce
» partie de l'amende en laquelle seront condamnés
» les contrevenants aux dits statuts.

» Est ordonné que l'acheteur pourra prendre, si bon lui semble, à son choix, le poisson qui est dû aux dits visiteurs pour leur dit salaire, comptage et visite d'icelui poisson, en payant aux dits visiteurs, en argent, le dit poisson, selon la valeur de ce qu'il l'a acheté à cents ou à milliers ; ou bien pourra laisser aux dits visiteurs le dit poisson à eux dû, à cause de ce, selon la taxe dessus déclarée.

» Ceux qui contreviendront aux présents statuts,

outre les peines sus-déclarées, seront condamnés en amendes telles que seront arbitrées par les dits seigneurs.

» Le dénonciateur de ceux qui seront contrevenants aux dits statuts aura la tierce partie de l'amende en laquelle seront condamnés les contrevenants à iceux. »

Ces statuts renfermaient encore des dispositions particulières relatives à des employés nommés *paquetiers du poisson salé* : c'étaient des travailleurs commis par les jurats de la ville, et qui avaient le droit exclusif de préparer les balles ou les futailles de poisson salé, et d'y apposer leur marque.

Tous ces usages n'existent plus depuis près d'un siècle; le commerce du poisson salé, librement exercé, ne puise aujourd'hui ses règles que dans son intérêt bien entendu.

Toutefois, il est permis de dire que ces institutions présentaient, soit pour la bonne foi du commerce, soit même pour la salubrité publique, des garanties qui n'ont pas été remplacées, et dont l'absence se fait quelquefois sentir.

ARTICLE IV.

PRODUITS DE L'INDUSTRIE BORDELAISE.

Le commerce manufacturier était assez développé à Bordeaux dans le XVIe et le XVIIe siècle; on y voyait de nombreuses fabriques d'épingles, de parchemins, de maroquins, de draps communs, d'étoffes mélangées soie et laine, de tissus de luxe d'or et d'argent, de toiles assez réputées ; les armes, et notamment les lames d'épée de Bordeaux, étaient très-appréciées dans le commerce ; tous ces produits se répandaient dans le midi de la France, en Espagne et dans quelques pays du Nord. La librairie et l'imprimerie prirent également dans notre ville un grand développement : un nommé Simon Millanges, qui avait été professeur distingué au collége de Guyenne, fonda à Bordeaux la première imprimerie importante, en 1572. « Il n'y avait avant lui, dit la *Chronique bordelaise*, p. 83, que quelques chétifs et ignorants imprimeurs. MM. les Jurats encouragèrent le dit Millanges, et lui donnèrent de beaux et amples priviléges. Il dressa une des plus belles imprimeries de France, travailla assidûment à la correction des livres et à avoir de beaux caractères, tant grecs que latins, de manière qu'il a été estimé l'un des premiers de son temps, et non en moindre réputation que Robert Estienne. Il a consommé ses années en cette honnête occupation, ayant attiré à Bordeaux le commerce de la librairie. »

Pour comprendre l'importance de l'industrie bordelaise à cette époque, il ne faut que lire dans Delurbé (1) les anciens statuts établis pour régler les corporations des arts et métiers ; on y verra que l'industrie bordelaise était, comme celle de toutes les villes, soumise à un système de priviléges exclusifs qui devait en paralyser en partie l'activité. Turgot

(1) Delurbe, *Anciens Statuts de Bordeaux*.

explique de la manière suivante l'origine et les progrès des corporations (1) : « Lorsque les villes commencèrent à s'affranchir de la servitude féodale et à
se former en communes, la facilité de classer les
citoyens par le moyen de leur profession introduisit
cet usage inconnu jusqu'alors; les différentes profes-
sions devinrent ainsi comme autant de communautés
particulières dont la communauté générale était composée. Les confréries religieuses, en resserrant encore
les liens qui unissaient entre elles les personnes d'une
même profession, leur donnèrent des occasions plus
fréquentes de s'assembler, et de s'occuper, dans ces
assemblées, de l'intérêt commun des membres de la
société particulière, qu'elles poursuivirent avec une
activité continue, au préjudice des intérêts de la société générale. Les communautés, une fois formées,
rédigèrent des statuts; et sous différents prétextes de
bien public, les firent autoriser par l'autorité. La
base de ces statuts était d'abord d'exclure du droit
d'exercer tel métier, quiconque n'était pas membre
de la communauté. Leur esprit général, disait Turgot, est de restreindre, le plus qu'il est possible, le
nombre des maîtres, de rendre l'acquisition de la
maîtrise d'une difficulté presque insurmontable pour
tout autre que pour les enfants des maîtres actuels.
C'est vers ce but que sont dirigés la multiplicité des
frais et des formalités de réception, les difficultés du
chef-d'œuvre, toujours jugées arbitrairement, surtout

(1) Turgot, t. VIII, *Préambule de l'édit de* 1776.

la cherté et la longueur inutile des apprentissages, et la servitude prolongée du compagnonnage, institutions qui ont encore pour objet de faire jouir gratuitement les maîtres, pendant plusieurs années, du travail des aspirants. Les communautés s'occupèrent d'écarter de leur territoire les marchandises et les ouvrages des forains; elles s'appuyèrent sur le prétendu avantage de bannir du commerce des marchandises qu'elles supposaient être mal fabriquées. »

D'un autre côté, le Gouvernement s'accoutuma à se faire une ressource financière des taxes imposées sur les communautés et sur la multiplication des priviléges. Henri III, par son édit de décembre 1581, donna à cette institution l'étendue et la forme d'une loi générale; il établit les arts et métiers en corps et communautés dans toutes les villes et lieux du royaume; il assujétit à la maîtrise et à la jurande tous les artisans. L'édit d'avril 1597 en aggrava encore les dispositions en assujétissant tous les marchands à la même loi que les artisans.

Malgré les vices évidents de cette organisation, sa force résista pendant plusieurs siècles à tous les essais d'amélioration, et dura, comme nous le verrons, jusqu'à la grande révolution de 1789. Il est certain que, malgré les garanties et les avantages particuliers qui pouvaient en résulter, l'institution des corporations et des maîtrises, violant la liberté du commerce et de l'industrie, portait atteinte au droit naturel qu'a chacun de vivre du travail auquel l'appelle son aptitude ou sa position; elle contrariait, en outre, l'un des principes les plus féconds de l'économie politique en mettant obstacle à ce que l'activité industrielle fût vivifiée par l'émulation et le mouvement commercial largement étendu par la concurrence.

ARTICLE V.

DROITS PERÇUS SUR LE COMMERCE DE BORDEAUX PENDANT LES XVIᵉ ET XVIIᵉ SIÈCLES (1).

Le tarif suivant est tiré d'un ancien état des droits perçus sur le commerce bordelais, en 1550, sous le règne d'Henri II. On y remarquera la modicité des droits et les avantages considérables dont les Anglais jouissaient sur notre place.

Droits d'entrée.

1° Sur toutes marchandises, droit de comptablie, savoir :

Régnicoles, 8 deniers tournois par livre.

Bourgeois, francs de droits.

Étrangers, 12 deniers tournois par livre.

Anglais, 6 deniers tournois par livre.

Les étrangers, sans distinction, payaient, en outre, 2 deniers par livre pour la petite coutume.

2° Sur toutes marchandises venant de Libourne, Blaye et Bourg : toutes personnes, 12 deniers tournois par livre ;

3° Vins du haut pays entrant pour être vendus aux Chartrons : toutes personnes, 14 deniers pour

---

(1) Delurbe, *Anciens Statuts de Bordeaux.*

livre; plus, 26 livres tournois par tonneau de droit de traite ;

4° Mêmes vins pour être exportés, toutes personnes, 2 deniers pour livre.

Droits de sortie.

1° Sur toutes marchandises, droits de comptablie :

Régnicoles, 6 deniers pour livre.

Bourgeois, francs de droits.

Étrangers, 12 deniers pour livre.

Anglais, 6 deniers pour livre.

2° *Vins bordelais :*

Régnicoles, 20 sous tournois par tonneau.

Bourgeois, francs pour leur crû.

Id., pour autre crû, 10 sous par tonneau.

Étrangers, 20 sous par tonneau.

Toutes personnes payaient, en outre, pour la sortie des mêmes vins, 12 deniers par tonneau, droit de petite coutume, et 10 sous 6 deniers par navire pour droits de Cordouan et de branche de cyprès.

3° *Vins du haut pays :* Toutes personnes, 20 sous par tonneau de droit de traite et grande coutume ; plus, 10 sous 6 deniers par navire pour droit de Cordouan et branche de cyprès.

4° Sur toutes marchandises chargées à Libourne, Blaye et Bourg : 12 deniers tournois pour livre de droit de comptablie.

5° Blés chargés pour l'exportation à Bordeaux, Libourne, Blaye et Bourg, droit de traite et grande coutume, savoir :

Froment, 20 sous tournois par tonneau.

Seigle, 13 sous 4 deniers par tonneau.

Autres grains, 10 sous 4 deniers.

Droits étrangers.

Avant 1669, les droits anglais sur les vins français étaient très-peu élevés. En 1693 seulement, ils furent portés à 8 livres sterling par tonneau, soit 200 fr. En 1697, le droit fut élevé à 4 schellings ¹/₂ par gallon, ce qui fait environ 1,200 fr. par tonneau. Que serait devenue l'Europe si, au lieu d'entrer dans une carrière de jalousie et de ruines, les rois n'eussent songé qu'à rendre leurs peuples invincibles dans la lutte du commerce des arts et de l'industrie !

Avant de quitter ce premier tarif, remarquons que ce fut peu d'années après sa date que l'on vit naître en France les premiers actes de ce système prohibitif ou protectionniste qui fut la plus grande cause de retard dans les progrès de la fortune publique. M. Amé, dans son excellent ouvrage sur l'*Étude économique des tarifs*, cite, en effet, une ordonnance de 1572, qui combine la prohibition à l'entrée des toiles, des velours, des satins, des armes et des harnais anglais, avec la défense d'exporter les lins, laines, chanvres et filasses.

Pour se rendre un compte exact du tarif que nous venons de rappeler, nous allons donner quelques notions sur la valeur des monnaies qui existaient à cette époque :

Le franc bordelais valait 15 sous tournois.

La livre bordelaise, 12 sous tournois.

Le sou bordelais, 7 deniers tournois.

Le sterling d'or, 9 livres 13 sous 4 deniers.

Le sou sterling, 10 sous tournois.

Le denier sterling, 10 deniers tournois.

Le denier bordelais, la moitié d'un denier tournois.

La livre tournois valait à peu près 1 franc d'aujourd'hui.

Depuis les réformes de Colbert, en 1664, il y eut en France trois sortes de provinces, quant au mode de perception et au chiffre de l'impôt : 1º Les provinces qui avaient consenti à l'établissement des droits nouveaux et que l'on appelait *les cinq grosses fermes ;* 2º les provinces étrangères, c'est-à-dire celles qui avaient la faculté d'importer chez elles les marchandises étrangères, et d'exporter leurs propres productions sans être soumises aux droits de traite, mais qui, si elles voulaient commercer à l'intérieur, se trouvaient arrêtées par une armée d'employés qui repoussaient tous leurs produits, à moins qu'elles n'acquittassent les droits; 3º enfin, les provinces réputées étrangères, savoir celles qui s'étaient soumises à l'établissement de certains bureaux intérieurs. La Guyenne fut comprise dans cette dernière classe, et voici les droits établis à Bordeaux, pendant le XVIIe siècle et la plus grande partie du XVIIIe siècle, sauf quelques modifications de détail que nous signalerons à leur époque.

Droit de comptablie.

Le droit de comptablie dont nous venons de donner un ancien tarif, comprit, depuis cette époque, deux droits distincts jusque-là, savoir : la grande et la petite coutume.

En 1041, Guillaume de Geoffroi, duc de Guyenne, pour rétablir le monastère de l'abbaye de Sainte-Croix, qui avait été pillé et brûlé par les Sarrasins, le dota du droit de petite coutume; les religieux en firent cession aux maire et jurats, au mois de janvier 1303.

Quant à la grande coutume, la ville de Bordeaux en avait toujours joui jusqu'à l'édit du mois d'août 1550, par lequel Henri II, en rendant tous ses biens et revenus à la ville, en excépta les droits de la grande et de la petite coutume, qui furent réunis à la couronne.

Les droits de comptablie étaient : à l'entrée, 3 $\frac{1}{2}$ p. 100 pour les Français, et 6 $\frac{1}{2}$ p. 100 pour les étrangers sur toutes sortes de marchandises. A la sortie, les vins payaient une livre tournois de grande coutume, et un sou tournois de petite, par tonneau.

Droit de convoi.

Ce droit porte avec lui sa définition; il fut admis vers la fin du XVIe siècle pour l'armement des vaisseaux qui devaient convoyer les navires et maintenir la sûreté de la navigation dans les rivières et à l'embouchure de la Gironde. La *Chronique bordelaise* cite un arrêt de 1586, portant établissement d'un convoi à la disposition du maréchal Matignon. Ce droit, d'abord modique, fut augmenté pendant les guerres. Henri IV le fit réglementer. A la suite de difficultés, le bureau en fut établi à Royan, par arrêt du 3 octobre 1652, peu de temps après transféré à Blaye, et, enfin, rétabli à Bordeaux, quand le calme y fut revenu.

Ce droit se percevait à la sortie par mer, en tout temps de l'année, sur les vins, eaux-de-vie, vinaigres, sel, miel, prunes, graines et toutes autres marchandises non sujettes aux priviléges de foire.

Le tarif était de 13 livres par tonneau sur les vins bordelais.

Droit de courtage.

Le droit de courtage appartenait autrefois aux courtiers royaux. Le roi, en 1635, créa à Bordeaux soixante offices de courtiers, qui furent supprimés en 1642. En 1680, les droits attribués aux courtiers furent réunis à la ferme de convoi et comptablie, et Sa Majesté s'obligea à payer 500 liv. par an à chaque courtier. Il y en avait trente-trois à cette époque sur notre place.

Les droits de courtage étaient : A l'entrée, 1 p. 100 pour français et étrangers. A la sortie, ce droit se percevait comme suit : 30 sous par tonneau de vin de ville et vin de haut; 30 sous par tonneau de vinaigre et par pièce d'eau-de-vie; 30 sous par tonneau de miel et par tonneau de térébenthine; 2 sous 6 deniers par quintal de prunes; 10 sous par balle de pastel; et

8

10 sous par tonneau de toute sorte de grains, graine
de lin, légumes, marrons, châtaignes et noix. Ces
droits n'étaient point sujets au privilège des foires.

Droit de foraine.

Ce droit n'était perçu à Bordeaux que sur les
marchandises du Levant et de l'Italie passant par le
Languedoc, et sur celles du crû de cette province;
les dites marchandises étaient déclarées au bureau
d'Auvillars, pour être entreposées à Bordeaux, et
ensuite envoyées dans les pays étrangers.

Il y avait dix espèces de marchandises du crû de
Languedoc qui payaient les droits au bureau d'Auvillars, quoiqu'elles fussent destinées pour Bordeaux :
c'étaient les vins, eaux-de-vie, prunes, safrans, graines de lin et de jardin, verdet, peaux de chevreau,
plumes d'oie, merrains ; en sorte que, lorsque ces
marchandises se chargeaient à Bordeaux pour le pays
étranger ou pour les provinces du royaume réputées
étrangères, le marchand ou particulier devait représenter au bureau de la foraine le certificat des droits
perçus au bureau d'Auvillars.

A la sortie, les droits de foraine sur les vins de
Frontignan et autres étaient de deux sous tournois par
pot (1).

Droits d'octroi.

Quoique les droits d'octroi n'aient pas un rapport
direct avec le commerce, ils produisent, cependant,

_____

(1) *Recueil des anciens Droits de Bordeaux.*

une certaine influence sur son mouvement, par l'augmentation qu'ils apportent dans l'intérieur des villes, au prix d'un grand nombre de marchandises.

L'origine des droits d'octroi paraît remonter à l'établissement même du régime municipal. Ces taxes ne furent pas d'abord permanentes; elles étaient temporairement autorisées et établies pour couvrir quelques dépenses extraordinaires (1).

Ces droits ne pouvaient être établis que par la majorité de l'assemblée des Cent-Trente; et, comme de nos jours, ils portaient sur quatre divisions d'objets de consommation : les boissons et liquides, les comestibles, les combustibles, les fourrages et matériaux.

Liquides.

Les droits sur les vins, appelés *droits d'échats et don gratuit*, étaient perçus comme suit :

Vins bordelais, 5 liv. 5 sous par barrique.

Don gratuit, 2 liv. 12 sous 6 deniers par barrique.

Vins du haut pays, 1 liv. la barrique.

Bière et cidre, 10 liv. la barrique.

Vin-liqueur, 10 sous le pot.

Droit sur les bestiaux appelé du pied fourché.

Bœuf, 20 liv. par tête.

Vaches, 12 liv. par tête.

Veaux, 1 sou la livre.

Moutons, 20 sous par tête.

(1) *Chron. de Bordeaux*, 1654.

Chèvres, 12 sous la livre.

Cochons, 7 sous la livre.

Droits sur gemmes, résines, goudron et térébenthine, nommés
droits sur les kas.

Kas ou barriques, 5 sous.

Tierçons, 5 sous 4 deniers.

Pains, 1 sou 4 deniers.

Barils, 1 sou.

Miel, 9 sous.

Charbon, 4 sous le kas.

Chevrons, 2 sous la douzaine.

Planches, 1 sou 4 deniers la douzaine.

Barres, 1 sou 8 deniers la douzaine.

Lattes, 1 sou 4 deniers la douzaine.

Droits sur les grains et farines.

Froment, 7 sous 6 deniers le boisseau.

Méture, 6 sous le boisseau.

Seigle, 4 sous 6 deniers le boisseau.

Menus grains, 3 sous le boisseau.

Son, 2 sous 6 deniers le boisseau.

Droits sur le poisson salé.

Saumons et sardines, 20 sous la barrique.

Harengs, 15 sous le baril.

Morue sèche, 10 sous le quintal.

Poisson vert, 8 liv. le mille.

Congres, 20 sous le quintal.

Maquereaux et cabillauds, 10 sous le baril.

Ce tarif a été perçu, à quelques modifications de détail près. pendant le XVIIe et le XVIIIe siècle.

ARTICLE VI.

OBJETS PRINCIPAUX INTRODUITS DANS LE COMMERCE DE BORDEAUX
PENDANT LES XVIe ET XVIIe SIÈCLES.

Plusieurs de ces objets devinrent des éléments si
importants du commerce de notre ville, qu'il est
indispensable de signaler l'époque de leur introduction et les détails historiques qui s'y rattachent.

Sucre.

La canne à sucre est une plante originaire des Indes orientales; l'usage du sucre ayant été introduit
en Europe par le commerce des républiques italiennes, des plantations furent établies en Égypte, en
Sicile et dans quelques provinces de l'Espagne; mais
le sucre ne devint un objet important de commerce
qu'après la découverte de l'Amérique et du cap de
Bonne-Espérance. A partir du XVIIe siècle, ce fut un
des négoces que les nations de l'Europe se disputè-
rent avec le plus de vivacité, et qui devint la base
des plus grandes fortunes commerciales. Ainsi que
nous le verrons, le port de Bordeaux posséda et
possède encore une large part dans cet immense
commerce, qui, néanmoins, ne date sérieusement
pour notre ville que des premières années du
XVIIIe siècle.

Tabac.

Le tabac fut introduit en France par Jean Nicot en
1560, sous le règne de François II. Nos colonies d'A-
mérique ne tardèrent pas à le cultiver avec succès.

Pour protéger nos colons, le Gouvernement ne soumit le tabac de nos îles qu'à un droit de 2 liv. le quintal et imposa les tabacs étrangers d'un droit d'entrée de 13 liv.

Café.

Rauwol fut le premier qui porta du café d'Orient en Europe, en 1583. Prosper Alpin découvrit en 1590 l'arbre du café en Égypte, sous le nom de *boun*. Ce ne fut cependant qu'en 1645 que l'on commença à en prendre en Italie. Les premiers établissements pour prendre du café furent ouverts à Londres en 1652, et à Paris en 1669, époque où la livre de cette denrée valait jusqu'à 40 écus. En 1713, un sieur Resson, lieutenant général d'artillerie en France, donna un pied de café au Jardin des Plantes de Paris, et en 1720 un autre pied, élevé dans ce même jardin, fut transféré aux Antilles par le capitaine De-clieux, qui aima mieux, pendant la traversée, endurer la soif, pour arroser et conserver ce précieux arbuste. C'est de ce pied que sont venus tous les caféiers cultivés à la Martinique, à la Guadeloupe, Saint-Domingue et les autres îles.

Cacaotier.

Cette plante n'était pas connue avant la découverte de l'Amérique; elle croît naturellement dans la Guyane, le Venezuela, les Antilles et le Mexique. Le chocolat, qui est le produit de la fève de cacao, était une boisson très-aimée des anciens peuples du Mexique; elle fut apportée du Mexique en Espagne

après la conquête de Fernand Cortez; mais l'usage
n'en fut général en Europe et ne devint un objet
considérable de commerce que vers la fin du
XVIIe siècle.

Thé.

Quoique l'usage de l'infusion du thé soit aussi ancien en Chine que sa culture, les Européens ne l'a-
doptèrent que fort tard, et pour la première fois vers
le milieu du XVIIe siècle, par les soins de la Compagnie
hollandaise des Indes-Orientales. Toutefois, le thé
n'est devenu une boisson d'usage général que chez
les Hollandais, les Américains et les Anglais, et quoique la consommation en France ait une certaine étendue, l'importation s'en fait presque entièrement par
le commerce maritime des Anglais et des Américains.

Indigo.

L'indigo, connu depuis les temps les plus reculés,
n'entra dans le commerce de l'Europe qu'après la
découverte du cap de Bonne-Espérance. Défendu en
France par édit de François Ier et de Henri IV, on ne
le voit figurer dans les cargaisons de nos bâtiments
qu'au milieu du XVIIe siècle.

Marchandises diverses.

Les rhums, tafias, bois de teinture américains,
vanille et autres produits du nouveau monde, ne
sont entrés dans le commerce et ne figurent dans
les cargaisons bordelaises que vers le milieu du
XVIIIe siècle.

Ajoutons avant de-terminer cet article que, d'un autre côté, certains objets ont perdu aujourd'hui dans le commerce bordelais l'importance qu'ils avaient dans le XVIᵉ et le XVIIᵉ siècle. Ainsi, les *Anciens Statuts de Bordeaux* contiennent un chapitre spécial de dix articles sur les pastels en balles, ce qui prouve qu'à cette époque cette marchandise était un élément beaucoup plus considérable du commerce de notre ville qu'il ne l'est de nos jours.

L'ambre gris figurait également parmi les articles du commerce bordelais; on le trouvait fréquemment sur la côte nord et sud du golfe entre l'Adour et la Gironde et sur les bords du bassin d'Arcachon. La ville de Bordeaux a offert plusieurs fois en cadeau, aux rois et princes qui la visitaient, une pièce d'ambre gris renfermée dans une boîte en vermeil (1).

ARTICLE VII.

PRINCIPALES INSTITUTIONS COMMERCIALES CRÉÉES A BORDEAUX PENDANT LES XVIᵉ ET XVIIᵉ SIÈCLES.

Tribunal de commerce de Bordeaux.

Cette juridiction fut établie à Bordeaux par édit du mois de décembre 1563, sous le règne de Charles IX ; le président seul prenait le nom de juge ; les autres négociants appelés à composer le tribunal étaient nommés *consuls*.

Pour être nommé membre du tribunal consulaire, il fallait avoir un intérêt de 2,000 fr. au moins sur

(1) Dom Devienne, *Hist. de Bordeaux*, p. 196. — *Chron. bordelaise*, p. 109.

un navire au-dessus de 300 tonneaux et de construction française.

Foires.

L'importance des foires était beaucoup plus grande
autrefois; cela tenait à plusieurs causes : la difficulté
des communications, la spécialité presque exclusive
des produits industriels de chaque pays, la suspension des priviléges de la localité, qui avait lieu en
temps de foire, au grand avantage des commerçants
des autres villes et des consommateurs.

Les deux grandes foires de Bordeaux furent établies en 1565 par lettres-patentes du roi Charles IX,
l'une au mois de mars et l'autre au mois d'octobre,
pour quinze jours chacune. Ces foires étaient fran-
ches, c'est-à-dire exemptes de tout droit de convoi
et de courtage à la sortie, excepté les eaux-de-vie,
sel et graine de lin, qui payaient les droits de convoi, de comptablie et de courtage.

Les limites de la foire pour la sortie étaient entre
les deux esteys ou ruisseaux de Sainte-Croix; ce qu'on
appelait le *coutumas*.

Pour jouir du privilége de la foire, les marchandises devaient être chargées entre ces deux esteys;
ceux qui chargeaient plus haut ou plus bas devaient
les droits de comptablie; avant minuit, le dernier
jour de la foire, les vaisseaux ou barques devaient
être hors le *coutumas*; ils étaient obligés de souffrir
la visite des visiteurs de sortie, qui donnaient au
bureau extérieur l'état de chargement de chaque
vaisseau ou barque. — Après la visite, ceux qui

n'avaient qu'une partie de leur cargaison pouvaient entrer dans le *coutumas* pour l'achever, en payant les droits des marchandises qu'ils chargeaient après foire.

Quant aux marchandises importées pour la foire, elles étaient toutes exemptes du droit de comptablie; mais pour jouir de ce privilége, les vaisseaux et barques devaient s'arrêter jusqu'à l'heure de minuit, la veille du premier jour dé la foire, plus bas que l'estey de Bis, en Médoc. Pour les bateaux qui arrivaient par le haut de la Garonne et de la Dordogne, les premiers devaient s'arrêter au-dessus du ruisseau de Saint-Martin, les seconds au ruisseau du Fleix. Les voitures chargées stationnaient aux limites de la sénéchaussée (1).

Bourse.

Toutes les nations de l'antiquité ont eu des lieux de réunion ayant à peu près le même but que nos bourses de commerce, *collegia mercatorum*. Chez les peuples modernes, leur création date en général du XVIe siècle. Celle de Bordeaux fut fondée au mois de février 1571; *lieu,* suivant les termes des anciens édits, *qu'on appelle change, estrade ou bourse, où deux fois le jour les marchands, facteurs et fabricants peuvent converser pour répondre et rendre raison les uns aux autres de leur trafic et faire les entreprises qu'ils ont par ensemble accoutumés à faire.*

(1) *État des Droits de Bordeaux.*

Phare.

La tour de Cordouan, élevée sur un rocher à l'entrée de la Gironde, fut bâtie en 1584 par Louis de Foix, ingénieur du roi Henri III. C'est un des plus beaux phares mobiles qui existent en Europe; il fait sa révolution en huit minutes et présente dans cette durée huit éclats et huit éclipses. L'intensité de sa lumière est de 2,300 becs. On aperçoit le feu de Cordouan à 38 kil. La tour a 220 pieds d'élévation.

Canal.

Ce fut en 1681 qu'eut lieu l'ouverture du canal du Languedoc, qui a puissamment contribué au développement du commerce bordelais. Il est à regretter que ce travail gigantesque n'ait pas été conçu de manière à joindre réellement les deux mers pour la grande navigation; mais il a du moins multiplié sur une échelle immense les rapports commerciaux du Levant avec les contrées occidentales.

École d'hydrographie.

Une ordonnance du mois d'août 1681 établit un cours public d'hydrographie sur la place de Bordeaux, pour l'instruction des jeunes gens destinés à la marine marchande.

Constructions maritimes.

Cette industrie avait dès cette époque à Bordeaux une réputation supérieure. Ce fut le 1er juillet 1699 que la ville fit aux constructeurs maritimes la cession temporaire du terrain bordant la Garonne au midi de la paroisse Saint-Michel, pour y établir leurs chantiers. *Messieurs les jurats*, dit la *Chronique*, part. IV, p. 225, *firent un règlement pour les places servant à la construction des vaisseaux près l'estey appelé du Bourru, joignant les places destinées pour les bois appelés vulgairement radeaux et pour les meules de moulin. Le terrain donné pour la construction des dits vaisseaux fut piqueté et limité, ensemble celui qui fut désigné pour construire deux échoppes que messieurs les jurats donnèrent permission de bâtir aux nommés Guitard et Barthélemy, maîtres constructeurs de vaisseaux, sous les conditions portées par la dite permission, que les dits Guitard et Barthélemy ne jouiraient des dites places et échoppes qu'autant de temps qu'il plairait aux dits seigneurs jurats et qu'ils travailleraient à la construction des dits vaisseaux, avec inhibition et défense d'en construire en aucun autre endroit, sous quelque prétexte que ce fût, sans une permission expresse et par écrit des dits seigneurs, maire et jurats.*

Police du port.

La police du port de Bordeaux n'a été réglementée que vers le milieu du XVI⁰ siècle; avant cette époque, elle n'était soumise qu'à la surveillance arbitraire de quelques préposés, et on ne peut se faire une idée du désordre qui régnait dans ce port immense, si régulier, si propre et si magnifique aujourd'hui; les vases encombraient les bords du fleuve; de loin en loin quelques cales mal construites servaient au mouvement des marchandises; les bâtiments, mouillés au hasard et sans ordre, rendaient la navigation fluviale presque impossible; les accidents étaient journaliers; un grand nombre de barques rompues et de vieux navires abandonnés étaient couchés sur les bancs de vase et servaient de refuge aux vagabonds.

La renaissance du commerce sous les Valois fit comprendre l'énormité de ces vices. L'ordonnance des jurats que nous transcrivons et qui fut le premier acte administratif sur ce point, renferme de très-bonnes règles et révèle les abus déplorables que nous venons de signaler :

« Pour pourvoir à ce que le port et hâvre de la dite ville et cité de Bordeaux soit mieux entrenu et gardé sans être rompu et gâté et pour la décoration d'icelui, profit et utilité de la chose publique, les sous-maire et jurats font inhibition et défense à tous, soit Bretons, Flamands, Irlandais, Écossais, Espagnols et toute autre manière de gens, de jeter aucun lest en la rivière de Gironde depuis la terre d'icelle jusqu'à la dite ville de Bordeaux, à peine de confiscation et perdition de leur navire et autre amende arbitraire, telle que sera avisé par les dits seigneurs.

» Et quand aucun navire sera mené et conduit en la dite ville, le maître d'icelui sera tenu venir demander congé aux dits seigneurs ou à leurs commis de délester les dits navires, et sera tenu de mettre le lest de pleine mer là où par les dits seigneurs ou leurs commis sera avisé et ordonné (1).

(1) *Règl. act.*, chap. IV.

» Et ne seront les.dits seigneurs tenus donner congé, que premièrement n'aient fait voir et visiter les dits navires pour savoir s'ils auront été délestés ou non.

» Quand les dits maîtres des dits navires ou mariniers déchargeront ou feront décharger leur dit lest en leur bateau pour l'emmener là où sera ordonné, seront tenus de le jeter de jour du côté de la dite ville de Bordeaux, et mettre le tref au bord de leur navire, afin qu'en jetant le dit lest, icelui lest ne tombe pas en la dite rivière (1).

» Et avant que le dit congé de délester les dits navires leur soit donné, seront tenus les dits maîtres mariniers de faire le serment sur les saints évangiles qu'ils n'ont jeté ni fait jeter le dit lest en la dite rivière et qu'ils ne savent qui en a fait jeter.

» Il est défendu à tous marchands, maîtres de navires, matelots et autres de mettre et ancrer les navires qui seront arrivés au port et hâvre à quinze brasses du côté de la terre, d'une part ni d'autre, afin que les bateaux et autres gabarres aient lieu et passage suffisants pour être conduits et menés par le dit port, à peine de 25 livres tournois.

» Semblablement est défendu à tous gabariers et autres de porter en gabares, couraux ni autres bateaux, le lest qui serait déchargé d'aucuns navires, ailleurs hors la dite ville, ains auprès le portail de la Grave, près le Château-Trompette et quai du Caillau, lieux accoutumés à mettre le dit lest, pour les répa-

(1) *Règl. act.*, chap. III, art. 7.

rations de la dite ville, sans expresse permission des dits seigneurs.

» Est défendu de laisser pierre de taille, ribot, cadènes, pièces de bois et autres choses à demi descendant du dit port et hâvre pour les inconvénients qui en pourraient advenir, à peine de perdition des dites pierres, bois et autres choses empêchant icelui port, ou autre amende arbitraire.

» Est aussi, afin que la rivière ne soit attariée et assablée en aucuns lieux et le fil et cours d'icelui ne soit empêché, est aussi fait inhibition et défense par les dits seigneurs, à toute manière de gens, de mettre aucune chose dedans la rivière ou sur les bords et rivages d'icelle, ensemble sur le port et hâvre de la dite ville et paduens d'icelle, qui puisse donner et faire empêchement en la dite rivière, port et paduens, soit vieux bateaux rompus, pierres, bois ou autres choses quelconques donnant empêchement, à peine de punition, telle que sera avisée par les dits seigneurs (1).

» Parce que plusieurs larrons et autres malfaiteurs se retirent ès navires, gabarres et bateaux rompus, et autres qui sont délaissés sur le dit port et hâvre, ensemble ès esteys d'icelui port, il est défendu de mettre désormais aucuns des dits navires, gabarres et bateaux rompus et autres au dit port, esteys de Sainte-Croix, des Anguilles et des Chartreux, pour quelque cause que ce soit, à peine de perdition des dits navires, bateaux et gabarres, ou autre amende arbitraire.

(1) *Règl. act.*, chap. III, art. 12.

» Par arrêt de la Cour du 4 mars 1580, est permis aux maire et jurats de contraindre les propriétaires des navires qui sont enfoncés au devant la présente ville, de les faire enlever dans trois jours, ou en défaut de ce faire, sont les dits navires et vaisseaux déclarés abandonnés à ceux qui les voudront faire tirer hors la rivière.

» Et pour obvier à ce que les vaisseaux donnant tels empêchements n'y demeurent longuement, est ordonné que les dits vaisseaux seront marqués par les visiteurs et incontinent après appelés à son de trompe tous y prétendant intérêt. Et si quinze jours après que la marque sera mise et cri fait, ne sont ôtés, seront transportés ailleurs et vendus par les commis et députés à ce, par les dits seigneurs, à cri public, au plus offrant, au profit de la dite ville, sans en signifier la vente et délivrance, ni garder aucune solemnité.

» Par autre arrêt du 12 juin 1572, il est dit que tous navires et vaisseaux saisis sur le hâvre de la dite ville, seront baillés dans quinzaine après la saisie à l'afferme, et où il ne se trouverait fermier, seront mis en vente publique pour ne les perdre, et, en ce faisant, gâter le dit hâvre.

» Mais si pour cause urgente et nécessaire, convient les y mettre, comme est pour les rhabiller, construire et réparer, ou autre urgente affaire, leur est permis de faire en demandant congé aux dits seigneurs. Et auxquels cas seront tenus les ôter et retirer dedans quinze jours, à compter du jour qu'ils se trouveront y avoir été mis, à même peine que dessus (1).

» Et autrement est défendu à toute manière de gens de mettre aucuns des dits vaisseaux en aucuns des dits esteys, sans expresse permission des dits seigneurs.

» Aussi est défendu, édifier, bâtir ou construire aucunes choppes sur le port et hâvre de la dite ville, près les murailles d'icelle, à peine d'être démolies et abattues et payer dix livres bourdeloises d'amende ou telle autre punition que les dits seigneurs aviseront (2).

» Il est défendu à toutes personnes de tenir aucunes barques ou navires sur la rivière pour servir de magasin, pour tenir sel ou autres marchandises; ains doivent être les dites marchandises portées en la ville, par arrêt du 24 mars 1582.

» Ceux qui vendent les pots, cruches et autres vaisseaux de terre sur le dit port, seront contraints et leur est enjoint de les mettre joignant les murailles de la dite ville, près la Tour-du-Pin, tirant devers le portau des Salinières, lieu à ce ordonné, et député par les dits seigneurs, et non ailleurs, à peine de perdre les dits vaisseaux de terre et autre amende arbitraire.

» Il n'est permis, outre les trois marées, tenir sur le port et contre les murailles de la dite ville, aucun pau, latte ni autre œuvre de vignes, chevrons, membrures, taulat, ni autres choses semblables qu'ils

(1) *Règl. act.*, ch. VII, art. 1, 2, 3 et 4.
(2) *Règl. act.*, ch. III, art. 4.

aient achetées pour les cuider vendre, à même peine
que dessus.

» Pour soi donner garde du dit port et pour faire
tenir et garder les statuts des susdits selon leur forme
et teneur, seront ordonnés et députés quatre visiteurs par les dits seigneurs, savoir est, deux des dits
visiteurs du côté de Trompette, et les deux autres du
côté de Saint-Michel. Lesquels auront puissance et
seront tenus avoir l'œil, veiller et visiter bien souvent
et diligemment le dit port et tous et chacun les navires qui arriveront en icelui, et faire décharger le
lest et autres choses des dits navires ès lieux à ce ordonnés par les dits seigneurs pour la conservation du
-dit port et en certifier les dits seigneurs.

» Aussi auront puissance les dits visiteurs de faire
saisir, arrêter et mettre en main de justice par un
sergent de la dite ville, les navires et les autres bateaux des personnes qui méprendront, tant en ce
qu'autrement, et faire ajourner tous ceux qui s'oppo-
seront contre leurs saisines par-devant les dits seigneurs, pour en faire justice, ainsi que le cas le re-
querra (1).

» Et l'amende en laquelle seront condamnés ceux
qui seront contrevenants aux présents statuts, jusqu'à
la somme de soixante-cinq sols bourdelois, sera ap-
pliquée au sous-maire, en faisant poursuite et dili-
gence de punir tels infracteurs des dits statuts, et
mettre ordre et police qu'ils ne soient enfreints (2). »

(1) *Règl. act.*, ch. X, art. 1, 2, 3 et 4.
(2) Delurbe, *Statuts de Bordeaux*, p. 109.

COURTIERS DE COMMERCE.

Il a existé de tout temps des intermédiaires dans les opérations de commerce, mais le libre exercice de ces fonctions fit naître des abus toujours dangereux. Le premier règlement bordelais sur le courtage date des premières années du XVIᵉ siècle. Nous en donnons le texte avec les annotations faites par Delurbe en 1560.

« *Des courtiers commis à faire vendre les vins et autres choses de la ville de Bordeaux.*

» Pour obvier aux fraudes et abus qui, par ci-devant, ont été commis par le nombre effréné des courtiers inconnus, qui ci-devant ont été, les sous-maire et jurats ont ordonné que dorénavant le nombre des dits courtiers seront réduits en nombre de trente, qui ne pourra être crû, sinon par le décès des dits courtiers.

» La création des courtiers appartient de tout temps aux maire et jurats, et est censé de droit domanial propre à la dite ville, ainsi qu'il a été jugé par arrêt du 2 avril 1575.

» Par autre arrêt du 15 mai 1557, suivant l'inquisition sur ce fait par les dits maire et jurats, le nombre des courtiers, qui était de trente, a été augmenté de dix, et, depuis, de six, à l'occasion des troubles, et à la charge de suppression par mort jusqu'au nombre légitime.

» Et lesquels courtiers seront bourgeois et habitants de la dite ville, gens de bien, de bonne vie et honnête conversation, qui sauront lire et écrire, tenant et possédant en la dite ville en biens immeubles jusqu'à la valeur de cinq cents livres bourdeloises. Et où ils n'auraient ni posséderaient biens immeubles valant la dite somme, seront tenus bailler caution jusqu'à la valeur d'icelle.

» Il n'est à présent requis que le courtier qui entre en charge soit bourgeois; ains suffit qu'il ait les autres qualités requises; et ainsi est ordinairement pratiqué.

» Et ne pourront jouir des dits offices que premièrement n'aient prêté le serment à leur réception, pardevant les dits seigneurs, de garder, observer et entretenir le contenu ci-dessous déclaré, levé lettre de réceptions, et icelles montrées aux maîtres baylis courtiers.

» Et paieront au sous-maire, pour le droit du sceau des dites lettres, un écu, et un autre écu au clerc de la dite ville pour la signature.

» Est défendu et ne sera loisible ni permis à autre qu'au nombre susdit, pouvoir user du dit état, soit en la dite ville ou banlieue d'icelle, à peine de cinquante livres tournois aux contrevenants.

» Et pour éviter les abus qui, par ci-devant, ont été commis en la dite ville par aucuns personnages, autres que du nombre des dits courtiers inconnus aux marchands étrangers, qui, par dessous main et clandestinement, ont affrété des navires et fait vendre vin et autres marchandises, et sous le nom de courtier ont pris et exigé argent des dits marchands étrangers pour les dits affrets, et après se sont mis en fuite; dont les dits marchands étrangers, par telle tromperie et pour ne connaître tels personnages, ont été grandement intéressés.

» A cette cause, pour obvier à ce, il est défendu, à peine de cent livres tournois et d'autre amende arbitraire, à toute manière de gens, tant de la ville, juridiction d'icelle, qu'autres s'ils ne sont courtiers, de s'entremettre, ni faire les dits affrets, bargaignes, ventes de vin, soit en la dite ville, aux Chartreux ou banlieue d'icelle (1).

» Et est enjoint aux habitants de la dite ville le révéler, auxquels sera baillé et donné la tierce partie de l'amende pécuniaire à laquelle celui qui sera contrevenant aux dits statuts sera condamné.

» Aussi est statué que, toute fois et quand qu'il écherra vacation d'aucun état de courtier par mort, que les enfants bourgeois et nés en la dite ville, ayant les qualités requises, seront préférés à tout autre.

» Que pour donner ordre ès dits états et éviter les fraudes et déceptions qui pourraient y être commises par les dits courtiers, est ordonné que chacune année les dits courtiers feront un livre et papier nouveau daté de la dite année; au dedans ils mettront et rédigeront par écrit, par forme de registre, les bargaignes et autres marchés qu'ils feront faire; lesquels marchés et bargaignes qui seront écrits au dit livre, les dits courtiers seront tenus les faire signer aux

---

(1) Art. 7 et 8 du Code de commerce. Arrêt de cassation, 11 août 1818.

marchands de leur seing ; et après, les dits courtiers les signeront.

» Et où les dits marchands ou autres d'eux ne sauraient signer ou écrire, sera tenu le dit courtier qui aura fait le dit marché ou bargaigne avoir témoins, par-devant lesquels sera tenu recorder et déclarer le dit marché ou bargaigne et écrire en son papier et livre les noms d'iceux témoins qui auront été présents.

» Et lequel livre ou livres les-dits courtiers seront tenus garder par devers eux, et après leur décès, leurs héritiers, pour y avoir recours en temps et lieu, à peine de payer tous les intérêts et dommages que les marchands et trafiquants, au moyen de ce et de leur courtage, pourraient avoir à souffrir par faute de ne pouvoir montrer aucun marché ou bargaigne, et pour n'être écrite ni insérée au dit livre et papier.

» Parce qu'il y a souvent des marchés ou bargaignes qui sont de grande valeur, prix et conséquence, est ordonné que où ils seront de la valeur de 1,000 sous bourdelois et au-dessus, que pour conclure et arrêter les dits marchés ou bargaignes seront appelés deux courtiers ; ne sera loisible ni permis à un seul courtier les pouvoir arrêter, à peine de suspension du dit état contre les infracteurs du présent statut et autre amende arbitraire pour la première fois, et pour la seconde d'être privés de leurs dits états de courtiers.

» Semblablement est défendu aux dits courtiers surprendre l'un sur l'autre en faisant les dits bargaignes ou marchés, posé ores que les dits marchés et

bargaignes du premier traité n'aient pu être conclus
et arrêtés que quinze jours ne soient passés, à compter du premier traitement.

» Et auquel cas seulement un autre courtier pourra
reprendre le dit marché ou bargaigne, les dits quinze
jours passés, pour un autre marchand ou pour celui
qui l'aura commencé, mais non autrement, à peine
de suspension de son état et de perdre son droit de
courtage, qui sera appliqué à celui qui aura commencé la dite bargaigne, la moitié, et l'autre moitié
à la ville pour les réparations d'icelle.

» Et si est enjoint aux dits courtiers préférer les
bourgeois de la dite ville à faire vendre les vins ou
autres marchandises, soit par bargaigne ou autrement, aussi de préférer après les dits bourgeois, les
manants et habitants de la dite ville et des banlieues
d'icelle.

» Aussi est inhibé aux dits courtiers de faire ou
souffrir et permettre être faite fraude, tromperie,
vol, abus ou déception, en faisant les dites bargaignes ou marchés. Ains enjoint d'incontinent révéler
et dénoncer ceux qui auront fait le contraire, sur
peine de privation de leurs dits états.

» Pareillement aux dits courtiers est très-expres-
sément défendu de sortir hors la dite ville et banlieue d'icelle pour mener et conduire marchands
étrangers pour acheter vins, si ce n'est par congé des
dits seigneurs, sous-maire et jurats, et ce à peine de
suspension de leurs dits offices, pour trois mois et
autre amende arbitraire.

» Et parce que plusieurs marchands apportent en leurs navires et barques plusieurs et diverses marchandises, lesquelles quand sont en cette ville font mettre et retirer dedans les hôtelleries et ailleurs où ils sont logés, pour lesquelles marchandises voir les dits courtiers s'y transportent afin de les faire vendre, et de dénoncer aux marchands qui les voudront, et lesquels en la compagnie du dit courtier les font voir; et les marchands, tant vendeurs qu'acheteurs, aucunes fois tiennent traité de faire marché et bargaigne ; mais souventes fois ne se peuvent accorder à la première fois qu'ils parlent ensemble et par ce demeurent en quelque différend.

» Par le statut particulier fait par les maire et jurats, avec l'avis du conseil général de la ville, en l'an 1564, est défendu aux courtiers de loger aucuns marchands étrangers, ni recevoir leurs marchandises en leurs maisons, et ne faire aucun trafic pour eux. Ce qui a été confirmé par arrêts du 31 janvier et 30 mars 1579.

» A cette cause est statué que la clef de la chambre où la dite marchandise aura été mise sera baillée entre les mains du dit courtier, jusqu'à ce que le marché soit arrêté ou rompu. Et au cas qu'il ne puisse être conclu, le dit courtier rendra au dit marchand la dite clef pour obvier à ce que la dite marchandise ne soit changée, ou qu'aucun autre ne surprenne sur le dit marché, qui ne sera comme dit est conclu ni rompu ; ains sera demeuré en suspens.

» Est néanmoins enjoint à tous hôtes et autres où

sera la dite marchandise, que toute fois et quand que les dits courtiers iront en leurs maisons et logis pour voir aucune des dites marchandises, de leur faire ouverture des chambres où les dites marchandises seront, à peine de 50 livres tournois.

» Et ne prendront les dits courtiers, pour tonneau de vin qu'ils feront vendre, que 6 sols tournois, et d'autre marchandise comme blé, plomb, drap, laine et toutes autres marchandises qui seront vendues par les marchands, étant les courtiers présents à faire les dits marchés ou bargaignes, prendront 2 deniers et maille ou obolle pour chacune livre.

» Par délibération publique faite avec le conseil général de la ville en l'an 1584, le salaire de 6 sols pour tonneau de vin a été augmenté jusqu'à 12 sols aux dits courtiers.

» Pour pipe de pastel, 10 sols tournois; pour chacun tonneau de miel, 7 sols tournois ; et pour douzaine de barriques, 1 sol de l'acheteur et un autre du vendeur.

» Prendront aussi les dits courtiers pour leur salaire des affrets de navires, la valeur du premier tonneau, et ce sur le maître du navire ou autre qui l'affrétera et non plus.

» Est prohibé aux dits courtiers aller au haut pays et y mener et conduire aucuns marchands étrangers pour acheter vins, à peine d'être privés de leur dit état.

» Et si aucun des dits courtiers fait vendre ou acheter, et que l'acheteur ou vendeur soit inconnu l'un à l'autre, et qu'il se trouve n'être solvable, le dit courtier qui aura conduit le négoce, bargaigne ou marché, payera tant le principal qu'intérêts et dommages au marchand qui aura été déçu et trompé. »

CHAPITRE VI.

DIX-HUITIÈME SIÈCLE.

L'organisation du commerce de Bordeaux se perfectionne; mais la lutte des tarifs continue à retarder le progrès; heureusement le commerce des colonies grandit. — Bordeaux en devient l'entrepôt principal. — Le goût des produits coloniaux se répand dans des proportions inespérées. — La prospérité de notre port atteint le plus haut degré. Cependant cette fortune commerciale n'était en général que le résultat de circonstances exceptionnelles. — Nos produits agricoles, richesse immuable et sûre, demeuraient toujours victimes de l'exagération des droits étrangers. — Le gouvernement de Louis XVI reconnaît le mal et a le courage de le combattre. — Le traité de 1786 fut un acte d'une grande valeur. — Conçu toutefois avec hésitation et n'ayant pas pour base une réciprocité réelle, il ne put produire que des résultats peu décisifs. — En ce moment, des embarras financiers forcent l'État à consulter la nation. — Les idées de réformes sociales s'agitent et se répandent. — De grands malheurs intérieurs entraînent enfin une guerre générale. — Anéantissement du commerce de Bordeaux.

§ Ier.

De 1700 à 1750.

Ce siècle présente le tableau presque permanent d'une lutte immense entre les deux grandes nations maritimes; chacune de ces puissances attaqua sa rivale, non-seulement par le fer, mais par tous les moyens pouvant entraîner l'affaiblissement et la ruine. Grâce au ciel, pendant que les passions irréfléchies tendaient à détruire, la nature s'efforçait de créer; après deux siècles d'enfance, l'immense continent

d'Amérique prenait sa part active dans le monde et
changeait presque entièrement ses rapports commerciaux ; c'est là le principal intérêt de l'exposé
qui va suivre.

La paix de Ryswick, faite en 1697, avait rétabli la sécurité des mers et reconnu la propriété exclusive de la France sur la partie occidentale de
Saint-Domingue. Le gouvernement de Louis XIV continuait à faire des efforts pour comprendre les véritables besoins commerciaux du pays. Un édit de
1700, signé du ministre Chamillard, réorganisa à
Paris le conseil général du commerce, composé de
six membres, et déclara que les villes de Bordeaux,
Rouen, Marseille, Lyon, La Rochelle, Nantes, Saint-
Malo, Lille, Bayonne et Dunkerque enverraient chacune à Paris un député sédentaire pour représenter
leurs intérêts et prendre part aux délibérations du
conseil. Cette mesure on ne peut plus utile n'a
cessé d'avoir son exécution qu'en 1790. Le député de
Bordeaux recevait de la ville une indemnité annuelle
fixée d'abord à 2,000 liv., puis portée à 9,000 liv.,
et enfin élevée à 12,000 liv. en 1720, époque de l'é-
lection de M. E. Dubergier.

Malheureusement, cette paix de Ryswick ne fut
qu'une courte suspension d'armes ; la loi du vainqueur s'y faisait trop sentir ; les Anglais n'avaient diminué aucun des droits excessifs imposés sur presque
toutes nos marchandises et principalement sur nos
vins. La guerre recommença en 1702, à l'occasion de
la succession au trône d'Espagne. Les Anglais, créa-

teurs de la coalition formidable qui se fit alors contre la France, avaient adopté depuis longtemps déjà ce principe politique, qui sera toujours la base première de leur conduite : Régner souverainement sur les mers, dominer tout le commerce maritime, amoindrir celui de la France, seule nation en Europe dont ils redoutent sérieusement la concurrence.

C'est dans ce but que fut conclu en 1705 le traité de Méthuen, entre l'Angleterre et le Portugal. Ce traité, dont les effets furent très-funestes au commerce de Bordeaux, se compose de deux articles principaux : le premier donne au commerce anglais le droit d'introduire en Portugal tous les produits des manufactures britanniques; par le second, le gouvernement de la Grande-Bretagne prend l'engagement de recevoir toujours les vins de Portugal, en ne les soumettant qu'à un droit d'entrée *inférieur d'un tiers à celui qui serait fixé à toutes les époques pour l'introduction des vins français.* Cette convention, exécutée depuis plus d'un siècle, a répandu en Angleterre le goût des vins du Portugal et rendu la concurrence presque impossible pour les vins ordinaires de France.

Toutefois, au milieu des calamités de la guerre, le conseil central du commerce continuait ses travaux, et un de ses premiers soins avait été de provoquer la création de chambres de commerce dans les principales villes.

Le 26 mai 1705, le conseil d'État arrêta l'établissement de la chambre de commerce de Guyenne;

cette décision, confirmée par lettres-patentes du roi,
fut enregistrée au parlement de Bordeaux.

Ce titre fait partie intégrante de l'histoire qui nous
occupe et doit être reproduit *in extenso* :

« EXTRAIT DES REGISTRES DU CONSEIL D'ÉTAT.

» Le roi voulant faire jouir ses sujets des avantages
que Sa Majesté a eu l'intention de leur procurer en
établissant un conseil de commerce, suivant l'arrêt du
Conseil du 29 juin 1700, Sa Majesté aurait estimé
utile et convenable d'établir en chacune des villes de
Lyon, Rouen, Bordeaux, Toulouse, Montpellier, La
Rochelle, Nantes, Saint-Malo, Lille, Bayonne, des
chambres particulières de commerce où les marchands–négociants des autres villes et provinces du
royaume, pourraient adresser leurs mémoires contenant les propositions qu'ils auraient à faire, sur ce
qui leur paraîtrait le plus propre à faciliter et augmenter le commerce ou les plaintes de ce qui peut
y être contraire, pour être les dites propositions ou
sujets de plaintes, discutés et examinés par celle des
dites chambres particulières de commerce à laquelle
les dits mémoires auraient été adressés et ensuite envoyés par les chambres particulières avec leurs avis
au conseil de commerce, à l'effet de quoi Sa Majesté
aurait ordonné, par arrêt de son conseil, du 30 août
1701 : Que dans les dites villes de Rouen, Bordeaux,
La Rochelle, Nantes, Saint-Malo et Bayonne, les
marchands et négociants seraient assemblés devant
les juges et consuls, pour examiner et délibérer de

quelle manière il serait plus convenable et avantageux à chacune des dites villes d'y faire l'établissement des chambres particulières de commerce, comment ou par qui se ferait l'élection des syndics ou
députés, et quel nombre de syndics ou députés serait
nécessaire en chacune d'icelles, eu égard au nombre
des marchands qui sont établis dans les dites villes et
à l'étendue du commerce qui s'y fait, de chacune
desquelles assemblées, ensemble de ce que serait
délibéré, il serait dressé procès-verbal, qui serait
remis à chacun des sieurs intendants ou commissaires départis dans les départements desquels sont
situées les dites villes, pour être par eux envoyé à Sa
Majesté avec leur avis, et le tout rapporté à Sa Majesté, être par Elle pourvu à l'établissement des
chambres particulières de commerce, ainsi qu'il
appartiendra ; en exécution duquel arrêt les juges et
consuls de la Bourse auraient convoqué une assemblée générale de tous les négociants de la dite ville,
le 5 septembre 1704, pour délibérer de quelle manière il serait plus convenable et plus avantageux à
la dite ville de Bordeaux d'y faire l'établissement
de la dite chambre particulière de commerce. Vu le
procès-verbal contenant la délibération faite dans
la dite assemblée, par laquelle tous les négociants
ont consenti à ce que les intérêts montant à 4,086 liv.
qui sont payés annuellement par Sa Majesté aux
corps des marchands et artisans de la ville, pour
la finance que les marchands et corps des arts et
métiers de la dite ville ont payée en l'année 1697 pour

la réunion des offices d'auditeurs des comptes, seraient employés, à commencer du premier jour de
janvier de la présente année 1705, aux frais et dépenses nécessaires pour l'entretien de la dite chambre particulière de commerce, et, qu'à cet effet, Sa
Majesté serait suppliée de permettre l'emploi de la
dite somme de 4,086 liv. aux frais et dépens de la
dite chambre particulière de commerce, l'état de la
distribution de la dite somme de 4,086 liv. aux différents corps des marchands et artisans de la dite
ville de Bordeaux, suivant l'ordonnance du feu sieur
de Bessons, conseiller d'État, intendant à Bordeaux,
du 10 janvier 1698, à proportion de ce que chacun
corps de marchands et artisans avait payé de finance
pour la réunion des dits offices d'auditeurs des
comptes, en conséquence des arrêts du conseil du
25 janvier 1695 et 26 mars 1697, l'avis du sieur
de La Bourdonnaye, conseiller de Sa Majesté en
ses conseils, maître des requêtes ordinaire de son
hôtel, intendant à Bordeaux, sur le contenu au
dit procès-verbal, et les dits arrêts du conseil des
29 juin 1700 et 30 août 1701 ; ouï le rapport du
sieur Chamillart, conseiller ordinaire au conseil
royal, contrôleur général des finances; le Roi étant
en son conseil, a ordonné et ordonne que l'établissement de la chambre particulière de commerce dans
la dite ville de Bordeaux sera fait en la manière qui
suit :

« I.

» La dite chambre particulière de commerce sera

composée des juge et consuls en charge et de six négociants.

» II.

» Ceux qui seront élus pour être de la dite chambre
seront actuellement marchands ou ayant fait le négoce et nés sujets de Sa Majesté ou naturalisés, et
seront appelés : Directeurs du commerce de la province de Guyenne.

» III.

» La chambre s'assemblera un jour de chaque semaine dans un lieu commode de l'hôtel de la Bourse, qui
sera choisi et destiné pour cela par les juge et consuls.

» IV.

» Le sieur intendant de la province de Guyenne
pourra se trouver aux assemblées de la chambre et
y présider quand bon lui semblera.

» V.

» La première élection de la chambre se fera aussitôt après la réception du présent arrêt par les juge
et consuls, qui s'assembleront à cet effet dans l'hôtel
de la Bourse avec vingt des plus anciens juges et
consuls, pour élire six personnes propres à remplir
la fonction de directeur. La première assemblée de
la chambre particulière de commerce se tiendra dans
la semaine qui suivra l'élection.

» VI.

» La seconde élection se fera le premier jour du
mois de mai de l'année suivante par les juge et consuls, les six directeurs de la chambre en charge, et
quatorze des plus anciens juges et consuls, et il sera

10

nommé trois directeurs à la place des trois premiers
de la première élection.

» VII.

» La troisième élection sera de trois directeurs à la
place des trois derniers de la première élection, et
se fera au dit jour 1er de mai de l'année suivante,
par les juge et consuls, les six directeurs en charge
et ceux qui seront déjà sortis de la direction ; et les
autres électeurs, pour faire le nombre de vingt-trois,
auquel il demeurera fixé pour procéder aux élections,
se prendront du nombre des plus anciens juges et
consuls, de manière que dans la suite, si le nombre des directeurs en charge et hors de charge se
trouve assez grand avec les juges et consuls en
charge, les anciens juges et consuls ne seront point
appelés pour faire les élections des directeurs de la
chambre particulière de commerce.

» VIII.

» Les élections suivantes se feront de même tous les
ans de trois directeurs, de manière que les directeurs seront deux années en charge.

» IX.

» Pourront, les dits directeurs de commerce, être
continués de leur agrément, lorsque la chambre le
trouvera à propos, pour deux années seulement, sans
qu'ils puissent être continués au delà du dit temps ;
ils pourront néanmoins être élus de nouveau après
six années d'intervalle.

» X.

» En cas de mort d'aucun des directeurs dans la

première ou seconde année de son service, il en sera
nommé un autre par l'assemblée, qui sera convoquée
à cet effet dans la forme ci-dessus prescrite pour
remplir le temps de l'exercice du décédé.

» XI.

» Le soin de l'application des directeurs sera de
recevoir les mémoires qui seront adressés par les
marchands et négociants, tant de la dite ville de
Bordeaux que des autres villes de la province de
Guyenne, à la dite chambre de commerce, contenant
les propositions ou les plaintes des négociants, d'examiner et discuter ces mémoires, donner leur avis
sur ce qui y sera contenu, et d'envoyer le tout au
sieur contrôleur général des finances lorsque les
matières paraîtront importantes. Les directeurs pourront aussi faire au dit sieur contrôleur général des
finances les représentations qu'ils estimeront nécessaires pour le bien et pour l'avantage du commerce.

» XII.

» Aucun avis, servant de règle sur les matières
du commerce, fait sur la place de la Bourse, n'aura
d'autorité dans les affaires du commerce qu'il n'ait
été présenté à la chambre de commerce et par elle
approuvé.

» XIII.

» Il sera fait choix par la dite chambre particulière
de commerce, d'un secrétaire qui tiendra registre-
journal de tout ce qui sera proposé dans les assemblées de la chambre et de ce qui sera arrêté, signera
les délibérations qui y seront prises et les mémoires

qui seront envoyés au sieur contrôleur général des finances, lequel-secrétaire exercera sa fonction aussi longtemps que la chambre de commerce le trouvera à propos, à la place duquel elle en mettra un autre.

» XIV.

» Les délibérations qui seront prises dans la chambre, sur les mémoires qui y seront présentés ou sur les matières et difficultés qui y seront proposées, concernant le commerce, seront signées sur le registre à la fin de chaque séance, par ceux des directeurs qui seront présents, et il sera fait mention de leurs signatures dans les expéditions des délibérations.

» XV.

» Si les directeurs se trouvaient de sentiments opposés sur les matières de commerce qui seront agitées, les opinions différentes seront écrites sur le registre avec les noms de ceux qui auront été de chaque opinion.

» XVI.

» Ordonne, Sa Majesté, que pour subvenir aux frais nécessaires de la chambre particulière de commerce, le receveur général de la province de Guyenne ou autre chargé des états de Sa Majesté, fournira tous les ans, à commencer du 1er janvier de la présente année, à celui des directeurs de la dite chambre qui sera nommé trésorier, la somme de 4,086 liv., ordonnée par arrêt du conseil du 26 mars 1697, pour les gages annuels attribués aux corps et communautés des marchands et artisans de la ville de Bordeaux, pour les offices d'auditeurs des comptes créés par édit du mois de mars 1694, et réunis aux dits corps et communautés des marchands et artisans, moyennant la somme de 95,380 liv. de finance et les 2 sols pour livre payés par les dits corps de marchands et artisans de la dite ville de Bordeaux, suivant l'arrêt du conseil du 14 janvier 1695, pour être la dite somme de 4,086 liv. employée aux dépenses ci-après expliquées, suivant les délibérations de la dite chambre particulière de commerce.

» XVII.

» Le directeur trésorier qui sera nommé annuellement, ne pourra disposer d'aucune somme, ni en faire aucun paiement que sur les ordres signés au moins de six directeurs de la dite chambre particulière de commerce, et seront, les dits ordres, rapportés avec les quittances des parties prenantes, au moyen de quoi les sommes qu'il aura payées seront passées et allouées au compte qu'il rendra de sa gestion à la chambre particulière de commerce, à la fin de l'année de son exercice, sans que le dit trésorier soit tenu de compter à la chambre des comptes ni ailleurs qu'à la dite chambre particulière de commerce.

» XVIII.

» La dite somme de 4,086 liv. sera employée au paiement des appointements du secrétaire de la chambre particulière de commerce, ainsi qu'ils seront réglés par la dite chambre particulière de commerce, au paiement des frais de l'entretien, du bois, des bougies et chandelles, et à payer le prix de 2 jetons d'argent du poids de 10 deniers, qui seront donnés à chacun des directeurs à la fin de chaque assemblée de la chambre, et d'une médaille d'or du poids de 5 louis d'or, qui sera donnée à chacun des directeurs en sortant de charge, à la fin de deux années de leur exercice, et au député au conseil de commerce, lorsqu'il cessera d'en faire la fonction, pour marque de la satisfaction qu'on aura de leurs services; et le surplus, s'il y en a, aux autres frais extraordinaires de la dite chambre; et pour l'exécution du présent arrêt, seront toutes lettres nécessaires expédiées. — Fait au conseil d'État du Roi, Sa Majesté y étant, tenu à Versailles le 26ᵉ jour de mai 1705. *Signé* : Phelipeaux. »

En exécution de cette décision, les négociants notables et les juges du tribunal consulaire de Bordeaux se réunirent le 4 juillet 1705 pour procéder à la nomination des six directeurs qui devaient composer la chambre de commerce de Guyenne. Furent nommés MM. Massieu, Barreyre, Roche, Ribail, Billate et Saige, M. Raymond étant juge ou président, et MM. Comin et Brunaud, consuls du tribunal de commerce.

Dans sa première assemblée, qui eut lieu le 9 du même mois, sous la présidence de M. de Labourdonnaye, conseiller du roi, intendant de Guyenne, la chambre décida qu'une médaille devant servir comme jeton de présence serait frappée et porterait pour légende : *Clarior adjunctis surget, rectoribus œdes;*

à l'exergue : *Direction du commerce de Guyenne,* avec le millésime : 1705, et au revers : *Ludovico magno, commercii protectori.* — Enfin, dans une de ses séances suivantes, la chambre de commerce ordonna qu'une médaille d'or et 100 jetons d'argent seraient offerts à Mgr de Labourdonnaye, une médaille d'or à M. de Fénelon, alors député du commerce de Guyenne, et 100 jetons d'argent à chacun des directeurs.

La chambre de commerce de Bordeaux se montra immédiatement active et dévouée à ses devoirs. Placé sous cette direction régulière, le commerce de notre place prit confiance en lui-même, étudia tous ses besoins et marcha d'un pas rapide dans la voie du progrès.

Il fallait d'abord chercher à amoindrir les maux inévitables de la guerre; le port de Bordeaux présenta au ministre les observations les plus fortes en faveur du commerce des neutres, et par arrêt du conseil du 18 août 1705, le roi publia un règlement général, non-seulement sur le commerce des neutres, mais encore sur les lettres de marque qui pourraient être accordées au commerce maritime des ennemis eux-mêmes.

Le premier article porte que les vaisseaux suédois et danois qui viendront pendant la guerre dans les ports du royaume, à vide ou chargés seulement de mâts, planches et autres bois propres à la construction des vaisseaux, de bourdillons, bourdilles et merrains de toute sorte servant à faire des barriques, de goudron, chanvre, cuivre en masse, cuivre

en rosette, feuilles et rouleaux de plaques de cuivre rouge ou jaune, chaudrons de cuivre rouge ou
jaune dégrossi seulement, mitrailles, airain, ferblanc, vitriol, couperose blanche, vitriol blanc,
acier, suif, brai, cuirs en poil, fil de laiton, fil de
fer, fer en barre, fer en feuilles, fer carré, graine
de lin, graine de chanvre, cire jaune, miel, soufre,
alun du Nord, potasses, vidasses et autres cendres,
rogues, beurre et fromage de Suède ou de Holstein,
noir à noircir et de fumée, et qui chargeront dans les
ports du royaume et y prendront leur entière charge
de sel, de vins, d'eaux-de-vie ou autres denrées
et marchandises de France, seront exempts et dé-
chargés du paiement du droit de fret de 50 sous par
tonneau.

Le second article établit une deuxième catégorie
de marchandises, telles que agnelins ou laines de
Pologne et autres laines grossières des pays du Nord,
ambre jaune, amidon, arsenic ou autres grains,
gruau, azur, céruse fine ou blanc de plomb, colle
de poisson, cornes à lanterne, crayon de mine, crin,
laiton noir ou gratté, légumes de toutes sortes, lin,
litharge, or ou argent, mine de plomb ou minières,
ocre rouge, pelleteries du Nord, plumes à écrire ou
à faire lits, duvet de toutes sortes, stockfish, saumons
salés ou fumés, vaches de Russie, vermillon, cabo-
ches ou têtes de clous, limes, alènes, poinçons et
autres semblables outils, verre cassé, marcassite et
verre de montagne; à la charge par les vaisseaux
danois et suédois de payer, outre les droits d'entrée

ordinaires, le droit de fût, et à condition pareillement de charger dans les ports où ils arriveront des vins, eaux-de-vie, denrées et marchandises du royaume dont la sortie est permise, au moins pour la valeur des marchandises ci-dessus exprimées, sur le pied de ce qu'elles valent et se vendent en France.

Par l'article 5, l'arrêt du conseil établit le système des passeports pour les vaisseaux ennemis; il porte que les vaisseaux hollandais en faveur desquels il aura été expédié des passeports pour venir charger dans les ports de France des vins, des eaux-de-vie, des denrées et marchandises dont la sortie est permise, pourront, conformément aux dits arrêts du conseil, apporter les marchandises exprimées dans les dits arrêts, savoir : azur, colle de toutes sortes, bois de teinture, garance, poil de sanglier, fromage, rogues, borax, bois de buis, goudron, bourdillon, bourdille et toutes autres sortes de bois servant à faire des barriques et futailles, en payant le droit de fret et les droits d'entrée ordinaires, et à la charge que les dits vaisseaux hollandais et autres vaisseaux ennemis en faveur desquels il aura été expédié des passeports, chargeront dans les ports où ils arriveront des marchandises ou denrées du royaume au moins pour la valeur de celles des marchandises ci-dessus exprimées qu'ils auront apportées, sur le pied de ce qu'elles valent et se vendent en France.

On voit que cette décision était de la plus haute importance pour le commerce de Bordeaux. Grâce

aux nombreux passeports qui en furent la suite,
notre port reprit une certaine activité commerciale.
Cette mesure était un honorable progrès, qui devrait
avoir conduit depuis longtemps à borner les actes de
la guerre aux combats des forces militaires et à
laisser complètement en dehors les intérêts particuliers du commerce. Malheureusement, les luttes qui
se sont succédé depuis plus d'un siècle ont plutôt
élargi et reculé les limites des cruautés de la guerre;
espérons que l'avenir fera triompher des principes
plus dignes de l'humanité.

L'étude et la direction des divers intérêts de la
place n'étouffaient pas à Bordeaux les sentiments d'un
vrai patriotisme; en l'année 1711, les négociants
bordelais armèrent par souscription la frégate *la Nym-
phe*, de 40 canons; ce vaisseau croisa pendant toute
la guerre, depuis Cordouan jusqu'à l'embouchure de
la Loire; il soutint glorieusement plusieurs combats,
fit des prises considérables et rentra dans le port
après avoir honoré le pavillon français.

La paix d'Utrecht fut signée le 11 avril 1713.
Heureux d'échapper aux dangers immenses qu'avait
couru son royaume, Louis XIV subit la condition
honteuse de combler le port de Dunkerque, et la
France perdit l'Acadie et Terre-Neuve, c'est-à-dire ce
qui pouvait assurer le développement de notre grande
pêche. Les Anglais, victorieux, stipulèrent sans détour la suprématie de leur commerce et le dégagè-
rent de toute entrave, même des moyens de garantie
établis dans certains ports. Ainsi, en ce qui regarde

Bordeaux, il fut établi dans l'article 12 du traité, que les capitaines des vaisseaux anglais ne seraient pas tenus de se servir, pour charger ou décharger leurs navires, des personnes établies à cet effet par l'autorité publique, mesure qui avait pour objet d'éviter la contrebande et la fraude.

Le commerce anglais abusa bientôt des droits pour ainsi dire arbitraires qui lui avaient été accordés ; des plaintes nombreuses se firent entendre. D'un autre côté, les gouverneurs de nos colonies se crurent autorisés à accueillir librement le commerce anglais ; ses navires y arrivèrent immédiatement en plus grand nombre que les nôtres ; les conséquences de cet état de choses furent désastreuses ; les premiers moments de la paix d'Utrecht produisirent en effet plus de ruines que la guerre n'en avait fait naître. Presque tous les navires armés à Bordeaux en 1713 et 1714 pour les colonies d'Amérique donnèrent de la perte ; il y en eut plusieurs sur lesquels les armateurs perdirent plus de la moitié de leur capital. Une autre raison grave vint contribuer encore à la perturbation du commerce de Bordeaux ; la plus importante de nos colonies, Saint-Domingue, établit tout à coup dans ses ports un droit de 30 sous par barrique de sucre brut, de 3 liv. par barrique de sucre blanc et de 4 liv. par tonneau d'encombrement sur chaque navire partant de Saint-Domingue. Cette charge, entièrement illégale, achevait la ruine des expéditions bordelaises. Les réclamations de notre port furent énergiques, et elles devaient l'être. Sur le premier point, en effet, l'autorisation donnée aux Anglais pour nos colonies était une violation flagrante du règlement du mois d'août 1698; il ne pouvait être possible aux négociants français de faire un commerce avantageux dans nos îles si les Anglais y portaient librement des bœufs et lards salés, des farines, des étoffes de soie et de laine, des bas, de la quincaillerie et beaucoup d'autres marchandises que leur situation manufacturière leur permettait de donner à des prix bien inférieurs aux nôtres, sans parler des étoffes et toiles des Indes, prohibées alors dans le commerce français, et que les navires anglais versaient également dans les colonies.

Sur le second point, les autorités de Saint-Domingue n'avaient aucun droit d'établir dans l'île des mesures financières non autorisées par le gouvernement français. On demandait, en outre, au ministre, que pour faciliter le débouché des 80,000 quintaux de sucre qui existaient alors dans les ports du royaume, au delà de la quantité que pouvaient travailler les raffineries françaises, une décision royale ordonnât la restitution des droits d'entrée sur les sucres bruts qui seraient transportés à l'étranger.

Au milieu de ces circonstances difficiles, les négociants de Bordeaux surveillaient aussi avec intelligence et fermeté la conservation des principes protecteurs que le commerce malheureux doit trouver dans la loi. Ainsi, un arrêt du parlement ayant autorisé le lieutenant général à lancer des décrets de prise de corps contre tous les négociants faillis, les commerçants adressèrent au ministre un mémoire très-sage pour s'opposer à cette mesure, et, par un arrêt du conseil royal, il fut décidé que la connaissance des faillites appartiendrait entièrement à la juridiction consulaire, hors les cas de prévention criminelle. La réclamation du commerce était légitime ; il faut sans doute garantir la sécurité commerciale, mais il est également indispensable de protéger, d'honorer même le négociant honnête et malheureux ; une rigueur sans mesure détruirait cet élan fécond, il faut dire même cet esprit d'audace qui peut seul créer le grand commerce.

La lutte énergique du commerce de Bordeaux ne tarda pas à porter ses fruits ; plusieurs décisions mirent fin aux abus que nous venons de signaler ; les affaires reprirent faveur. Le Gouvernement sentit aussi la nécessité d'amoindrir le monopole des grandes compagnies ; un édit du mois de janvier 1716 accorda aux ports de Bordeaux, Rouen, Nantes et La Rochelle, la faculté de faire librement la traite des noirs, à la charge d'une redevance de 20 fr. par esclave.

Il faut dire un mot sur ce commerce des esclaves :

De temps immémorial, la côte occidentale d'Afrique pratiquait l'usage inhumain de vendre ses habitants (1). Dès 1508, les premiers nègres furent transportés à Saint-Domingue par les Espagnols, sous le règne d'Élisabeth. Les Anglais commencèrent bientôt après à faire ce commerce, et la marine fran-

(1) *Hist. philosophique*, t. VI, p. 4.

çaise l'entreprit également sous Louis XIII. Tous les
princes autorisèrent ce négoce, sous le prétexte que
*les noirs, n'étant pas chrétiens, ne pouvaient préten-
dre à la liberté.*

La traite des noirs se faisait par voie d'échange
direct. On portait à la côte d'Afrique du vin, de
l'eau-de-vie, des liqueurs, des toiles, des armes, de
la quincaillerie, mercerie et verroterie, du ferblanc,
de la poudre à feu, du corail et des parures communes; on entreposait aussi à Bordeaux, pour ce
commerce, des toiles de coton des Indes, blanches,
bleues, rayées, ainsi que celles dites indiennes, des
cristaux en grains, des miroirs d'Allemagne, des
pipes à fumer de Hollande, des couteaux flamands,
des chaudières et toutes sortes d'ustensiles de cuivre.
Lorsque les esclaves abondaient sur la côte, ce négoce présentait des avantages immenses; mais souvent aussi la traite était longue, difficile; quelquefois,
pendant la traversée d'Afrique aux îles, des maladies contagieuses et même des révoltes sanglantes
ruinaient entièrement l'opération. En général, un bel
esclave grand et robuste revenait à 600 liv. et se
vendait 2,000 liv.; le prix des femmes était inférieur
de 30 p. 100; celui des enfants variait suivant leur
âge et suivait pour le sexe la même proportion.

Quelques maisons de Bordeaux armèrent pour
la traite; mais il faut reconnaître toutefois que le
goût et les capitaux de notre port ne se portèrent
jamais avec empressement vers ce genre d'expédition. En 1717, il n'y eut à Bordeaux qu'un seul

armement pour la côte de Guinée, le *Saint-Jean-Baptiste*, de 70 tonneaux et 12 hommes d'équipage ; on en comptait trois seulement en 1740, et quinze environ de 1764 à 1791. L'importance de la traite était double dans le port de Nantes.

Un acte de législation, bien important encore pour le commerce de Bordeaux, eut lieu au mois d'avril 1717 ; nous voulons parler du règlement définitif sur le commerce des colonies françaises.

La compagnie privilégiée des Indes-Occidentales avait été supprimée par édit de 1674. D'autres édits de 1674, 1677 et 1701, avaient exempté de tous droits de sortie et autres généralement quelconques les denrées et marchandises françaises destinées pour les colonies. Enfin, des arrêts antérieurs de 1670 et 1671 avaient accordé la faculté d'entreposer dans les ports du royaume les marchandises provenant des dites colonies.

Toutefois, ces mesures législatives étaient restées sans exécution régulière ; l'obstination illégale des adjudicataires des fermes avait souvent fait naître les plaintes du commerce ; à Bordeaux, notamment, le droit d'entrepôt était refusé, tandis qu'il recevait à Nantes l'exécution la plus large. Ce fut dans cette situation que le régent, voulant enfin faire droit par une décision définitive aux réclamations très-vives qui s'élevaient de toutes parts, signa les lettres-patentes d'avril 1717, qui furent enregistrées au parlement de Bordeaux, le 31 juillet de la même année.

L'article 1er porte que les armements des vaisseaux destinés pour les îles et colonies françaises seront faits dans les ports de Calais, Dieppe, le Havre, Rouen, Honfleur, Saint-Malo, Morlaix, Brest, Nantes, La Rochelle, Bordeaux, Bayonne et Cette.

D'après l'article 3, toutes les denrées et marchandises, soit du crû ou de la fabrique du royaume, même la vaisselle d'argent ou autres ouvrages d'orfévrerie, les vins et eaux-de-vie de Guyenne ou autres provinces, destinés pour être transportés aux îles et colonies françaises, sont déclarés exempts de tous droits de sortie et d'entrée, à l'exception de ceux dépendant de la ferme générale des aides et domaines.

L'article 19 est conçu en ces termes :

« Les marchandises ci-après spécifiées, provenant des îles et colonies françaises et destinées pour être consommées dans le royaume, paieront à l'avenir pour droits d'entrée dans les ports désignés,

» Savoir : Les moscouades ou sucres bruts, 2 liv. 10 sous le cent pesant, dont 33 sous 4 deniers au fermier du domaine d'Occident et 16 sous 8 deniers au fermier général des cinq grosses fermes.

» Les sucres terrés ou cassonades, 8 liv. le cent pesant, dont 2 liv. au fermier du domaine d'Occident et 6 liv. au fermier général des cinq grosses fermes.

» L'indigo, 100 sous le cent pesant.

» Le gingembre, 15 sous le cent pesant.

» Le coton en laine, 30 sous le cent pesant.

» Le rocou, 2 liv. 10 sous le cent pesant.

» La casse, 1 liv. le cent pesant.

» Le cacao, 10 liv. le cent pesant.

» L'écaille de tortue, 7 liv. le cent pesant.

» Les cuirs secs et en poil, 5 sous la pièce. »

La totalité des droits sur les dites neuf dernières espèces de marchandises devait être levée au profit du fermier général des cinq grosses fermes.

Enfin, les articles 15 et 30 règlent le droit d'entrepôt et font cesser toute équivoque à cet égard.

Le premier déclare que toutes les marchandises et denrées de toutes sortes du crû des îles et colonies françaises pourront, à leur arrivée, être entreposées dans les ports dénommés; au moyen de quoi, lorsqu'elles sortiront de l'entrepôt pour être transportées en pays étrangers, elles jouiront de l'exemption des droits d'entrée et de sortie, même de ceux appartenant au fermier du domaine d'Occident, à la réserve des 3 p. 100 auxquels elles seront seulement sujettes.

Le second de ces articles établit que les magasins servant à l'entrepôt des marchandises et denrées du royaume destinées pour les colonies et de celles dites coloniales, seront choisis par les négociants, à leurs frais, et fermés à trois clefs différentes, dont l'une sera remise au commis du fermier des cinq grosses fermes, l'autre au commis du fermier d'Occident, et la troisième entre les mains de celui qui sera préposé à cet effet par les négociants.

Grâce à ces mesures, les affaires prirent un nouveau développement.

Jetons maintenant un coup d'œil attentif sur leur chiffre et leur nature.

Le premier tableau complet du commerce maritime de Bordeaux qui se trouve dans les archives de la chambre de commerce, est de 1717.

L'exportation s'y élève dans son ensemble à une valeur de 8,044,181 liv., savoir :

1° Pour l'Angleterre, 1,386,797, sur lesquelles 3,500 barriques eau-de-vie à 65 liv. la barrique, et 6,000 tonneaux de vin de 105 à 180 liv. le tonneau.

2° Pour la Hollande, 4,489,236 liv., où sont compris 34,075 tonneaux de vin à 18, 28 et 30 écus le tonneau, et 1,920 barriques d'eau-de-vie à 60 liv. la barrique.

3° Pour le Nord, comprenant les villes anséatiques, le Danemarck et toute la Baltique, 828,857 liv., dont 1,920 barriques eau-de-vie à 60 liv. la barrique, et 6,500 tonneaux de vin de 28 à 30 écus.

4° Pour l'Espagne, le commerce maritime était à peu près nul avec cette nation : un seul caboteur avait paru devant Bordeaux en 1747, apportant une cargaison d'huile et repartant sur lest avec 4 barriques d'eau-de-vie et 15 tonneaux de vin.

5° Pour les îles françaises d'Amérique, 1,337,655 livres, où nous devons remarquer 2,703 barils farine à 15 liv. le baril ; 9,322 boisseaux farine à 7 liv. 10 sous le boisseau ; 1,044 barriques eau-de-vie à 55 liv. la barrique; 4,125 tonneaux de vin de 80 à 100 liv. le tonneau. On voit dans cet état que Bordeaux envoyait encore à cette époque du café d'Orient dans les colonies ; on y voit figurer en effet 1,115 liv. de café à 2 liv. 10 sous la livre.

Quant à l'importation à Bordeaux, elle présente, dans cette même année, une valeur totale de 4,735,155 liv., comme suit :

1° D'Angleterre, 543,624 liv. chanvre, fer, froment, beurre.

2° De Hollande, 1,684,228 liv., où l'on trouve 254,830 liv. fromage à 25 liv. le quintal, et 1 million 281,185 liv. garance à 45 liv. le quintal.

3° Du Nord, 331,564 liv. planches, merrain, cuivre, fer, etc.

4° D'Espagne, 79,539 liv. huile, cochenille, fer en barre.

5° Des îles françaises d'Amérique, 2,096,198 liv., soit sucre à 20, 26 et 36 liv. le quintal; indigo à 3 liv. 12 sous la livre, coton à 80 liv. le quintal; cacao à 8 sous la livre.

En résumé, l'exportation étant de 8,044,181 liv. tournois, et l'importation de 4,735,155 liv., Bordeaux restait créancier pour solde d'une somme de 3,309,025 liv.

Les droits d'entrée et de sortie étaient à peu près en France ce que nous les avons vus dans le siècle précédent; toutefois, en 1717, le roi retira le droit de 4 sous par livre sur le vin, ce qui réduisit les droits de sortie de 20 liv. à 16 liv. 19 sous.

Il existait, en outre, sous le nom de droit du domaine d'Occident, une perception de 3 1/2 p. 100

sur la valeur de toutes les marchandises coloniales à leur entrée dans le port et calculée sur les prix-courants établis par semestre. La correspondance nombreuse, conservée aux archives, entre la chambre de commerce et M. Bachelier, directeur général des fermes du roi, prouve combien l'assiette de ce droit présentait d'incertitude et de difficultés.

Chaque chargement partant de Bordeaux était également soumis au paiement d'un droit qu'on appelait le *chapeau de maître*. Cette gratification, appartenant au capitaine, était modérée dans le principe et ne dépassait pas le prix du fret d'un tonneau ; mais pendant la guerre, les bâtiments neutres, se trouvant maîtres du commerce, portèrent le droit du chapeau de maître à un prix exorbitant. Un arrêt de 1712 le réduisit toutefois à 1 liv. 10 sous par tonneau.

Quant aux droits étrangers, la guerre des tarifs marchait dans une progression malheureuse, surtout avec les Anglais; les droits d'entrée en Angleterre, sur les vins français, étaient alors de 55 liv. sterling par tonneau, soit 1,375 liv. Dans le traité d'Utrecht, le gouvernement anglais persista dans le maintien de ce tarif; de son côté, la France maintint le sien sur les étoffes anglaises et continua la prohibition des marchandises venant des Indes.

Cependant ces entraves de détail ne purent arrêter la force ascendante du commerce bordelais. Sous l'influence de la paix, des mesures législatives et du progrès colonial, il prit un développement rapide; en 1724, son mouvement avait à peu près doublé;

la valeur générale des importations s'élevait à 10 millions 567,032 liv., et celle des exportations à 15 millions 207,587 liv.; ce qui établissait en faveur de Bordeaux une balance de 4 millions 640,554 liv.

Nous devons recueillir ici le tableau des bâtiments marchands existants à cette époque dans notre port :

Noms des bâtiments	Tonnage.	Équipage.	Voyages.
Trois–mâts :			
La Reine-Marie.............	250 tx.	22 hom.	En Hollande.
La Perle....................	100	14	A l'Amérique.
Le Superbe	130	10	En Hollande.
Le Saint–Dominique	100	11	A Terre-Neuve.
Le Sauvage.................	130	20	*Id.*
Le George	70	9	A l'Amérique.
Le Saint-Pierre............	120	18	A Terre-Neuve.
Le Marin	100	16	A l'Amérique.
L'Amitié...................	80	12	*Id.*
Le Pierre	60	11	A Terre-Neuve.
La Sagesse.................	100	12	A l'Amérique.
Le Saint–Jean–Baptiste	100	16	A Terre-Neuve.
Le Saint–Joseph...........	70	11	A l'Amérique.
Le Guillaume	70	8	A Gênes.
La Ville–de–Langon	70	8	En Hollande.
Le Jean–Pierre de Blaye..	120	14	Au Banc.
Flûtes :			
Le Saint–Jean–Baptiste.....	70	12	En Guinée.
La Suzanne	140	14	A l'Amérique.
La Catherine	250	20	*Id.*
L'Union....................	130	10	En Hollande.
Corvettes :			
La Marie dite *Mal-Bâtie*.....	112	9	A l'Amérique.

Noms des bâtiments.	Tonnage.	Équipage.	Voyages.
Trois-mâts :			
Le Petit-Saint-Jean.........	60 tx.	9 hom.	A l'Amérique.
Le Saint-Michel.............	50	9	*Id.*
La Légère	50	8	*Id.*
Le Saint-Joseph	50	9	En Portugal.
Le Saint-Joseph	45	7	*Id.*
La Catherine................	25	6	A l'Amérique.
Le Saint-Jean-Évangéliste.	170	18	*Id.*
Quèches :			
Le Saint-Pierre	50	9	A l'Amérique.
Le Saint-Jean	80	10	*Id.*
Flibots :			
Le Saint-Étienne...........	80	12	A l'Amérique.
Le Saint-Philippe...........	70	7	Au Canada.
La Marie	70	7	En Irlande.
Galiotes :			
L'Amitié-et-Fortune	120	16	A Terre-Neuve.
La Perle....................	90	7	En Hollande.
La Marguerite..............	45	7	A l'Amérique.
L'Aimable-Honoré	50	7	A Gênes.
Barques :			
Dans la Garonne, la Dordogne et la Gironde, 79 barques de	15 à 40 tx.		Faisant le cabotage pour les côtes de Bretagne et quelquefois de l'Espagne (1).
A La Teste de Buch, 17 barques de	15 à 30		

Au milieu de ces progrès et malgré les difficultés qu'avaient fait naître sur notre place et dans la France les désordres financiers de la régence, la chambre

(1) *Encyclopédie méthodique*, t. II, p. 256.

de Bordeaux dirigeait la tutelle du commerce avec
une sagesse, une fermeté et une intelligence dignes
des plus grands éloges, tantôt arrêtant les abus fréquents des fermiers de l'État, tantôt éclairant le
Gouvernement lui-même; ainsi, en 1723, les sous-
fermiers de plusieurs sénéchaussées, abusant du con-
trôle impuissant qui surveillait leurs opérations, établirent des droits arbitraires sur la sortie des huiles
de Provence, sur les·vins· de Guyenne partant de
Calais et sur les toiles chargées dans le port de Bordeaux; notre chambre de commerce s'adressa au
Gouvernement lui-même, et ses réclamations persis-
tantes obtinrent bientôt la réforme de ces abus.
Quelques années plus tard, les faillites ayant pris
sur notre place une recrudescence alarmante, le ministre demanda des informations, et la chambre fit
entendre ses conseils dans un mémoire resté célèbre.
Selon elle, pour diminuer les faillites, il ne fallait
ni créer des rigueurs, ni gêner la liberté du commerce, mais le favoriser au contraire, soit ·par
l'amélioration des tarifs, soit en limitant le monopole des grandes compagnies, soit enfin en maintenant
sur la place l'abondance du numéraire et en imposant aux fermiers généraux l'obligation de prendre
le papier des bonnes maisons, ce qu'ils s'obstinaient
à refuser.

A la même époque, le commerce de Bordeaux
fit de grands sacrifices pour aider l'État à améliorer
les passes du fleuve.

De 1725 à 1740, Saint-Domingue et les autres

Antilles commencèrent à verser dans le commerce une quantité déjà considérable de café; la consommation de cette fève, celle du sucre et du cacao, prenaient en Europe des proportions immenses et doublaient déjà le commerce maritime de notre port, dont en 1739 le mouvement présentait les détails suivants :

Valeur totale de l'exportation, 20,027,063 liv.; valeur de l'importation, 12,309,317 liv. Balance en faveur de Bordeaux : 7,717,686 liv.

Ainsi, depuis 1823, les bénéfices du commerce maritime de Bordeaux avaient obtenu une augmentation annuelle de 3,277,132 liv.

Remarquons que l'exportation des vins et eaux-de-vie était restée absolument la même; le progrès portait tout entier sur l'importation et la réexportation à l'étranger des marchandises coloniales, commerce qui de 3,000,000 s'était élevé à 8,424,627 livres.

Le manuscrit de l'abbé Bellet, qui renferme ce dernier état, le fait suivre de quelques observations dont il nous paraît très-utile de reproduire *le texte,* parce qu'il fait connaître, mieux que toute analyse, les idées et l'opinion qui existaient alors sur plusieurs éléments importants de notre commerce (1).

« DES VINS.

» Les vins sont sans doute la denrée la plus commune et la plus abondante de la province de Guyenne;

(1) Manuscrits des abbés Bellet et Beaurein (bibliothèque de Bordeaux.) — Archives de la chambre de commerce, état de 1759.

c'est de celle-là qu'elle semble tirer tous ses secours ;
elle forme la seule manufacture du pays, puisqu'elle
occupe toute l'année la plus grande partie des paysans.
Parmi tous les métiers, il y en a un qui lui est par-
ticulièrement destiné, c'est celui des charpentiers de
barriques ; elle consume encore un grand nombre
d'autres denrées. Tout cela paraît dans la culture
des vignes qui demandent plusieurs labours de terre,
plusieurs façons à la plante ; des échalas et des vîmes,
des pressoirs et des cuves, des tonneaux avec leurs
cerceaux. Les vendanges occupent encore un . plus
grand nombre de gens pendant deux mois, ensuite
beaucoup de voitures, de chevaux, de charrettes et
de bateaux. La majeure partie du bois pour les cuves
et les barriques vient du Nord, et sert à faire la
troque avec les vins et les eaux-de-vie. On remarquera que la douzaine de barriques étant à 29 écus,
c'est pour mille douzaines, qui font 3,000 tonneaux,
la somme de 24,000 écus. On remarquera encore
que tout tonneau de vin coûte au propriétaire une
dépense de 50 liv., qu'ont gagnées les paysans, les
artisans et les propriétaires des autres denrées em-
ployées pour les vignes et vins. On fait état de
50,000 tonneaux de vin chargés pour l'étranger ; en
supposant qu'ils ne sont vendus, l'un portant l'autre,
que 100 liv., la somme monte à 5,000,000 de livres,
dont il y en a déjà de dépensé par le propriétaire
2,500,000 liv. Sur ces 50,000 tonneaux, 2 pistoles
de droit pour le roi par chaque tonneau montent à
100,000 pistoles. Ajoutons près de 30,000 barriques

d'eau-de-vie qui ont consommé huit fois autant de vin pour le moins, c'est-à-dire 240,000 barriques, qui font 60,000 tonneaux, et encore les barriques qui contiennent cette eau-de-vie, le bois qui a été brûlé, le salaire des ouvriers qui ont été occupés; le prix de tout va à une somme fort haute, sur laquelle bien des gens ont gagné; elle monte à 100 liv. par barrique, soit 2,500,000 liv., dont la moitié a été consommée en dépenses, soit 1,250,000 liv. Le vinaigre chargé pour l'étranger va à 400 tonneaux, qui ont coûté, pour frais de culture, autant que du vin, c'est-à-dire près de 25 liv. par tonneau, ou 10,200 liv. Le prix de la vente à 100 liv. par tonneau monte à 40,000 liv., dont, distraction faite des frais de culture, il reste 20,000 liv.; on a distrait ici le prix des barriques, parce qu'on emploie pour le vinaigre des barriques vieilles qui coûtent moitié moins que les neuves.

» En Angleterre, on fait une petite consommation des vins de Guyenne, même ce n'est que des grands vins, ainsi appelés par leur qualité et par leur prix; car il y en a qui se vendent depuis 400 liv. jusqu'à 1,600 liv., et 2,000 liv. le tonneau; mais de ceux-ci la quantité est médiocre, à cause des droits excessifs d'entrée, ce qui fait même que les Anglais ne peuvent prendre que des vins de haut prix; mais comme il n'y a que très-peu de droits sur les vins de Portugal, ils y prennent une certaine quantité, et ils tirent des sucres blancs, de l'or et de l'argent en matière et en monnaie, des toiles, des sels et des fruits autant qu'il

en faut pour couvrir le grand nombre de draperies, de toiles et autres marchandises qu'ils envoient
en Portugal et au Brésil. Ce commerce doit un jour
ruiner le Portugal aussi bien que l'Espagne et l'Italie,
où les Anglais prennent peu de vin.

» Les seconds vins se débitent en Écosse et en
Irlande, d'où il revient en retour du bœuf salé, du
beurre et du suif.

» La Hollande consomme quelque peu de ces
sortes de vins; le plus grand nombre est des vins
blancs de côtes, appelés d'*Entre-deux-Mers*, et de
Preignac, de Barsac, de Langon, etc.; mais surtout
des vins de Bergerac et de Sainte-Foy, sur la rivière de Dordogne.

» Hambourg et le Nord prennent des vins rouges
de palus, avec des blancs de même espèce que les
Hollandais. Les vins de Naples ne sont guère connus
à Hambourg; on y boit du vin du Rhin, et le commun peuple boit du vin de Bordeaux.

» Les vins de palus se débitent en Hollande, dans
le Nord et dans les îles françaises; quand ils se trouvent bons, ils ne manquent pas de débit; le pays
bordelais en consomme beaucoup, soit pour la boisson, soit pour le mélange avec des vins moins couverts.

» On a dit souvent qu'il y avait trop de vin dans la
province, et on le sent bien par le bas prix où il est;
car ce n'est pas le défaut de consommation qui fait
baisser ce prix, puisqu'il s'y consomme plus de vin
qu'auparavant; ou qu'étant égal, il y reste encore du

vin plus qu'on en peut consommer; le défaut vient donc de la plus grande quantité qu'il y en avait avant qu'on ne plantât tant de vignes. Les plantations faites depuis vingt ans égalent toutes celles qui étaient faites auparavant. Les récoltes trop abondantes se touchent de trop près; on avait été excité à planter, parce que les vins ont été pendant quelque temps un revenu solide. Aujourd'hui, la trop grande quantité fait rabaisser la denrée; ainsi, un tiers moins de vignes rendrait riche la province, au lieu que ce tiers de trop la ruine. Pour nos vins, il ne faut pas craindre que l'étranger les abandonne : 1° parce qu'ils sont de la qualité la plus estimée par eux; 2° parce que l'étranger en retire des droits pour l'État; 3° parce qu'il travaille avec nos vins et fait travailler beaucoup d'artisans; 4° parce que les vaisseaux gagnent beaucoup par le fret; car le fret étant à 1 pistole par tonneau, c'est 500,000 liv. pour 50,000 tonneaux.

» Pour les eaux-de-vie, il est certain que celles de grains que fait l'étranger a fait en partie tomber les nôtres. On ne saurait l'empêcher; mais il ne pourrait se passer des eaux-de-vie de vins pour les riches, pour les remèdes et les plaies; il n'y a que le peuple qui puisse user de celles de grains pour la boisson.

» Au reste, la consommation de nos vins n'est pas moindre chez l'étranger qu'auparavant, puisqu'on y envoie plus de vins qu'on n'en envoyait depuis vingt ans : il en prendrait peut-être plus si on lui permettait en France l'entrée de ses manufactures et de ses marchandises; mais telles manufactures ruineraient la France, et cette proposition n'est bonne que pour la seule Guyenne, dont la manufacture est en vins.

» DES AUTRES DENRÉES DE LA GUYENNE.

» *Prunes.*—On en charge depuis 15 à 20,000 barriques, chacune de 4 à 5 quintaux, et cette partie monte jusqu'à 300,000 liv.

» *Miel.* — On fait état de 2 à 300 tonneaux, ou 12 à 1,800 tierçons, laquelle partie va encore à 300,000 liv.

» *Graine de lin.* — On en charge à Bordeaux de 3 à 4,000 sacs, et à Libourne jusqu'à 8,000. Cette partie, à 6 liv. par sac, monte à 24,000 écus.

» *Résine.* — On en envoie de 100 à 150 milliers, qui ont coûté 300,000 liv.

» *Térébenthine.* — 30 à 40 tonneaux, 30,000 liv.

» *Huile de térébenthine.*—30 à 40,000 tonneaux, 40,000 liv.

» *Safran.* — 40 à 50,000 tonneaux, 15,000 liv.

» *Savon de Bordeaux.* — 1,000 caisses, 100,000 livres.

» *Papier.* — 3,000 balles, 300,000 liv.

» On observera que le prix de ces marchandises hausse et baisse tous les ans, et que les commis du bureau des fermes surchargent les denrées de certains droits qui reviennent à leur profit, indépendamment de la ferme, ce qui charge trop le commerce. Tels sont les droits d'acquêts ou de signature, les 40 sous par tonneau qu'on exige pour les billets qu'on leur rend lorsqu'on ne peut les employer, et bien d'autres prétendus droits qui dégoûtent les commerçants et surchargent leur commerce.

» DENRÉES DES ILES FRANÇAISES.

» Le commerce des îles de l'Amérique forme, pour ainsi dire, une nouvelle marine en France par le nombre des vaisseaux qu'on bâtit pour les y envoyer, et par le grand nombre de maîtres, de pilotes et de matelots qui s'y forme. Il est aussi un grand débouché pour les denrées de la province de Guyenne, qui envoie dans ces îles des vins rouges, peu de blancs, des eaux-de-vie, du vinaigre, des farines, du bœuf salé, des cochons salés, des produits manufacturés de France, comme draps, toiles, chapeaux, souliers, bas, instruments et meubles, chaudières pour le sucre, harnais de chevaux, papier, livres, etc., etc. Les marchandises en retour sont : sucre, indigo, gingembre, bois de teinture, sirops, confitures, cotons, cafés, cacao.

» CAFÉ ET CACAO.

» On commence à produire beaucoup de cafés dans les îles. Celui qui arrive à Bordeaux est enlevé, en grande partie, pour l'étranger; il s'en faut pourtant bien qu'il vaille celui du Levant, dont le grain est plus petit, plus verdâtre et plus aromatique; mais on peut espérer que ces insulaires connaîtront les défauts de leur culture et de leurs apprêts, et qu'en faisant plus mûrir et plus sécher le café, ils lui ôte-

ront le goût de verdeur, de terroir et d'amertume
qui s'y trouve; car, pour l'aspect du soleil, il est
presque le même dans les îles qu'à Moka, en Arabie.
On soupçonne que la terre où l'on plante le café aux
îles est trop grasse, parce que le grain est trop gros,
trop blanc, d'un goût vert et peu aromatique; on
peut essayer un terrain moins gras, et il n'en manque pas dans des pays aussi chauds. On croit encore
que les arbres à café y sont trop jeunes, et c'est d'où
peut venir la grosseur du grain; car tout vieil arbre
produit de petits fruits. D'ailleurs, cet arbre parvient
ordinairement à la grosseur de la cuisse, tandis
qu'aux îles, il n'est encore que de la grosseur du
bras, et ne produit que depuis 3 jusqu'à 5 livres de
grain. Par la suite, le café pourra se donner à 8 et
10 sous la livre, comme le cacao se donnait avant la
destruction des cacaotiers. Par l'usage du café aux
îles, les sucres auront plus de consommation, et le
café prendra la place du cacao. Ce commerce peut
améliorer le nôtre si la compagnie des Indes ne s'y
oppose pas; elle aurait bien mauvaise volonté si elle
s'y opposait et le traversait, puisqu'elle a été formée
avant que le café ne fût planté aux îles : elle peut
se contenter de celui du Levant. La seule chose à
faire est de faciliter le commerce de cette graine
avec un droit modique d'entrée et de consommation
à proportion des sucres. Ce moyen augmentera le
commerce des îles et de Guyenne.

» Le cacao de la Martinique a pris le dessus sur
celui de Caracas, soit à cause de sa bonté, soit à

cause de sa rareté. Il est très-difficile de multiplier les cacaotiers, et ils ne portent de beaux fruits qu'à la troisième année. Toutefois, il vient peu de cacao de la Martinique; mais il en vient beaucoup de Joachim et de Caracas, et l'entrepôt en est permis. On estime que le droit de consommation dans tout le royaume devrait être réduit à 2 sous par livre, tant pour celui qui vient de nos îles que pour celui de l'étranger, parce que le droit de 15 sous par livre pour le cacao étranger ne produit rien aux fermes, et c'est à quoi les fermiers devraient penser, sans se tenir si rigides. Au reste, un cacaotier ne produit qu'environ 1 livre ½ de noix, au lieu qu'un arbre de café produit jusqu'à 5 livres de grains, ce qui fait que les cafés remplacent avantageusement les cacaotiers qui se sont perdus à la Martinique.

» SUCRE DES ILES.

» On se plaint du trop haut prix des sucres, et il semble que cette plainte est mal fondée, parce que le bas prix des sucres fait : 1° tomber celui des habitations qui le vendent; 2° les armateurs chargés de sucres sont obligés de les porter à Cadix pour les échanger avec des huiles et autres marchandises; 3° les sucres portés en France sont mis en dépôt pour l'étranger, afin d'épargner les droits d'entrée et de consommation; 4° les sucres sont à si bas prix, que les droits de bureaux surpassent la valeur de la denrée, circonstance qui doit faire tomber toute denrée sujette à pareils droits. Pour juger du prix des

sucres dans l'Amérique, il ne faut que voir le nombre
de nègres occupés à la culture de la terre et aux
chaudières, ce qu'on peut comparer à la culture de
nos vignes et à nos vaisseaux vinaires. Ce sucre brut
n'est vendu que 15 liv. le quintal, le fret de vaisseau
est de 10 liv., les droits d'entrée et de consommation
en France vont à 15 liv., le travail des raffineurs va
à 5 liv. : le tout monte à 45 liv. Cependant, le sucre
blanc n'est vendu que depuis 45 jusqu'à 50 liv. On
voit le peu de profit qui en revient au propriétaire
de l'Amérique et la ruine de cette colonie, si les
sucres ne se soutiennent pas par la consommation
qu'en peut faire l'usage du café et du cacao; cependant, il est certain que les sucres y sont à un prix
trop haut pour les armateurs. Cette cherté vient des
marchandises portées de France et des autres lieux
aux îles, parce que la quantité, surpassant celle des
sucres, met les marchandises à bas prix. On échange
ces marchandises avec des sucres, et le prix s'en
règle sur le nombre des marchandises et des vaisseaux qui arrivent; c'est ce qui fait que les armateurs
y perdent souvent beaucoup, ne prenant en retour
que des sucres chers pour des marchandises qu'ils
ont données à bon marché, à cause de la quantité
qui en avait été portée. Cette cherté est encore causée
par le commerce que l'on y souffre des étrangers et
des interlopes qui achètent les sucres avec de l'argent
de billon de 30 à 40 p. 100 trop léger, et encore
par le commerce des nègres qu'ils y apportent, ce
qui fait tomber notre commerce de Guinée en Afri-

que; mais il n'y a guère de remède à ce mal-là, parce que les puissances le négligent.

» Quelques vaisseaux français vont à Cadix échanger leurs sucres avec des huiles qu'ils emportent en France; mais les huiles de Languedoc et d'ailleurs, quoique de qualité inférieure à celles d'Espagne, font qu'on n'en tire pas beaucoup de Cadix ou d'Espagne, où elles ont fait tomber presque ce commerce.

» Pour revenir à la cherté des sucres dans les îles, il semble que l'abondance devrait les tenir à un prix plus bas. Cette abondance vient : 1° de la fertilité et du nombre des terres plantées en cannes; 2° de ce que la culture faite par les nègres n'y coûte pas beaucoup, leur nourriture étant de peu de valeur. Ainsi, quand le sucre brut n'y serait qu'à 6 ou 7 liv. le quintal, au lieu de 15 liv., et les autres à proportion, les propriétaires y trouveraient largement leur compte; au lieu qu'à 10 ou 15 liv., le sucre brut revient ici, avec les frais et le coulage, à 22 liv., dont à peine en retire-t-on 18 liv.; les autres sucres sont à 30 p. 100 plus cher qu'on n'en peut tirer ici et chez l'étranger, et, en quelque lieu qu'on le porte, on en peut tirer le même prix. Les sucres sont donc trop chers par rapport aux marchandises qu'on apporte aux îles.

» OBSERVATIONS SUR LE COMMERCE DES ILES.

» 1° Ce commerce des îles attire les négociants depuis que la compagnie des Indes a pris ce qu'il y

avait de meilleur dans le commerce général; de là
vient que la province de Guyenne se tourne presque
entièrement vers l'Amérique et qu'elle y envoie un
si grand nombre de vaisseaux ; mais comme tous ont
la même vue sur les mêmes denrées, il arrive souvent
que les marchands se trompent et se croisent les uns
les autres; de là le désordre du négoce et les chutes
trop fréquentes des négociants.

» 2º On s'est plaint quelque temps des entrepôts
qu'on faisait dans les îles, en contrebande , ce qui
frustrait les armateurs de la vente de leurs farines,
de leur bœuf salé et des autres marchandises; mais
aujourd'hui les armateurs en portent assez pour faire
tomber les entrepôts, puisque, pour dix à douze
vaisseaux qui allaient ci-devant aux îles, il en va
aujourd'hui plus de cent quarante des bords de la
Garonne.

» 3º Quant aux contrebandes, la chambre de commerce de Bordeaux a envoyé à M. de Maupas un
mémoire assez détaillé contre ceux qui ne tiennent
pas la main à les empêcher; mais ce mémoire, pour
être trop découvert, ne fut pas du goût du supérieur
des îles, et il est difficile d'empêcher les contrebandes
si elles sont favorisées.

» 4º Une autre plainte des armateurs est contre les
commissaires de la marine, qui leur ôtent la liberté
de choisir leurs officiers et leurs pilotins, et qui veulent leur en donner d'inconnus; d'où il suit que le
commerçant n'ose leur confier son bien, et n'est plus
disposé à faire élever ses enfants pour la marine, et

perd toute confiance. Le commissaire de la marine devrait se tenir dans les termes de l'ordonnance et laisser les négociants agir librement.

» DES MANUFACTURES ÉTRANGÈRES.

» On a remarqué qu'il n'y a que la province de Guyenne à qui on peut permettre l'entrée des manufactures d'Angleterre, ce qui lui procurerait un plus grand débit de ses vins; mais comme ces manufactures, entrées par les ports de la Guyenne, iraient dans les autres provinces de France en ruiner les manufactures, on ne peut bien en permettre l'entrée ni l'usage. On sait que pour le général du royaume, les manufactures anglaises gagnaient sur nos denrées 22 millions de livres. Pour régler cet excès et parvenir à une égalité de commerce, il fut arrêté, par un article du traité de paix d'Utrecht, que les puissances respectives feraient des assemblées; elles furent faites à Paris et à Londres; mais on n'y convint de rien, et on rejeta les propositions de part et d'autre : les Anglais ne voulurent pas permettre la sortie de leurs laines en rames; les Français ne voulurent pas recevoir les draps d'Angleterre.

» DE LA COMPAGNIE DES INDES.

» La compagnie des Indes peut seule soutenir tout le commerce des Indes en France; elle est assez puissante pour fournir au royaume tout ce qui lui est nécessaire, sans crainte de tomber par les faillites ou les pertes; mais il est vrai que depuis ce grand établissement le commerce s'énerve et languit; il ne paraît pas convenable au bien général qu'un certain nombre de marchands fassent tout le profit du commerce à l'exclusion d'un nombre infini d'autres qui n'osent rien entreprendre.

» DE L'ARGENT NÉCESSAIRE A LA PROVINCE DE GUYENNE POUR LA CULTURE DES TERRES ET LE COMMERCE.

En Hollande, où il n'y a point de denrées à vendre, la sortie de l'argent est permise comme une marchandise; cet État a d'autres moyens pour faire venir de l'argent : le crédit de sa banque, qui surpasse peut-être la valeur intrinsèque ou le nombre réel des matières; mais en France, nous avons beaucoup de denrées produites par nos terres, et nous avons à vendre toutes les denrées excédant la consommation; il faut donc de l'argent pour les acheter toutes, afin que les propriétaires puissent continuer la culture de leurs terres, bâtir des maisons, entretenir leurs factures, avoir des habits et leur nourriture, élever leurs enfants, payer les subsides et les charges; il s'ensuit que dans un État plein de denrées qu'il produit, l'argent doit être en proportion avec les denrées. De cette proportion, il suit que l'abondance ou la disette des denrées doit faire hausser ou baisser le prix de l'argent, et que c'est l'abondance ou la disette d'argent qui feront baisser ou hausser le prix des denrées : la règle est vraie. Pour juger à présent de la quantité d'argent nécessaire à la province, il n'y a qu'à prendre, comme terme de comparaison, la denrée la plus abondante, et se rendre compte de la valeur et des frais de culture. On charge chaque année, dans notre port, 50,000 tonneaux de vin, lesquels, à 100 liv. par tonneau, l'un portant l'autre, produisent 5,000,000 de liv. Chaque tonneau a coûté, pour la culture et les barriques, 50 liv.; le produit des frais est de 2,500,000 liv., et les droits de bureau, à 20 liv. par tonneau, 1,000,000.

» Il est consommé dans le pays, pour le moins, un égal nombre de tonneaux de vins qui se vendent en détail 5,000,000, et qui coûtent, pour la culture et les barriques, 2,500,000 liv.; d'où il suit que, pour la récolte totale, 5,000,000 sont avancés pour la culture et les tonneaux, et 10,000,000 pour l'achat des vins.

» Ajoutons le prix des eaux-de-vie, qui ont consommé beaucoup de vin, ainsi que nous avons vu dans le premier article, et le prix des autres denrées; le tout monte bien encore à 5,000,000 de livres, dont il faut distraire les prix de culture, qui doivent s'élever à 2,500,000 liv. environ. En résultat, le prix total des denrées étant de 15,000,000, et les frais avancés de 7,500,000 liv., on voit qu'il faut, pour la vente des denrées et l'avance des frais, un capital de 22,500,000 liv. dans la province de Guyenne.

» On dira qu'il y a assez d'argent, mais qu'il ne circule pas parce qu'il est tout entre les mains des receveurs du domaine, qui le font valoir par lettres dont ils retirent de gros bénéfices. Ils sont les maîtres de le resserrer et de le rendre rare pour le vendre plus cher ; mais c'est tout de même que s'il n'y avait point d'argent, car il ne circule pas dans les mains des marchands, ils ne peuvent acheter les denrées, et s'ils ne l'ont qu'à gros intérêt, la denrée tombe de prix, car alors l'argent est trop cher par sa rareté; de là, le peuple tombe dans la nécessité, parce qu'il ne vend qu'à bas prix ses denrées.

» Il serait nécessaire que les remises des revenus du roi à Paris ne se fissent qu'en lettres de marchands, alors l'argent circulerait dans le commerce. Il serait convenable que les receveurs ne gardassent point d'argent dans leur caisse, et qu'à mesure qu'ils l'enlèvent et reçoivent, ils l'employassent en lettres de change sur Paris; ils trouveront toutes les lettres sur la place de Bordeaux à deux usances et au pair, c'est-à-dire sans qu'il en coûte rien au tireur, d'autant plus que les fermiers généraux accordent 1/2 pour 100 aux receveurs pour leur remise. Par ce moyen, il y aurait une circulation continuelle de l'argent au lieu de cette rareté qu'on voit souvent et qui ruine le commerce et les propriétaires des denrées, qui deviennent pauvres même par l'abondance et la fertilité. »

Avant de terminer cette première partie, nous devons encore mentionner quelques détails.

Le nombre des navires chargés annuellement dans notre port avait considérablement augmenté depuis vingt ans. En 1740, il présentait l'effectif suivant :

De Hollande........	350 navires.
Hambourg...........	55
Lubeck	22
Dantzick...........	17
Bremen	11
Rostock	3
Husum. . .⎫	
Hombourg.⎬ pour tous	12
Treptow . .⎭	
Pétersbourg........	3
Suède	17
Stettin (Poméranie)..	4
Angleterre.⎫	
Écosse . . .⎬	200 petits navires.
Irlande. . .⎭	
Dunkerque	17
Côtes de France. . . .	37
Bretagne. .⎫	
La Rochelle⎪	
Nantes . . .⎬	350 barques.
Rouen . . .⎭	
Navires bordelais pour l'Amérique......	165 de 120 à 250 tonn.
Louisiane.........	2
Guinée..........	3
	1,268

Une centaine de navires hollandais fréquentaient alors le port de Libourne; ils venaient y charger, année moyenne, 15,000 tonneaux de vin et 8 à

10,000 boisseaux de graine de lin. (Les Hollandais fabriquaient l'huile de lin et nous la revendaient ensuite.)

Blaye expédiait pour la Bretagne et la Hollande de 2 à 3,000 tonneaux de vin.

Bourg, de 6 à 7,000 tonneaux (1).

§ II.

De 1750 à 1800.

Continuons le tableau du commerce colonial, poursuivant dans le continent européen cette marche rapide à laquelle notre port prit une si belle part.

Les importations de sucre, café et autres denrées des îles, qui s'élevaient, pour Bordeaux, à une valeur de 8,000,000 de livres en 1740, atteignaient le chiffre de 18,000,000 en 1750 et celui de 24,000,000 en 1753.

Nous donnons d'autre part le résumé précis et clair des rapports de notre ville pendant une période de neuf ans, et de ses bénéfices approximatifs pour le commerce maritime seulement.

(1) Manuscrit de l'abbé Bellet.

BALANCE DE L'IMPORTATION ET EXPORTATION DES DENRÉ[
L'ANNÉE 1750 INCLUSIVEMEN[

VALEUR DES IMPORTATIONS FAITES DANS LE PORT DE BORDEAUX
SORTANT DES PORTS ÉTRANGERS.

D'ANGLETERRE.

(Salaisons, chandelles, charbon de terre, merrains à barriques, plomb,
suif, tabac en feuilles.)

En 1750, pour une valeur de. . . .	3,075,068 liv.
1751	5,292,761
1752	6,344,302
1753	2,873,498
1754	2,951,814
1755	2,480,753
1756	774,415
1757	1,975,384
1758	1,088,125
	26,856,120
Bénéfice du port de Bordeaux dans son commerce avec l'Angleterre . . .	681,680
	27,537,800 liv.

DU DANEMARCK.

(Merrains, planches de sapin, bourdillons.)

En 1750, pour une valeur de. . . .	66,877 liv.
1751	307,077
1752	550,694
1753	194,550
1754	26,932
1755	29,633
1756	186,425
1757	107,384
1758	93,065
	1,562,637
Bénéfice du port de Bordeaux dans son commerce avec le Danemarck . .	17,072,303
	18,634,940 liv.

T MARCHANDISES DE COMMERCE DU PORT DE BORDEAUX, DEPUIS
SQU'A L'ANNÉE 1758, SAVOIR :

VALEUR DES EXPORTATIONS DU PORT DE BORDEAUX
POUR LES PORTS ÉTRANGERS.

L'ANGLETERRE.

(Vin, eau-de-vie, pruneaux, vinaigre, café, indigo.)

En 1750, pour une valeur de. . . .	5,396,440 liv.
1751	4,342,153
1752	2,775,049
1753	6,170,461
1754	5,400,393
1755	1,591,748
1756	930,295
1757	595,850
1758	335,444
	27,537,800 liv.

LE DANEMARCK.

(Cacao, café, sucre, indigo, vin, eau-de-vie, pruneaux, vinaigre.)

En 1750, pour une valeur de. . . .	1,197,162 liv.
1751	1,303,545
1752	1,488,244
1753	7,194,432
1754	1,760,407
1755	1,144,463
1756	909,160
1757	1,722,723
1758	1,914,837
	18,634,940 liv.

Suite de la balance et valeur des importations.

D'ESPAGNE.

(Fer, avirons, bois de campêche, laines, huiles, vins-liqueurs.)

En 1750, pour une valeur de. . . .	435,762 liv.
1751	196,591
1752	186,476
1753	219,113
1754	262,396
1755	362,344
1756	570,172
1757	525,796
1758	497,101
	3,255,751

Bénéfice du port de Bordeaux dans
son commerce avec l'Espagne. 4,895,998

8,151,729 liv.

DE HOLLANDE.

(Acier, aiguilles, droguerie, baleines en fanon, salaisons, bois de teinture, épices, cuivre, cuirs, mercerie, quincaillerie, fromage, poissons salés, garance.)

En 1750, pour une valeur de. . . .	2,496,222 liv.
1751	3,306,074
1752	3,523,709
1753	2,550,870
1754	2,003,127
1755	2,294,285
1756	2,040,648
1757	1,233,720
1758	1,893,732
	21,342,387

Bénéfice du port de Bordeaux dans
son commerce avec la Hollande. . . . 57,028,142

79,370,529 liv.

Suite de la balance et valeur des exportations.

L'ESPAGNE.

(Blé froment, cacao, café, sucre, indigo, vin, vinaigre, eau-de-vie, légumes, papier.)

En 1750, pour une valeur de. . . . 536,442 liv.
1751 548,435
1752 696,861
1753 797,455
1754 640,646
1755 772,519
1756 1,543,900
1757 1,520,147
1758 1,125,374

8,151,749 liv.

LA HOLLANDE.

(Cacao, café, sucre, indigo, blé, seigle, châtaignes, vin, eau-de-vie, pruneaux, etc.)

En 1750, pour une valeur de. . . . 7,876,622 liv.
1751 7,423,677
1752 9,277,265
1753 12,950,480
1754 10,351,798
1755 10,270,032
1756 6,554,688
1757 7,035,108
1758 7,630,859

79,370,529 liv.

Suite de la balance et valeur des importations.

DU NORD ET VILLES ANSÉATIQUES.

(Acier, cuivre, cuirs, salaisons, merrains, planches de sapin, suif, verres, cristallins, fil de lin.)

En 1750, pour une valeur de. . . . 1,036,856 liv.
1751 4,257,547
1752 2,738,902
1753 1,633,555
1754 1,906,497
1755 1,395,345
1756 1,174,830
1757 1,077,976
1758 736,852
_____
15,958,330

Bénéfice du port de Bordeaux dans son commerce avec les ports du Nord   89,345,207
_____
105,303,537 liv.

DE SUÈDE.

(Brai, goudron, merrains, planches, fer en barres, charbon de terre.)

En 1750, pour une valeur de. . . . 97,098
1751 152,795
1752 148,350
1753 305,654
1754 155,913
1755 176,640
1756 38,600
1757 38,079
1758 39,548
_____
1,152,677

Bénéfice du port de Bordeaux dans son commerce avec la Suède. 7,845,080
_____
8,998,757 liv.

Suite de la balance et valeur des exportations.

LE NORD ET VILLES ANSÉATIQUES.

(Vin , eau-de-vie , vinaigre , sucre , café , cacao , rocou , gingembre.)

En 1750, pour une valeur de. . . . 10,848,770 liv.
1751 13,182,910
1752 11,723,826
1753 15,204,594
1754 14,959,922
1755 14,854,766
1756 11,387,126
1757 7,084,290
1758 6,057,333

105,303,537 liv.

LA SUÈDE.

(Vin , eau-de-vie , vinaigre , sucre , café , indigo.)

En 1750, pour une valeur de. . . . 830,867 liv.
1751 881,677
1752 638,816
1753 1,235,627
1754 1,909,304
1755 654,149
1756 869,954
1757 1,508,450
1758 468,913

8,997,757 liv.

Suite de la balance et valeur des importations.

DE RUSSIE.

(Clous, fer en barres, planches, suif.)

En 1751, pour une valeur de. . . .   3,000 liv.
1753   178,603
1754   3,420
1755   16,492
1756   16,203
1758   20,211
                         237,929

Bénéfice du port de Bordeaux dans
son commerce avec la Russie.   2,494,625
                         2,732,554 liv.

DE PORTUGAL.

(Baleine en fanon, bois du Brésil, blé.)

En 1751, pour une valeur de. . . .   153 liv.
1757   44,560
1758   33,815
                         78,528

Bénéfice du port de Bordeaux dans
son commerce avec le Portugal. . . .   128,095
                         206,623 liv.

Suite de la balance et valeur des exportations.

LA RUSSIE.

(Vin, eau-de-vie, vinaigre, sucre, café, indigo, etc.)

En 1750, pour une valeur de. . . .	210,049 liv.
1751	166,614
1752	448,482
1753	464,083
1754	361,207
1755	245,648
1756	221,534
1757	226,374
1758	388,563
	2,732,554 liv.

LE PORTUGAL.

(Blé, seigle.)

En 1751, pour une valeur de. . . .	5,931 liv.
1753	2,500
1754	41,136
1755	29,252
1757	12,800
1758	115,004
	206,623 liv.

Suite de la balance et valeur des importations.

Suite de la balance et valeur des exportations.

LA FLANDRE AUTRICHIENNE.

(Vin, eau-de-vie, sucre blanc, sucre brut, café, cacao.)

En 1750, pour une valeur de. . . .	46,512 liv.
1751	9,743
1752	16,724
1753	78,753
1754	20,061
1756 . . . . :	132,258
1757	119,130
1758	438,645
	861,826 liv.

L'ITALIE.

(Vin, sucre, café, indigo.)

En 1750, pour une valeur de. . . .	1,843,334 liv.
1751	90,901
1752	644,693
1753	1,079,508
1754	791,287
1755	1,097,237
1756	3,307,505
1757	1,964,653
1758	864,068
	11,680,186 liv.

LA SAVOIE.

(Sucre en pain raffiné, vins.)

En 1750, pour une valeur de. . . .	66,647
1751	60,979
1752	97,913
1753	70,453
1754	95,246
1755	99,315
	490,553 liv.

Suite de la balance et valeur des importations.

DES ILES FRANÇAISES DE L'AMÉRIQUE.

En 1750, pour une valeur de. . . . 18,196,137 liv
    1751 13,019,704
    1752 12,790,107
    1753 24,633,698
    1754 23,919,163
    1755 21,528,880
    1856 11,923,443
    1757   5,952,464
    1758   258,961
                       132,222,557 liv.

Suite de la balance et valeur des exportations.

LA SUISSE ET GENÈVE.
(Vin, sucre, café, indigo, etc.)

En 1750, pour une valeur de. . . .	233,362 liv.
1751	301,844
1752	127,863
1753	206,724
1754	34,232
1755	161,280
1756	161,333
1757	196,428
1758	55,525
	1,478,591 liv.

LES ILES FRANÇAISES DE L'AMÉRIQUE.
(Draperies, toilerie, mercerie, argenterie, salaisons, huile, chandelles, savon, blé, farine, vin, eau-de-vie.)

En 1750, pour une valeur de. . . .	3,999,024 liv.
1751	5,546,752
1752	5,533,088
1753	10,705,787
1754	8,438,540
1755	10,560,249
1756	6,136,958
1757	7,522,227
1758	7,661,389
	66,104,014 liv.

LA GUINÉE.
(Armes, vêtements, outils, quincaillerie, vins, eau-de-vie.)

En 1750, pour. . .	398,344 liv.	
1752	600,311	
1754	355,330	
		1,353,985 liv.
		67,457,999 liv.

Balance du commerce de l'Amérique dans le port de Bordeaux . . .   64,764,558

132,222,557 liv.

RÉSUMÉ DU BÉNÉFICE DU PORT DE BORDEAUX DANS SON COMMERCE AVEC LES PORTS ÉTRANGERS PENDANT NEUF ANNÉES, DE 1750 INCLUSIVEMENT JUSQU'A 1758, SUIVANT LES REGISTRES DES IMPORTATIONS ET EXPORTATIONS DE SON COMMERCE, SAVOIR :

BÉNÉFICE DU PORT DE BORDEAUX
dans son commerce avec :

L'Angleterre.	681,680 liv.
Le Danemarck.	17,072,303
L'Espagne	4,895,998
La Hollande.	57,028,142
Le Nord	89,345,207
La Suède. . . . . . . , ...	7,845,080
La Russie.	2,494,625
Le Portugal	128,095
La Flandre autrichienne. . . .	861,826
L'Italie	11,680,186
La Savoie.	490,553
La Suisse et Genève.	1,478,591
	194,002,286 liv.

Il résulte donc que l'étranger a été rendu débiteur envers le commerce de Bordeaux du principal ci-dessus, dont le fonds doit être rentré en arbitrage de change ou en marchandises.

RÉSUMÉ DES IMPORTATIONS ET EXPORTATIONS POUR
LES ILES FRANÇAISES DE L'AMÉRIQUE PENDANT LES
DITES NEUF ANNÉES 1750, JUSQUES ET Y COMPRIS
L'ANNÉE 1758, SAVOIR :

MONTANT des importations des denrées territoriales des îles françaises pendant les dites neuf années,
ci. . . . . 132,222,557 liv.

MONTANT des exportations du
port de Bordeaux pendant les dites
neuf années pour les îles françaises,
ci. . . . . 66,104,014 liv.

Id. pour la Guinée.. 1,353,985   67,457,999
                                      64,764,558 liv.

Le résultat des importations des colonies dans le
port de Bordeaux, présente un bénéfice au commerce
de 64,764,558 liv., laquelle somme est entrée dans
le principal de celle dont l'étranger a été constitué
débiteur du commerce de Bordeaux (1).

Toutefois, il ne faut pas cesser de faire remarquer
que dans cette énorme progression du commerce
bordelais, le mouvement des vins, eaux-de-vie et
farines, c'est-à-dire du commerce naturel de notre
port, était toujours resté dans les mêmes conditions.

La fin de la guerre de sept ans fut déplorable pour
notre commerce ; Bordeaux y perdit plus de la moitié
de ses navires; une grande partie de nos colonies
tomba au pouvoir de l'ennemi.

Les malheurs de notre place ne firent qu'exciter

(1) Archives départementales, *Commerce*, carton C., n° 754.

le patriotisme de ses habitants; une souscription, couverte des premières signatures bordelaises, offrit au roi un vaisseau de premier rang; noble et généreux exemple, digne d'un grand port maritime, et que Bordeaux a renouvelé plusieurs fois (1).

Au surplus, ce n'était là, selon nous, que l'accomplissement d'un devoir; si le Gouvernement et tous les sujets sont gardiens solidaires de l'honneur national, cette vérité est plus décisive encore à l'égard du commerce; il recueille pendant la paix toutes les conséquences de la grandeur et de la force du pays, il doit les défendre pendant la guerre sans ménager ni son sang ni sa fortune.

Notre chambre de commerce manifesta de nouveau le patriotisme le plus énergique, lorsqu'on apprit, en 1761, que la cession du Canada devait être comprise dans les conditions de la paix. Il serait difficile de trouver, même dans les pays de grande liberté politique, un langage plus rempli de franchise, d'indépendance et d'élévation. Ce document honore trop le commerce de Bordeaux pour n'être pas recueilli dans cette histoire :

(1) Lettre de la Chambre de commerce de Guyenne à M. le duc de Choiseul : « Monseigneur, la bienveillance et la protection dont Votre Grandeur honore le commerce, nous font espérer qu'elle accueillera avec bonté l'extrait de la délibération de la chambre de commerce de la province de Guyenne; nous nous sommes occupés de décider par 'exemple les négociants à concourir à la construction d'un vaisseau que la province est dans l'intention d'offrir à Sa Majesté; nous avons suivi sur cet objet les mouvements de zèle et de patriotisme que votre glorieux ministère inspire à tous les sujets. Nous sommes, etc. »

« *La Chambre de commerce de Guyenne à M. le duc de Choiseul :*

» Monseigneur,

» L'importance du sacrifice projeté pour obtenir la paix, manifeste bien sensiblement la tendre et paternelle sollicitude de Sa Majesté pour le repos et le bonheur de ses peuples ; mais si en bénissant la main du bienfaiteur il nous est permis de réfléchir sur le bienfait, la paix n'a pas tous nos vœux s'il doit en coûter la cession du Canada.

» Cette colonie, si précieuse par sa situation, relativement à la sûreté des îles, si utile par la nature de son commerce, considéré dans l'intérêt des différents états qui y versent leurs produits, si redoutable enfin pour nous entre les mains des Anglais, nous paraîtrait une perte irréparable, et la continuation de la guerre serait peut-être moins funeste. Intimement persuadés que les circonstances essentielles de cette colonie n'ont point échappé à votre attention, Monseigneur, qu'il nous soit permis d'en hasarder le tableau pour justifier nos regrets, et qu'il ne paraisse pas que nous sommes affectés de la privation sans en connaître le mérite.

» Le Canada fournissait en temps de paix, au commerce de France, deux objets considérables : 60 vaisseaux sortaient chaque année de nos ports pour y transporter les choses propres à la consommation ; 150 autres y allaient pêcher la morue. Le chargement de ces 60 vaisseaux était composé de vins, d'eaux-de-vie, de draperies fines et communes, et générale-

ment de tous les objets de consommation et de luxe;
on en peut évaluer le capital à 10 millions, et à
2 millions le profit qui en résultait. Le produit de ces
chargements était employé partie en lettres sur les
trésoriers de Sa Majesté, et les dépenses que compor-
tait le service du Roi dans la colonie en étaient
ainsi acquittées avec d'autant moins de frais, partie en
pelleteries provenant de la chasse des sauvages, marchandises qui, devenant en France un objet de commerce, était dans le Canada une occasion de liaison
avec ces mêmes sauvages que l'on a toujours utilement employés à la défense de la colonie, partie enfin
en était convertie en huile de loup marin et en morues provenant de la pêche des habitants.

» Tandis qu'un certain nombre de ces vaisseaux
transportaient ces objets en France, les autres chargeaient des bois de charpente qu'ils apportaient aux
îles. Ce n'est point les seuls avantages que les îles en
recevaient : ces mêmes vaisseaux, en augmentant le
nombre de ceux qui s'y trouvaient déjà, faisaient
diminuer le prix du fret, et la colonie remettait en
France ses denrées à moins de frais. Les îles trouvaient aussi dans le Canada le débouché des tafias et
des sirops, débouché utile qui, joint à la circonstance
de la diminution du fret, lie l'intérêt des îles à la
conservation du Canada.

» Tel était l'état du commerce du Canada avant la
guerre; mais ce n'est pas tout ce que le Canada pourrait fournir; nous ne croyons pas déplacé d'en parler
ici, puisque, raisonnant sur le mérite de la colonie,

. il est également utile de voir ce qu'elle était avant la
guerre et ce qu'elle pouvait devenir lorsqu'une paix
heureuse l'aurait rendue à la France.

» Le tabac croît parfaitement dans le Canada ;
si la plantation en était encouragée, la colonie
accroîtrait en nombre d'habitants en raison de ce que
les produits seraient multipliés en quantité et accrus
en valeur. Cet encouragement dépend du fermier; si
les considérations qui le conduisent chez les Anglais
pour y acheter le tabac de leurs plantations, ne sont
pas telles que l'intérêt de la nation ne puisse bien les
balancer, qu'il verse dans cette colonie, en achats de
cette denrée, les sommes considérables qu'il porte
chez les Anglais, la colonie lui devra sa force essentielle, résultant de l'accroissement du nombre de ses
habitants, et la nation, les profits d'un nouveau commerce.

» Le Canada fournirait encore de la mâture et du
bois de construction; ce bois sec et attendu serait
employé utilement dans nos chantiers; ainsi ménagé,
il ne ferait pas dans nos mains un moindre usage que
chez les Anglais; mais c'est lorsque le bois manquera
en France que l'on goûtera cette ressource; si jamais
on l'employait, si le tabac devenait en Canada un
objet d'agriculture, l'exportation de l'un et de l'autre rendrait nécessaire un plus grand nombre de vaisseaux, et de l'accroissement de la marine marchande
résulterait la force de la marine royale, fondée sur
le plus grand nombre de matelots. On y cultive-
rait aussi avec succès le chanvre. Il ne manque

pour rendre cette colonie une des plus utiles par
la nature des choses dont elle est susceptible, que
des bras pour cultiver les terres et fouiller les mines.

» Nous avons dit que 150 vaisseaux sortaient chaque année des ports de France pour aller pêcher la
morue dans les mers du Canada ; 10 à 12,000 hommes employés sur ces vaisseaux cherchent au fond
des mers le capital d'un commerce solide par ses
rapports avec les besoins de la vie, et d'autant plus à
considérer pour nous que notre morue, mieux prépa-
parée que celle des Anglais, ou préparée avec de
meilleurs sels, en nous acquérant la préférence
dans la vente, assure les profits de notre pêche. Ces
mêmes hommes, exercés dans une navigation dure
et pénible, deviennent d'excellents matelots.

» Le Canada, considéré relativement au commerce,
tel qu'il était établi avant la guerre et tel qu'il
pourrait être pratiqué après la paix, est donc de la
plus grande importance ; l'agriculture, les manufactures, toute la masse de l'industrie le réclament ;
la navigation y voit d'une part une école qui lui
forme de nouveaux matelots, de l'autre des ressources pour suppléer au défaut de nos bois dans la construction des vaisseaux. Il ne mérite pas moins si on
l'envisage du côté de la pêche de la morue ; les établissements offerts par les Anglais ne sauraient y
suppléer : sans ressource utile par leur situation et
n'offrant d'ailleurs aucune retraite assurée, on crain-
drait de tenter une pêche au milieu des Anglais, dont
le mauvais vouloir toujours impuni pourrait la rendre

infructueuse; le commerce a présenté la violence qu'il éprouva de la part des Anglais sur la côte d'Afrique, immédiatement après la paix d'Aix-la-Chapelle, et il peut craindre les mêmes excès partout où en concours avec eux il se trouvera sans défense. La cession du Canada entraînerait infailliblement la ruine de la pêche de la morue, et la France, privée de ce commerce, se verrait obligée de se pourvoir chez les Anglais eux-mêmes.

» Si toutes ces considérations doivent rendre cette colonie précieuse à la France, de quel intérêt ne lui est-elle pas encore relativement à la sûreté de nos îles? L'Anglais, possédant le Canada et n'ayant rien à craindre pour ses denrées, peut former dans la nouvelle Angleterre les apprêts des entreprises que son ambition ne manquera pas de lui suggérer. Ses flottes partiront de ses ports en Amérique, elles attaqueront et surprendront nos îles, possessions importantes, objet d'une navigation immense, et qui fournissent à la France un commerce qui, la répandant dans toute l'Europe, détermine partout en sa faveur la balance des profits. Les traités les plus solennels opposeraient faiblement contre une puissance qui compte pour juste tout ce qui lui est utile, qui fait la guerre pour acquérir, qui ne voit la gloire dans les succès que comme cause seconde, chez qui le désintéressement du vainqueur le cède sans cesse à l'intérêt du commerçant; la force seule peut la contenir, ou toute l'Amérique conquise suffira à peine à son ambition; sûre de dominer quand elle possédera la richesse, elle trouvera dans l'agrandissement de son commerce la source de ces richesses mêmes.

» Vainement espérerait-on sur la Louisiane : cette colonie, accrue des débris du Canada, pourrait par ses communications et par le produit de son sol mieux cultivé devenir plus florissante; mais reculée dans le golfe du Mexique et d'ailleurs hors de proportion de force, elle ne saurait opérer une diversion utile et capable de contenir les projets ambitieux des Anglais; elle serait elle-même le premier objet de leur conquête. La continuation de la guerre ne peut manquer de faire sentir aux Anglais le besoin de la paix et de réprimer cet essor imposant qui menace toute l'Europe; cette nation, élevée sur ses conquêtes, compte vainement ses flottes nombreuses, ses officiers de mer braves et expérimentés : sa force repose sur son crédit, qui dépend lui-même de la continuité des succès : l'inaction est perte pour elle; un échec peut devenir une révolution.

» C'est ainsi, Monseigneur, que le commerce se représente l'importance du Canada et croit voir dans la continuation de la guerre les moyens de le recouvrer. Comment désirer une paix qui préparerait une guerre plus funeste que celle qu'elle aurait finie? Ou plutôt qui ne désire point la continuation d'une guerre que le bien général nécessite et dont les circonstances, confiées à vos lumières supérieures, Monseigneur, donneront les plus grandes espérances. Déjà la confiance reproduit les ressources; Sa Majesté puisera toujours dans le cœur de ses sujets les secours que l'intérêt et le profit sollicitent chez les autres peuples; tous les États du royaume offrent leur fortune, le commerce ne compte la sienne que pour la gloire de Sa Majesté; plus immédiatement frappé des malheurs de la guerre, la paix serait pour lui un intervalle utile qui suspendrait ses maux; mais ne considérant son intérêt que dans le bien général, il n'est point de sacrifice auquel il ne se livre pour concourir à recouvrer par une paix glorieuse les possessions essentielles qu'un injuste mais heureux ennemi a enlevées.

» Nous osons, Monseigneur, hasarder ainsi, sous vos yeux, le sentiment du commerce de Bordeaux sur la cession du Canada; les vues du bien général qui nous dirigent peuvent faire notre excuse.

» Nous sommes, etc. »

Ces considérations arrêtèrent un moment les projets du Gouvernement; la guerre continua avec vigueur, mais elle ne fut pas heureuse, et deux ans après, le traité de Paris régla définitivement la paix, en cédant à l'Angleterre, non-seulement le Canada, mais encore l'Acadie et l'île du cap Breton.

Cependant, malgré ses malheurs, la France, fatiguée mais inépuisable dans ses ressources, reprit le cours de ses prospérités; le flot du commerce d'Amérique montait toujours et envahissait l'ancien monde; presque tous les ports de l'Europe venaient chercher à Bordeaux les sucres et les cafés estimés de nos Antilles. Les cultures, la population, la fortune générale avaient décuplé, surtout depuis vingt ans, à Saint-Domingue et dans toutes nos îles; plus de quinze villes populeuses et un nombre considérable d'habitations opulentes faisaient une immense consommation des produits de l'industrie et du sol français.

En 1769, un nouvel avantage s'ouvrit pour le commerce de Bordeaux : le Gouvernement rendit la liberté aux opérations maritimes avec les Indes orientales, et les armateurs bordelais profitèrent rapidement de cette situation. A partir de cette époque, jusqu'à 1786, moment où l'État mal inspiré crut devoir rétablir de nouveau le privilége exclusif de la grande Compagnie, Bordeaux expédia aux Indes dix navires par an, terme moyen; nos exportations consistaient, savoir : les deux tiers en piastres, le reste en vins, eaux-de-vie, liqueurs, objets de quincaillerie, mercerie, draperie, cordages, fil d'or, bijoux, etc. Les retours se faisaient en mousselines, toiles de coton propres à l'impression, toiles pour la traite, thé, salpêtre, soies écrues, drogues médicinales, bois de teinture, etc. Bordeaux, dit M. Jouannet, avait sur tous les ports de France l'inappréciable avantage d'être l'entrepôt naturel de tous les objets dont se composaient les cargaisons destinées aux Indes; il tirait en effet de son propre sol les vins et les eaux-de-vie; de ses fabriques spéciales, les liqueurs et les cordages; de ses rapports journaliers avec tout le Nord, le fer, le cuivre, l'acier et le plomb; enfin, le solde de ses transactions commerciales avec l'Espagne s'opérait en piastres avec l'avantage de 1 p. 100 meilleur marché. Il résultait de cette situation que le bénéfice de Bordeaux dans le commerce des Indes était supérieur à celui des autres places et s'évaluait à une moyenne de 37 p. 100.

En 1775, l'importation des marchandises coloniales de nos îles d'Amérique s'élevait, dans notre port, à une valeur de 53,232,025 liv., chiffre trois fois supérieur à celui de 1750, savoir :

De Saint-Domingue. . .	38,516,603 liv.
De la Martinique. . . .	7,115,355
De la Guadeloupe. . . .	7,592,696
De Cayenne.	7,371
Total. . . .	53,232,025 liv.

Ces importations s'étaient opérées par deux cent vingt navires.

Cette immense prospérité atteignit enfin son apogée vers 1778. Au moment où la France contractait une alliance offensive et défensive avec les États-Unis, et déclarait la guerre à l'Angleterre, le mouvement commercial de Bordeaux était réellement prodigieux ; il accaparait presque complètement toute la navigation de Saint-Domingue ; cette île et notre port formaient, pour ainsi dire, deux noms inséparables dans la statistique commerciale. Sur deux cent quatre-vingt-quatorze navires expédiés à cette époque par Bordeaux aux colonies françaises, les deux tiers au moins ne faisaient que les voyages d'Haïti ; la plus grande partie des émigrants et des passagers pour cette île venaient de tous les points de la France s'embarquer à Bordeaux; nos cales, encombrées nuit et jour de tonneaux et de colis, permettaient à peine la circulation; la Garonne, continuellement sillonnée par les bâtiments et les embarcations, présentait le tableau le plus magnifique. Un écrit, publié à peu près à cette époque, s'exprime ainsi : « De toutes les villes de France, Bordeaux est une des plus curieuses à connaître. Si vous voulez avoir le tableau de l'abondance, cherchez-le à Bordeaux. A Paris, peu de gens jouissent : tout le reste n'a de jouissance que par l'imitation et la société de ceux qui jouissent; à Bordeaux, vous trouverez une abondance facile, une abondance généralisée, celle qui en donne le sentiment à toutes sortes de spectateurs; on dirait que le Pactole y coule, et coule pour le peuple. » — Arthur Young, voyageur anglais, dit encore : « Malgré tout ce que j'avais vu ou entendu sur le commerce, les richesses et la magnificence de la ville de Bordeaux, tout cela surpassa mon attente. »

La place de Bordeaux offrait, en effet, les résultats les plus heureux qu'ait jamais présentés le commerce : les affaires répandaient dans toutes les classes un luxe, un confort, qui devait surprendre les étrangers. Des quartiers magnifiques remplaçaient de tous côtés la vieille ville; l'intelligence et l'aptitude commerciales se montraient partout; déjà marchaient dans tout leur éclat des armateurs que notre commerce compte encore dans ses rangs : les maisons Abraham Gradis, Cabarus, Bonaffé, Letellier, jouis-

saient d'une réputation européenne; nulle part au
monde les opérations ne se faisaient d'une manière
plus régulière et plus rapide. La tenue des maisons
de commerce était admirable et digne de la richesse
du pays. « Pour se faire une juste idée de notre port
à cette époque, dit M. Jouannet, il ne faut pas seulement considérer le produit des affaires, ces millions
qui, partagés entre une foule de maisons de commerce, les entretenaient dans l'opulence; il faut surtout regarder comme un bénéfice plus général et plus
réel ces frais de construction navale, d'armements,
de désarmements, d'achats et de transports de vins,
frais qui, de la caisse de l'armateur, faisaient passer
la majeure partie de ses bénéfices dans les mains du
cultivateur, de l'ouvrier, du marin, enfin de toute une
population active et nombreuse; nul n'était pauvre,
pourvu qu'il eût des bras, du courage et de la
santé. »

Le tableau du commerce maritime se résumait
ainsi :

EXPORTATIONS.

Pour l'Angleterre. Valeur en espèces, 953,663
   livres, sur lesquelles 914 tonneaux de *vins*,
   283 barriques *eau-de-vie; indigos*, pour une
   somme de 18,904 liv.

Pour la Hollande. Valeur en espèces, 22,103,902
   livres, dont 1,398,582 liv. *cafés;* 14,882,087
   livres *sucre;* 14,388 tonneaux *vins*, et 814 barriques *eau-de-vie.*

Pour le Nord. Valeur en espèces, 27,678,429 liv., savoir : *cafés,* 4,274,412 liv.; *sucre,* 16,939,039 livres; *indigo,* 440,288 liv.; *vins,* 13,181 tonneaux; *eau-de-vie,* 2,422 barriques.

Pour les colonies. Valeur en espèces, 8,467,301 livres, où figurent : 500 barriques *eau-de-vie;* 10,735 tonneaux *vin; farines,* pour une valeur de 132,092 liv.

IMPORTATIONS.

D'Angleterre. Valeur en espèces, 1,865,131 liv., dont : *beurre,* 67,337 liv.; *charbon,* 1,126,800 livres; *tabac,* 498,400 liv.

De Hollande. Valeur en espèces, 3,309,328 liv., dont : *cuivre,* 75,233 liv.; *fer,* 50,821 liv.; *fromage,* 470,712 liv.

Du Nord. Valeur en espèces, 6,293,984 liv., savoir : *Danemarck,* 293,063 liv.; *villes anséatiques,* 3,499,640 liv.; *Russie,* 1,140,041 liv.; *Suède,* 1,363,240 liv.

Des colonies françaises. Valeur en espèces, 120,610,672 liv., dont : *sucre,* 101,271,443 livres; *café,* 13,792,832 liv.; *indigo,* 1,512,096 livres (1).

On voit encore ici que si le commerce des vins et eaux-de-vie était à peu près resté stationnaire, celui des marchandises coloniales avait doublé depuis trois ans dans le port de Bordeaux.

(1) Archives de la chambre de commerce, Tableaux d'importation et d'exportation du port de Bordeaux.

Au premier moment de la guerre de l'indépendance américaine, l'ouverture des ports des États-Unis produisit d'abord de bons résultats pour l'industrie, et se fit heureusement sentir dans notre port; mais la marine puissante des Anglais, s'emparant bientôt d'une partie de nos navires marchands, causa des désastres sur la place. Toutefois, le Gouvernement organisa avec rapidité des escortes puissantes pour nos convois; dès 1780, les pertes du commerce se trouvaient réparées, et en 1782, notre port put expédier aux colonies d'Amérique jusqu'à trois cent dix navires, jaugeant 117,710 tonneaux, et reçut de nos îles pour une valeur de 130,000,000 de livres tournois de différentes denrées. La paix, signée à Versailles le 3 septembre 1783, ne fit que dégager de ses préoccupations une prospérité commerciale que la guerre n'avait même pas diminuée.

Fatigués d'une lutte vive et coûteuse, les Anglais proposèrent alors à la France un traité de commerce qui fût de nature à favoriser les deux nations et à garantir une longue paix : ils offraient de diminuer considérablement leurs droits sur nos produits, si des concessions assez larges étaient faites à leur industrie. De son côté, le roi Louis XVI, prince bon, honnête et studieux, avait compris les vrais besoins de son royaume; il sentait qu'une sage liberté était le seul principe fécond du commerce, et que la base essentielle de la prospérité française serait toujours l'agriculture. Des conférences préliminaires eurent lieu, et durèrent longtemps; les ports de mer et les fabriques consultées avec équité défendirent chacun leur opinion avec la plus grande vigueur; enfin, après trois années d'étude, le traité de commerce avec l'Angleterre fut signé.

Ce traité, qui a donné lieu à tant de critiques passionnées, fut cependant un acte d'économie politique auquel la postérité rendra plus de justice; c'est le premier pas du grand système qui commence à triompher et ne doit pas périr. Les novations hardies rencontreront toujours de grandes difficultés dans leur première application. Est-ce à dire qu'il soit mieux de persévérer dans les mauvaises voies pour conserver l'ordre apparent de la routine? Sans doute, toute notre industrie n'était pas prête alors pour la lutte comme elle l'est aujourd'hui; d'un autre côté, l'habileté de la diplomatie anglaise obtint sur nous quelques avantages; c'est encore vrai; mais néanmoins, la mesure était rationnelle et bonne dans son ensemble : le commerce naturel de nos produits y recueillit de grands résultats immédiats; plusieurs de nos fabriques principales y prirent un nouvel essor, et y auraient trouvé une source immense de prospérité, si les événements n'en avaient arrêté la marche. Les relevés officiels du mouvement commercial de 1787 à 1792 indiquent que les exportations d'objets fabriqués de France pour l'Angleterre s'étaient accrues dans cet intervalle. Ne soyons donc pas injustes envers cette convention, quel que soit notre intérêt; elle restera comme un des actes politiques les plus sérieux du siècle dernier.

Ce traité détruisait en principe la prohibition de tous produits manufacturés anglais, et la remplaçait par des droits d'entrée d'une modération relative. Ainsi, les tissus de coton, y compris les mousselines, les draps, la quincaillerie, la mercerie, la faïence, la poterie, etc., etc., furent taxés, à leur entrée en France, à 12 p. 100, *ad valorem;* la sellerie, à 15 p. 100. Ce droit fut adopté comme présentant une protection suffisante à l'industrie nationale, sans cependant rendre impossible le commerce anglais.

L'entrée des marchandises anglaises n'était permise que par les ports de Bordeaux, Calais, Boulogne, le Havre, Rouen, Saint-Malo, Nantes, La Rochelle et Cette.

En échange, les vins français, qui payaient à leur entrée en Angleterre 7 schellings 10 pence par gallon, c'est-à-dire 2 fr. 17 cent. par litre, furent taxés à 4 schellings 6 pence par gallon, soit 1 fr. 33 cent. par litre; et la parfumerie, la soierie, la ganterie, la tabletterie, les fleurs artificielles, les batistes, les blondes, les dentelles, et en général tous les objets de mode parisienne, furent considérablement allégés.

Il faut reconnaître néanmoins que ces corrections étaient encore insuffisantes, notamment en ce qui regarde nos liquides, puisque le droit d'entrée sur nos vins s'élevait à 1,295 fr. par tonneau, ce qui rendait impossible l'exportation de nos vins ordinaires de grande consommation; mais le trésor anglais ne pouvait se soumettre qu'à des réformes progres-

sives, et il est évident que l'amélioration fut sensible
pour .nous. Ainsi, dès la seconde année du traité,
en 1787, la consommation des vins de Bordeaux en
Angleterre s'éleva à 2,127 tonneaux, lorsque, l'année
précédente, elle se trouvait réduite à 480 tonneaux.
On voit encore que la consommation de tous les vins
français en Angleterre fut, en 1790, de 29,181 tonneaux, au lieu de 15,542 tonneaux, chiffre de 1784.

Ce traité fut donc un véritable bienfait, malgré les
imperfections qu'on peut lui reprocher; il consacrait,
pour la première fois en Europe, le principe de la
liberté commerciale. Quelle immense prospérité
serait la nôtre aujourd'hui, s'il eût continué à fonc-
tionner depuis près d'un siècle !

La situation générale du commerce de notre port,
de 1786 à 1790, est parfaitement établie dans un
mémoire manuscrit fait, en 1799, par le bureau
consultatif du commerce. En voici les points principaux :

« NAVIGATION.

» On évaluait, comme nous l'avons déjà vu, de 280
à 300 le nombre des navires que la ville de Bordeaux
employait au commerce de l'Amérique et de la côte
d'Afrique; leur grandeur était de 300 à 600 tonneaux.

» Il arrivait tous les ans, à Bordeaux, de 600 à
650 bâtiments étrangers, et tous ces navires en
repartaient avec des chargements complets de vins,
eaux-de-vie, sucres, cafés, indigos, sirops, mélasses,
prunes, etc., etc.

» De 1,500 à 2,000 caboteurs environ, de 40 tonneaux en moyenne, opéraient alors le transport des
vins, blés, poissons et autres denrées, entre Bordeaux, la Bretagne et les ports de la Manche. De
100 à 150 caboteurs, de 25 tonneaux en moyenne,
fréquentaient les ports de Libourne, de Blaye et de
Bourg.

» COLONIES D'AMÉRIQUE.

» Les chargements pour nos îles s'élevaient annuellement, en moyenne, à une valeur de 52,500,000
livres.

» Les retours à une valeur de 87,625,000 liv.,
savoir : 28,875,000 liv. en café, 50,000,000 liv.
sucre, 6,000,000 liv. coton, 400,000 liv. cacao,
3,750,000 liv. en indigo, et 100,000 liv. environ
en bois de campêche et d'acajou, rocou, liqueurs,
confitures, gingembre, etc., etc.

» ESPAGNE ET PORTUGAL.

» Bordeaux avait des relations avec l'Espagne et
le Portugal pour les laines, les indigos, la cochenille,
les fruits, les vins-liqueurs et les piastres nécessaires
pour le commerce de l'Inde; on y exportait des
draps, des toiles, des farines, et même des sucres.

» Par le canal du Languedoc et la mer Méditerranée, Bordeaux expédiait des sucres et des cafés à
Gênes, à Venise, à Trieste et à Naples.

» NATIONS DU NORD.

» Les rapports de la ville de Bordeaux avec les
nations commerçantes du Nord sont très-anciennes,

comme nous l'avons vu; ils étaient immenses au moment dont nous nous occupons, et s'étendaient depuis la Hollande jusqu'à Archangel, au fond de la mer Blanche; il n'y avait pas de ville maritime, dans toute cette vaste étendue, où le commerce des Bordelais n'eût pénétré; notre place y expédiait, pendant six mois de l'année, des vins, des eaux-de-vie, des cafés, des sucres, des indigos, des prunes, des liqueurs, des fruits confits de toute espèce. Cette exportation s'élevait, année commune, à une valeur de 75,000,000 de livres, qui nous était payée en blé, seigle, fer, cuivre, plomb, quincaillerie, laines, cire, chanvre, goudron, merrain, planches, mâtures, bois de construction, suif, et le solde en numéraire ou lettres de change sur la Hollande, sur Hambourg, sur Londres ou sur d'autres places étrangères.

» ILES DE FRANCE ET DE LA RÉUNION, INDES.

» Depuis 1767, époque où le commerce des Indes était redevenu libre, les armateurs de Bordeaux avaient commencé à s'adonner à ce commerce, et il serait devenu très-considérable; mais il fut à peu près abandonné par notre place, en 1786, lorsque le privilége exclusif de ce commerce lointain fut accordé de nouveau à une compagnie.

» ÉTATS–UNIS D'AMÉRIQUE.

» Depuis l'indépendance de l'Amérique anglaise, la ville de Bordeaux avait établi des liaisons de commerce avec les États-Unis; elle y trouvait un débouché de ses vins, de ses eaux-de-vie, de ses prunes, de ses liqueurs et de ses confits; ce pays était déjà un entrepôt considérable des fabriques de France ; nous recevions en échange des riz, des tabacs, des cotons, des merrains et des farines. Cette navigation devint florissante, et continua à l'être pendant les premières années de la guerre. Ces rapports nous procuraient même l'avantage de faire avec sécurité un commerce indirect avec nos colonies; nos navires ne faisaient, en effet, que toucher à New-York, à Boston, à Charleston, à Baltimore, à Philadelphie, où ils changeaient leurs expéditions; et de là, faisant route pour nos colonies, ils en revenaient avec une cargaison de retour, se rendaient dans les mêmes ports des États-Unis, et y prenaient de nouvelles expéditions pour les ports de France. Malheureusement, cette situation ne put durer après la déclaration de guerre faite par la France aux Anglais en 1793; plusieurs de nos corsaires coururent sur les Américains et leur firent beaucoup de prises, ce qui donna lieu à de nombreuses réclamations; les gouvernements ne purent s'entendre, et il en résulta une proclamation, par laquelle le président des États-Unis défendit de délivrer des expéditions, pour aucun port de France, à dater du 1er juillet 1798.

» VINS.

» On peut évaluer à 200,000 tonneaux ce qui se recueillait de vin, en 1790, dans la sénéchaussée de Bordeaux. En voici à peu près la distribution :

30,000 tonneaux pour les colonies, la côte d'Afrique, les îles
                de France et de la Réunion, et l'Inde,
                à 350 fr. . . . . 10,500,000 liv.

50,000   —   pour l'étranger, à 200 fr. 10,000,000

2,000   —   vins fins pour l'Angle-
                terre et l'Irlande, à
                1,500 fr. 3,000,000

8,000   —   pour le Nord, à 350 fr. 2,800,000

25,000   —   pour les ports de France,
                à 300 liv. 7,500,000

5,000   —   en vins plus fins, à 500
                livres. 2,500,000

75,000   —   pour la consommation de
                Bordeaux et ses envi-
                rons, à 200 liv. . . . 15,000,000

_____

195,000 tonneaux, qui produisaient aux
                propriétaires. . . . . 51,300,000 liv.

5,000 tonneaux, évaporation et houillage dans les chais.

_____

200,000 tonneaux.

» Ces 200,000 tonneaux étaient recueillis sur 40,000 journaux, ou environ 13,300 hectares.

» Les premiers crûs se vendaient alors de 1,600 à 2,400 liv.; les deuxièmes, de 1,300 à 2,100 liv.; les troisièmes, de 900 à 1,400 liv.; les quatrièmes, de 600 à 850 liv.; les vins ordinaires Médoc, de 400 à 500 liv.; les Queyries et Montferrand, de 300 à 450 liv.; les palus ordinaires, de 200 à 280 et 300 liv.; les bas crûs, tels que Saint-Macaire, de 150 à 160 liv.; les petits vins rouges de côtes, de

150 à 200 et 250 liv.; les petits vins blancs, de 150 à 180 et 200 liv.

» BLÉS ET FARINES.

» Bordeaux expédiait tous les ans aux colonies françaises de 180,000 à 200,000 barils de farine, pesant chacun, net, 175 liv.; ces farines étaient connues sous le nom de *minots*. Les minoteries les plus renommées à cette époque étaient celles de Nérac, Moissac, Tonneins et Montauban.

» L'exportation des farines nécessitait un remplacement de matière, car Bordeaux, ne récoltant pour ainsi dire pas de blé, ne pouvait s'en procurer que dans les départements voisins, c'est-à-dire que dans les ci-devant provinces de l'Agenais, du Condomois et du Quercy. Pour remplacer ce vide, le commerce de Bordeaux recevait de Dantzick, de la Prusse, de la Russie, de Lubeck, de Brême, de Hambourg et de la Hollande, des cargaisons de blé et de seigle qui remontaient la Garonne, et approvisionnaient ces mêmes départements dont on avait tiré les plus beaux blés pour en faire du minot; on en expédiait même jusqu'à Marseille par le canal, quand il s'y manifestait des besoins pressants. Il résultait de ce commerce un très-grand travail, un grand emploi d'hommes et des salaires immenses. La navigation de la Garonne occupait une infinité de barques. La décharge des blés à Bordeaux, leur versement dans les barques, leur mesurage, la décharge à terre, le port dans les greniers, le remuage presque journalier de ces blés pour les rafraîchir et détruire les insectes qui leur font la guerre; tous ces travaux multipliaient les salaires et les moyens de subsistance pour le peuple.

» Les minoteries étaient sans cesse occupées. La façon de 200,000 barils qui coûtaient 3 liv. la pièce, employait un nombre considérable de tonneliers, et quand le commerce d'exportation de farines n'eût produit que ce seul avantage, il était incalculable.

» L'exportation de la farine minot n'appauvrissait pas la France de ce précieux comestible, puisque le minot était remplacé par les blés de l'étranger, qui donnaient encore du bénéfice au commerce, et l'étranger qui les envoyait souvent pour son compte, tirait en retour des cafés, des sucres, des indigos, des prunes, des vins et des eaux-de-vie.

» MORUE.

» Quoique la ville de Bordeaux ne fît pas directement la pêche de la morue, le commerce de ce poisson y était très-considérable. Tous les ans plusieurs bâtiments terre-neuviers venaient y faire leurs ventes. Partie de ces cargaisons se réexportait dans les colonies; mais la majeure partie s'expédiait dans les départements voisins. La moindre portion restait pour la consommation de la ville et des environs. Ce commerce était infiniment précieux par la quantité de salaires qu'il procurait à la classe laborieuse du peuple.

» Bordeaux était un grand entrepôt, non-seulement de la morue, mais de tous les autres poissons salés, comme le hareng, la sardine, le maquereau.

» PRUNES.

» Le commerce de ce fruit était considérable à Bordeaux. Les deux principales qualités de prunes sont appelées *dente* et *commune*. Les prunes dentes s'expédient en caisse, et leur prix était avant la Révolution de 25 à 30 liv. le quintal. Les prunes communes s'expédiaient alors en barriques de 500 à 600 liv., et valaient de 10 à 14 liv. le quintal. On pouvait évaluer ce commerce comme produisant 2,000,000 de livres au moins pour le propriétaire, indépendamment de tous les salaires que son exportation procurait jusqu'à l'embarquement pour le Nord et pour tous les ports de France. Les pays principaux qui produisent les prunes sont : Clairac, l'Agenais, Montauban et Cahors.

» SUCRES RAFFINÉS.

» On comptait vingt raffineries à Bordeaux en 1790. On pouvait évaluer à 10,000,000 de livres de sucre la quantité de matières qu'elles raffinaient tous les ans. Ces sucres représentaient environ 5,000,000, valeur d'achat, et le bénéfice de la fabrication était de 20 p. 100. Ce bénéfice se partageait entre les raffineurs propriétaires et tous les ouvriers qu'ils occupaient. Les raffineries de Bordeaux employaient environ 300 ouvriers ; les principaux débouchés étaient dans les départements méridionaux de la France, notamment à la foire de Beaucaire ; on en expédiait aussi dans la Suisse.

» Il y avait à Bordeaux cinq verreries en pleine activité, parce que l'exportation des vins en bouteilles pour les colonies et autres contrées était très-considérable.

» On calculait à cette époque qu'une verrerie nécessitait un fonds de roulement de 110,000 livres par an, savoir :

50 tonn. de charbon anglais à 480 liv., ci   24,000 liv.
50 *id.* de Cahors à . . . . . 277 liv., ci   13,500

Salaires aux ouvriers :

5 souffleurs à 8 liv. le 100 de bouteilles, sur 400 milliers de bouteilles que chaque verrerie peut livrer . . . . 32,000 ⎫
5 fondeurs à 3 liv. 10 sous. . . . 14,000 ⎪
10 garçons à 2 liv. 10 sous. . . . 10,000 ⎬ 60,000
20 garçons à 30 sols. . . . . . . 4,000 ⎭
Cendres lessivées, soudes, gresin, sable, creuset fin et frais, ci. 12,500

Dépenses générales, ci. . . . . 110,000 liv.

» Il arrivait année commune, des États-Unis à Bordeaux, environ 3,000 boucauts de tabac, pesant chacun de 12 à 1,500 livres; on en recevait également 100 milliers d'Angleterre ou de Hollande.

» Des 3,000 boucauts des États-Unis, 1,800 se fabriquaient à Bordeaux, 300 s'expédiaient à l'étranger et 900 se répandaient dans différentes contrées de la France.

» Les sept ou huit fabriques importantes de tabac établies à Bordeaux employaient environ 500 ouvriers, dont les deux tiers en hommes et l'autre tiers en femmes et enfants.

» Le tabac fabriqué dans notre ville ne s'employait que pour la consommation du pays ou pour l'intérieur.

» IMPORTANCE GÉNÉRALE DU COMMERCE INDUSTRIEL A BORDEAUX.

» Le port de Bordeaux recevait des marchandises de toutes les fabriques françaises pour l'assortiment de ses envois aux colonies et aux États-Unis; il en expédiait également en Espagne, en Portugal et dans tous les États du Nord; cette exportation pouvait s'élever annuellement à une valeur de 20 à 25,000,000 de livres. »

Quant à l'industrie spéciale de la contrée, en dehors des trois fabriques signalées dans les paragraphes ci-dessus, elle présentait le tableau suivant, selon M. Jouannet et le rapport des inspecteurs des manufactures de Guyenne.

« CONSTRUCTION DE NAVIRES.

» Il sortait annuellement des chantiers de Bordeaux, terme moyen, vingt navires du port de 200 à 600 tonneaux, du prix moyen de 50,000 liv. l'un, et vingt barques du prix moyen de 10,000 liv. l'une.

» On comptait de dix à quinze chantiers et de 700 à 800 ouvriers occupés à ces constructions.

» On fabriquait aussi des barques à Libourne, à Blaye, à Bourg et dans tous les petits ports.

» CORDERIES.

» Le nombre des corderies s'élevait à 24 dans Bordeaux : là se fabriquaient tous les câbles et cordages nécessaires au gréement des navires. Le produit en temps de paix était estimé s'élever à 4,000,000 de livres. En temps de guerre il était réduit de plus de moitié.

» Cette fabrication occupait de 300 à 400 ouvriers.

» TONNELLERIE.

» On estimait en 1784 à 16,000 douzaines le nombre de barriques fabriquées dans l'année à Bordeaux ; mais il s'en fabriquait aussi beaucoup dans les arrondissements. Tous les vins expédiés par le commerce s'envoyaient en barriques neuves, faites en merrain du Nord pour les vins fins, et en merrain du pays pour les vins ordinaires. Le Périgord, l'Armagnac, le Bordelais fournissaient le merrain du pays et les cercles. La douzaine de barriques se vendait à l'époque 120 fr.

TANNERIES.

» Cette fabrication était autrefois très-importante à Bordeaux, et ses produits très-recherchés, même chez l'étranger ; mais les droits exorbitants dont cette industrie fut frappée en 1759, lui portèrent un coup mortel ; cependant on comptait encore en 1760, dans le département, 91 tanneries, 49 mégisseries et 5 ou 6 chamoiseries, distinction un peu arbitraire, le même établissement faisant quelquefois les trois parties. Cette industrie décrût ensuite rapidement dans la proportion de 15 à 3; cinq fabricants et nombre d'ouvriers passèrent à l'étranger; beaucoup de maisons ne purent suffire à leurs engagements. D'année en année, le nombre des tanneries diminua; celles de Bordeaux furent réduites de 25 à 4; dans le quartier Fondaudège, de 120 pelins, qui recevaient chacun 40 cuirs, il n'en resta qu'un qui recevait à peine 20 cuirs; rue Causserouge, en ville, 9 grandes tanneries, ayant ensemble 119 fosses, chacune de la contenance de 60 à 100 cuirs, furent abandonnées; de 15 moulins à tan, il n'en resta qu'un qui cessa bientôt de travailler.

» Bordeaux tirait ses cuirs verts de ses boucheries, et ses cuirs secs de Montevideo. Les autres tanneries s'approvisionnaient dans les communes ou à Bordeaux.

» FAÏENCERIE.

» A la même date, on comptait à Bordeaux sept faïenceries, la première fut établie en 1714 par un sieur Hustin, qui obtint, en vertu de lettres-patentes, le privilége d'être le seul fabricant de faïence à Bordeaux, dans un rayon de dix lieues; sa fabrique, établie hors ville, faubourg Saint-Seurin, occupait de 70 à 80 ouvriers; elle travaillait en blanc et en couleur.

» MANUFACTURE DE MM. STUTTEMBERG ET FOL.

» Cette manufacture, dans laquelle se fabriquaient toutes sortes d'outils aratoires pour la province et

les colonies, fut établie à Béguey, près de Cadillac,
en vertu d'un arrêt du conseil du 5 octobre 1786.
Elle avait dix fourneaux de forge, un martinet à
trois marteaux, et pour moteur une machine hydraulique qui imprimait le mouvement aux soufflets, aux
marteaux et aux meules à aiguiser; l'usine occupait
40 ouvriers.

» MANUFACTURE DE TOILES PEINTES.

» Un Suisse, nommé Hégner, acquit en 1782 une
manufacture de toiles peintes, déjà existante au faubourg de Bordes, dont les prairies et les eaux dé-
pendaient de Carbonieux. Il imprima à cet ancien
établissement une nouvelle activité, et les toiles sorties de ses ateliers passaient dans le commerce au prix
variable de 2 fr. 25 c. à 6 fr. l'aune, suivant la
finesse. Il occupait de 50 à 60 ouvriers; sa fabrication annuelle était de 4,000 pièces de 14 à 15 aunes.

» FABRIQUES DE COUVERTURES DE COTON.

» On comptait avant la Révolution sept de ces fabriques à Bordeaux. Il est regrettable qu'une ville si
heureusement située pour recevoir les cotons d'Amérique, et qui en était comme un entrepôt où s'approvisionnaient toutes nos provinces de l'Est, il est
regrettable, dis-je, que Bordeaux n'ait pas alors
formé quelque grande manufacture du genre de celles
dont il s'agit; mais alors le commerce ouvrait une
voie plus rapide et plus attrayante à la fortune.

» FABRIQUE DE PORCELAINE.

» La découverte du kaolin à Saint-Yrieix, faite par le Bordelais Villaris, donna l'idée d'établir à Bordeaux une fabrique de porcelaine; entreprise mal conçue, que le haut prix de la matière première et surtout la concurrence d'établissements plus voisins des lieux d'exploitation du kaolin, devaient nécessairement faire tomber.

» FONDERIE.

» Cette usine, située grande rue Saint-Jean, fabriquait des chaudières à sucre, et en temps de guerre, des canons. Établie en 1773, par arrêt du conseil, elle était tombée en 1786 et ne se releva point, bien qu'elle eut eu quelque activité pendant la guerre de l'indépendance américaine et qu'elle fut appuyée du suffrage de l'intendant de Guyenne. Son fondateur, M. Cheret de Montmignon, avait conçu le seul projet qui aurait pu assurer une plus longue durée à sa fonderie : il avait sollicité auprès du Gouvernement l'autorisation d'exploiter les minières de fer situées dans les Landes, depuis Bordeaux jusqu'aux Pyrénées; mais sa demande ne fut point accueillie.

» AMIDONNERIES.

» Douze fabriques dans Bordeaux.

» BONNETERIE.

» Douze fabricants de bas (soie, laine, fil, coton).

» CHAPELLERIE.

» Seize fabriques.

» FABRIQUE DE TOILES ET D'ÉTOFFES.

» De tout temps il a existé dans nos villes et dans nos bourgs de petites fabriques de toiles et d'étoffes grossières, à l'usage des classes peu fortunées. Cette industrie populaire, née des premiers besoins, avait pénétré dans nos campagnes; elle y existe encore. Là, souvent, le tisserand du village est un simple paysan qui, pendant l'hiver et dans ses moments de loisir, laissant la bêche pour la navette, utilise son temps et tisse sur son rustique métier le chanvre et plus rarement le lin filé par sa femme ou sa fille.

» Les dix-neuf vingtièmes du fil employé aux toiles fabriquées dans la Gironde, étaient de chanvre, et la laine employée aux étoffes provenait des brebis landaises. Ces étoffes étaient des droguets, des capas, des serges, des étamines. Les toiles et les étoffes se vendaient à l'aune; mais les pièces n'avaient rien de fixe ni pour l'aunage, ni pour la laize; les prix variaient suivant la qualité. L'aune de toile de chanvre allait dans les prix de 2 liv. à 1 liv. 10 sous et à 15 sous; l'aune de toile de lin se vendait de 2 liv. 10 sous à 1 liv. 15 sous et à 1 liv. 10 sous.

» La subdélégation de Bazas fabriquait, année moyenne, 4,080 pièces, produisant en argent . . . . 150,960 fr.

A reporter. . . . . . 150,960 fr.

Report. . . . . 150,960 fr.

» Celle de La Réole fabriquait, année moyenne. . . . . . 80, pour valeur 3,000

» Sainte-Foy . . 7,200, pour valeur 324,000

» Blaye . . . . . 100, pour valeur 4,500

» Lesparre . . . 150, pour valeur 5,400

» Bordeaux. . . 1,200, pour valeur 54,000

» Les mêmes endroits présentaient, année moyenne, pour la fabrication des étoffes, les résultats suivants :

» La subdélégation de Bazas, qui fabriquait des droguets, des capas, des bures, des couvertures grossières, dans les prix de 1 liv. 10 sous à 2 liv. 15 sous l'aune, en vendait, année moyenne, pour. 4,752

» La Réole, pour. 23,400

» Sainte-Foy, pour. 45,600

» Libourne, pour. 1,900

» Lesparre, pour 3,800

» Bordeaux (1), pour. 10,800

632,112 fr.»

Tel était le commerce de Bordeaux lorsque les premiers mouvements de la révolution française se firent sentir. Les grandes commotions politiques seront toujours fatales au commerce ; celui de Bordeaux en reçut un coup mortel ; un décret du 28 mai 1790

(1) Jouannet, *Statistique du département de la Gironde*, t. II, p. 307 et suivantes.

déclara la liberté des noirs dans toutes nos colonies,
et dès l'année suivante les anciens esclaves se soule-
vèrent partout à Saint-Domingue, ruinèrent les
habitations et commirent les plus grandes atrocités.
Les désastres occasionnés par ces événements furent
immenses sur notre place. Dans cette même année
de 1791, commencèrent les guerres continentales,
qui détruisirent une grande partie de nos rapports;
enfin, le 1er février 1793, la Convention nationale
déclara à l'Angleterre cette guerre funeste qui devait
tarir entièrement la source des richesses de Bordeaux,
décourager sa culture, anéantir sa navigation, paralyser ses ateliers maritimes et faire disparaître tous
ses moyens de prospérité.

Alors reparut, dit M. Amé, cette lutte acharnée
de tarifs dont les violences devaient contribuer à la
chute de l'Empire et léguer à la Restauration de graves difficultés. Le 9 octobre 1793, la Convention pros-
crivit du sol français toutes les marchandises fabriquées ou manufacturées en Angleterre, en Écosse, en
Irlande et dans tous les pays soumis au gouvernement britannique; elle prononça la peine de vingt
ans de fer, non-seulement contre quiconque coopé-
rerait directement ou indirectement à l'importation
ou à la vente des produits proscrits, mais encore
contre les auteurs de simples affiches ou annonces
portant des dénominations ou des signes anglais. Enfin, d'après l'article 4, toute personne convaincue de
se servir de marchandises de la Grande-Bretagne
devait être réputée suspecte.

Dans cette position désastreuse, le commerce de Bordeaux donna de nouvelles preuves de patriotisme et de dévoûment aux intérêts généraux. La chambre fit entendre les conseils les plus salutaires; mais il ne fallait alors que la soumission absolue et le silence; le Gouvernement supprima les chambres de commerce, qui ne furent rétablies que par arrêté du 3 nivôse an XI.

CHAPITRE VII.

DIX-NEUVIÈME SIÈCLE.

Paix d'Amiens. — Reprise des hostilités. — Pertes du commerce de
Bordeaux. —Mesures extrêmes à l'égard des marchandises de fabrique
anglaise. — Paix de 1814. Reprise rapide du commerce. Après l'événement des Cent jours, il reste languissant et paralysé. — Les anciens
éléments n'existaient plus. —Efforts énergiques des armateurs bordelais pour créer de nouveaux rapports. — Expéditions pour la mer du
Sud et les grandes Indes. — Révolution de 1830. — Réformes douanières faibles et timides. — Luttes parlementaires. — Supériorité de
l'influence manufacturière dans les chambres. — Le principe protectionniste triomphe. Cependant le système de la liberté commerciale
fait des progrès en Angleterre. — Ligue du libre-échange. — Cobden
vient en France. — Sa réception à Bordeaux. — Toutes les grandes
questions commerciales sont de nouveau agitées de 1842 à 1848. —
Le Gouvernement promet des réformes, mais en élude l'accomplissement. — Révolution de 1848. — Voyage du président de la Républi-
que à Bordeaux. — Empire. — Traité de 1860. — Tableau du commerce de Bordeaux. — Observations finales.

§ Ier.

De 1800 à 1830.

On a vu que la guerre maritime déclarée en 1793
avait arrêté complètement le commerce de Bordeaux.
En cherchant à frapper son ennemi dans sa fortune,
la France n'était parvenue qu'à augmenter ses propres embarras. La fraude s'exerçait audacieusement;
le pouvoir se voyait même forcé de la tolérer en présence du chômage désastreux de nos raffineries
nationales. Sur plusieurs places, et notamment à

Bordeaux, une grande partie du peuple était sans travail.

Ce fut dans cette situation qu'eurent lieu les préliminaires du traité de paix qui fut signé à Amiens, le 27 mars 1802.

Les affaires reprirent aussitôt une assez grande animation, malgré les changements produits dans nos rapports par l'insurrection de Saint-Domingue. Un grand nombre de navires de Bordeaux furent expédiés pour les colonies occidentales, l'île de France, la traite des noirs, le Sénégal et la Louisiane.

Toutefois, les engagements internationaux rompus en 1793, ne pouvaient renaître qu'en vertu d'un renouvellement du traité de commerce. Des conférences furent ouvertes, le Gouvernement s'adressa aux places maritimes pour demander leur avis sur les principales questions qu'il s'agissait de résoudre; M. Portal rédigea, au nom du commerce de Bordeaux, un mémoire où les intérêts commerciaux de la France sont étudiés avec une supériorité remarquable. Après avoir démontré que le traité de 1786, conçu dans un très-bon esprit, aurait produit des avantages considérables pour notre commerce, si le temps le lui avait permis, l'auteur examine quelles devaient être les conditions essentielles du nouveau traité, en tenant compte des défauts que l'expérience avait fait reconnaître dans le premier :

« L'expérience du premier traité, dit-il, doit servir de guide pour les bases à établir dans celui que

l'on croyait utile de faire de nouveau avec l'Angleterre.

» On a remarqué que les vins, les eaux-de-vie et
les vinaigres étaient soumis à des droits fixes tellement forts, qu'ils pouvaient être considérés comme
prohibitifs. C'est donc sur ces denrées, qui forment
le principal moyen d'échange de la France, que nous
devons surtout arrêter notre pensée et nos observations.

» Nous dirons d'abord que les droits de douane pour
l'introduction en France des marchandises anglaises
étant basés sur la valeur de ces mêmes marchandises, il serait juste et naturel que nos liquides fussent
admis en Angleterre d'après la même règle.

» On conviendrait de part et d'autre que, toutes les
fois que les préposés des douanes suspecteraient quelque infidélité, ils pourraient garder la marchandise
en payant la valeur déclarée et 10 p. 100 en sus.

» Ce moyen serait, autant que possible, une garantie de l'exactitude réciproque, et pourrait répondre
aux objections de tromperie et de fraude.

» Il est possible que les Anglais ne veuillent pas
admettre généralement ce système de droits sur la
valeur, système qui les rendrait nos tributaires pour
des sommes considérables, et qu'ils s'obstinent à
demander que nos liqueurs soient soumises à des
droits fixes.

» De notre côté, il sera utile que nous insistions
très-fort sur ce point. Nous devons leur dire : Vous
allez avoir en France des consommateurs nombreux

pour les marchandises de vos fabriques; ce que nous avons à vous envoyer des nôtres ne sera pas aussi considérable, même en y réunissant celles dont nous avons à demander l'admission supplétive; il nous faut une compensation et nous ne pouvons la trouver que dans la faveur que nous réclamons pour nos vins, nos eaux-de-vie et nos vinaigres. Si vous voulez un traité, il faut qu'il soit juste, égal, et il ne peut l'être qu'aux conditions que nous vous proposons.

» Les Anglais ont envie de faire un traité avec nous, et nous ne serions pas étonnés qu'ils se déterminassent à accepter ces bases.

» Mais dans le cas où il y aurait impossibilité de les faire adopter, notre insistance sur ce point nous placera en bonne position pour demander et obtenir que les droits sur nos liquides soient fixés à 50 p. 100 au moins au-dessous de ceux qui avaient été stipulés dans le traité de 1786.

» Nous payions, d'après le traité, 50 guinées par tonneau de vin, 32 guinées 10 schellings 10 deniers par tonneau de vinaigre, et 7 schellings sterling par gallon d'eau-de-vie.

» Depuis la guerre, les Anglais ont beaucoup augmenté leurs droits de douane sur les vins et les eaux-de-vie, et ils les ont à peu près maintenus sur nos vinaigres. Dans ce moment nous payons à l'introduction :

2,558 fr.	» c.	par tonneau de vin. . .	
770	»	par tonn. de vinaigre..	crû de Bordeaux.
22	25	par velte d'eau-de-vie.	

» Ces droits sont si forts, que l'Angleterre consomme aujourd'hui beaucoup moins de nos vins, et que la plus grande partie de ceux que nous lui envoyons sont expédiés pour ses possessions lointaines.

» Les vins qui sortent de la mère-patrie anglaise pour ses colonies jouissent d'un drawback de 95 pour 100 sur les droits, de sorte que les habitants de Calcutta boivent nos vins à meilleur marché que les habitants de Londres.

» Les vins de Portugal, pendant la guerre actuelle, ont été portés, de 30 guinées qu'ils payaient lors du traité, à environ 73 guinées le tonneau. Les droits sur ces sortes de vins se perçoivent par pipe, mais nous avons supputé leur coût par tonneau, afin de rendre la comparaison plus facile.

» L'habitude de boire du vin se propage en Angleterre, et bien que ceux de Portugal, en raison du coût d'achat et des droits d'entrée, reviennent très-cher, on en fait une consommation immense.

» Nous avons su que pendant la guerre actuelle, il est arrivé un convoi à Londres, venant d'Oporto, ayant à bord 45,000 pipes de vin, représentant une valeur de plus de 32 millions de notre monnaie.

» La cherté des prix n'ayant pas diminué le goût des Anglais pour le vin, ce goût, au contraire, s'accroissant d'une manière remarquable, cette nation se trouve justement dans les dispositions et la direction qui nous conviennent, et un traité de commerce avec elle peut nous assurer de grands avantages.

» On n'est pas généralement d'accord sur la question

de savoir si les Anglais aiment mieux nos vins que
les vins d'Oporto. Les Anglais boivent plus de vins
d'Oporto que de vins de France, mais c'est à cause
de la différence considérable dans le prix. Ce qui fait
douter que les Anglais aiment mieux les vins d'O-
porto que les nôtres, c'est que dans les dîners de
cérémonie, chez les gens riches, on ne se sert que
du *claret* ou des vins de France et des vins de Madère; mais ce qui est une raison de nous faire donner
la préférence, c'est que le claret est le vin le plus
honorable en Angleterre, et qu'il est impossible
de dire les quantités que l'on en consommerait si, au
lieu de payer chaque bouteille 10 à 12 fr., prix
actuel, on pouvait le vendre de 3 à 4 fr.

» Or, ce changement serait l'effet naturel de la diminution des droits de douane; car, si nos vins, à leur
entrée en Angleterre, ne payaient plus que 600 fr.
par tonneau au lieu de 2,700, nous pourrions envoyer des vins dont la valeur n'excéderait pas 15 à
1,800 fr., tandis qu'aujourd'hui il n'y a que les premiers crûs qui soient propres à cette consommation,
et ceux-là valent 4, 5, et 6,000 fr. le tonneau en
France, au moment où ils sont expédiés pour l'Angleterre.

» Il est tout simple que la France demande à jouir
d'une diminution des droits proportionnels sur les
eaux-de-vie.

» Les eaux-de vie de France ont de nombreux consommateurs en Angleterre. Celles de Cognac y sont
les plus estimées, et dans ce moment même plusieurs

maisons de la ci-devant province de Saintonge sont
uniquement occupées à faire ce commerce avec l'Angleterre.

» Bordeaux en envoie beaucoup pour Londres et les
autres ports anglais, mais moins encore que Cognac.

» Si nous parvenions à faire réduire de 50 p. 100
les droits auxquels nos eaux-de-vie furent fixées par
le traité de 1786, cet article seul pourrait s'élever à
une somme presque aussi forte que la valeur des
marchandises manufacturées que nous enverraient
les Anglais.

» On ne saurait donc réclamer une attention trop
particulière en sa faveur. Nous savons qu'en Espagne
et dans le royaume de Naples, quelques maisons anglaises cherchent à établir des brûleries dans le
genre de celles qui existent en France, et si nous ne
faisons avec l'Angleterre un traité qui nous autorise
à y introduire nos eaux-de-vie à aussi bon marché
que les nations les plus favorisées ou à peu près, nous
courrons le risque de perdre ce commerce qui, jadis,
fut très-florissant, et qui, au moyen de sages combinaisons, pourrait le devenir bien davantage encore.

» Les droits sur les vinaigres n'ont été augmentés
que de 10 p. 100 à peu près. Cet article avait été
fixé si haut, ainsi que nous l'avons déjà fait observer,
qu'il paie trois fois plus de droits qu'il ne coûte en
France. Il faut demander une réduction au moins de
50 p. 100 sur le taux de l'ancien traité et *même
davantage*, si c'est possible.

» Les vinaigres ont de l'emploi dans les trois royaumes unis, non-seulement.pour la consommation des ménages, mais aussi pour quelques fabriques; et si les droits étaient réduits à un taux modéré, nous pourrions en exporter beaucoup.

» Il sera nécessaire et juste de demander aussi que les vins, eaux-de-vie et vinaigres, introduits de France en Irlande, ne paient que les deux tiers des droits fixés pour leur introduction en Angleterre. Cette base fut à peu près celle du traité de 1786. La réunion de l'Irlande à l'Angleterre n'est pas un obstacle, car le système des douanes n'est pas uniforme, et, dans ce moment, nos liquides paient moins à leur entrée en Irlande qu'à leur entrée en Angleterre.

» Les Irlandais consomment beaucoup plus de nos liquides que les Anglais; cette distinction peut améliorer beaucoup les résultats que nous devons espérer du traité. Il faut donc insister d'une manière absolue sur ce point.

» Mais ce ne serait pas assez de fixer les droits que paieront nos liquides à leur introduction dans les trois royaumes unis, de faire en sorte qu'ils soient à tant pour cent de la valeur, et à défaut, qu'ils ne paient que la moitié des droits établis dans le traité de 1786; il faudra que nous portions nos regards encore plus loin, que nous stipulions que ces droits ne pourront être surchargés pour raison d'accise ou tout autre impôt créé ou à créer, et qu'après avoir payé le droit convenu, à l'entrée, ils pourront circuler dans l'intérieur des trois royaumes unis sans autres droits ou charges quelconques.

» Puis, nous aurons à nous réserver que le drawback de 95 p. 100 accordé sur les vins, etc., réexpédiés pour les possessions lointaines des Anglais, soit maintenu. Ce drawback est cause que les Anglais achètent une quantité considérable de nos vins, et il fait par conséquent partie des réserves qui sont essentielles à faire insérer dans le traité.

» Nous aurons à stipuler surtout la proportion qu'il y aura entre les droits à payer par nos liquides et ceux à payer par ceux du Portugal. *Il faudra employer tous les moyens possibles pour que nous soyons admis au même prix.* Mais dans le cas où nous ne pourrions pas y parvenir, il sera au moins nécessaire de convenir que si les Anglais accordent quelque diminution en faveur du Portugal, nous jouirons de suite d'une diminution proportionnelle.

» Nous sommes persuadés que, si la différence n'est pas trop grande entre les conditions accordées aux vins du Portugal et celles accordées aux nôtres, nous parviendrons à fournir à une grande partie de la consommation de l'Angleterre, et cette consommation est, nous le croyons, beaucoup plus considérable qu'on ne le présume en général.

» D'après des relevés exacts, faits sur les registres des douanes anglaises, il paraît que la quantité de vins qui se consomme dans les trois royaumes unis ou dans leurs possessions lointaines, s'élève à 60 mille tonneaux. Pendant le dernier traité, nos exportations annuelles en Angleterre, des vins, eau-de-vie et vinaigre, s'élevèrent à une valeur d'environ 14 mil-

lions; mais, depuis lors, le luxe a beaucoup augmenté en Angleterre, et le goût du vin y est plus
généralement répandu. Nous aurons de plus en notre
faveur la diminution de droits que nous sollicitons
sur ces denrées. Cette diminution pourrait permettre
d'atteindre la consommation des gens seulement aisés,
et chacun sait que, dans tous les pays, pour un
homme très-riche (et celui-là seul consomme aujour-
d'hui nos vins en Angleterre), il y en a peut-être
cent qui sont seulement aisés.

» Toutes ces mesures concourraient beaucoup à
agrandir nos exportations de ces denrées en Angleterre, et sans en fixer la quotité, il est facile de voir
ce que de telles modifications pourraient avoir d'influence sur la valeur des propriétés foncières, sur la
prospérité de l'agriculture, sur l'aisance des cultivateurs et sur le bonheur de la France.

» Passons maintenant à l'examen des autres denrées
et marchandises mentionnées dans l'article 6 du
traité.

» En analysant cet article, nous avons déjà indiqué
sommairement quelle opinion on pouvait avoir des
proportions qui y sont établies pour chacun des objets
d'importation et d'exportation respectives; cependant,
comme chaque marchandise est susceptible de réflexions particulières, soit en elle-même, soit en raison de la concurrence qui résulterait du traité, nous
nous bornerons à inviter le Gouvernement à se procurer sur chacune les renseignements que les fabricants de France pourront lui procurer. Il suffit d'avoir

des données générales pour se former une opinion ;
mais il faut des données plus exactes, plus détail-
lées, lorsqu'on doit poser des bases aussi importantes
que celles dont il s'agira dans une pareille négocia-
tion.

» Sans doute il est facile de reconnaître ce que
l'amour de la patrie inspire et ce qui résulte des
combinaisons étroites de l'intérêt personnel ; et dans
les observations que les fabricants lui présenteront à
cet égard, le Gouvernement saura distinguer ce qu'il
y a d'exagéré, ce qu'il y a de vrai, et enfin ce qu'il
doit craindre et ce qu'il doit vouloir.

» En outre des objets mentionnés dans l'article pré-
cité, nous devons insister pour que le traité nous
autorise à introduire dans les trois royaumes unis
plusieurs marchandises qui ne furent pas comprises
dans le traité de 1786. Parmi les articles qui méritent à cet égard l'attention du Gouvernement, nous
indiquerons les soieries de Lyon et de Nîmes, les
galons d'or et d'argent, les bas de soie, les objets de
parfumerie, la bijouterie, les papiers blancs et les
papiers à tapisseries. Il peut y avoir encore quelques
marchandises qu'il serait utile de comprendre dans la
convention à intervenir ; mais celles que nous dési-
gnons auraient certainement une influence très-favorable sur les résultats du traité.

» Il est très-essentiel de dire que dans la fixation
des droits, il ne faudra pas prendre pour base unique
la différence qui peut exister entre les fabriques anglaises et les fabriques françaises, pour telle ou telle

marchandise, mais aussi se guider d'après ce qu'il en coûte pour la contrebande.

» La contrebande a des moyens si actifs, si puissants, qu'elle s'introduit partout, même pour les marchandises du plus gros volume.

» L'Angleterre, par sa situation géographique, par son excellent système de douane, par les salaires considérables des employés, et surtout par l'esprit public qui y règne, devrait être à l'abri des contrebandiers, et cependant il est reconnu que les îles de Jersey et de Guernesey et quelques ports français de la Manche, y introduisent des quantités considérables d'eaux-de-vie en fraude des droits, ainsi que quelques autres denrées et marchandises étrangères.

» Lorsque les fraudeurs ne peuvent pas s'arranger avec les préposés anglais, ils se battent contre eux et opèrent leur introduction par la force.

» Mais de tous les États de l'Europe, la France est sans contredit celui où la fraude se fait le plus ouvertement. Tous nos magasins renferment des marchandises anglaises, et les moyens d'introduction sont organisés à ce point, qu'on les rend à jour fixe dans le lieu désigné, moyennant une prime d'assurance proportionnée au volume et à la valeur.

» La Hollande, la Belgique et la Suisse sont les principaux points d'entrée, *et les moyens employés pour la surveillance sont ceux dont on se sert pour la fraude.*

» Ce qui se passe en Angleterre, ce qui a lieu surtout en France, prouve qu'il y a imprudence dans la législation, toutes les fois qu'elle n'a de garantie que dans la moralité des hommes et surtout toutes les fois qu'elle se met en opposition avec la force des choses.

» Or, la force des choses veut qu'une marchandise prohibée soit introduite malgré la prohibition, si le coût d'achat et les frais de contrebande laissent encore un bénéfice suffisant à l'acheteur.

» La contrebande en France, d'ailleurs, n'est pas de nos jours ce qu'elle était il y a vingt ans. Aujourd'hui, c'est un commerce régulier, comme celui des assurances. On stipule une prime qui est payée après la remise de la marchandise, et, faute de remise, l'assureur paie le capital.

» Il est pénible de penser que partout, même dans les pays où il y a le plus d'esprit public, des combinaisons aussi honteuses prévalent sur le sentiment de l'intérêt national; mais cela est ainsi, et ni le choix des employés ni la sévérité des lois ne peuvent servir de garantie contre tous les inconvénients qui résultent de cette déplorable disposition.

» Il faut donc, en général, regarder comme vicieux tout système de prohibition absolue. Il n'empêche pas l'introduction, et il donne à la fraude les droits qui devraient appartenir à l'État; il prive le trésor national d'un revenu nécessaire pour donner à nos fabriques des encouragements dont elles ont besoin; il nécessite des mesures d'exécution qui blessent la dignité et la tranquillité des citoyens.

» Ainsi toujours, en règle générale, et sauf les

exceptions qui sont commandées par des circonstances extraordinaires, toute marchandise sur laquelle il est possible de faire la contrebande doit être admise, et les droits d'entrée ne doivent en être fixés qu'à 4 ou à 5 p. 100 plus haut, tout au plus, que ce qu'il en coûterait par la voie des contrebandiers.

» Mais ce système, bien qu'il soit fondé sur la nature des choses et sur l'expérience de tous les temps, sera combattu, sans doute, par quelques villes manufacturières; elles répéteront tout ce qu'on leur a fait dire si souvent, sur les priviléges qu'elles doivent obtenir, sur le danger de la concurrence étrangère, sur la nécessité de ne consommer en France que des marchandises françaises, sur l'avantage de multiplier le travail parmi nous, et enfin sur tout ce qu'une semblable méthode a d'influence sur l'aisance et le bonheur du peuple.

» Voilà des considérations bien graves; mais sont-elles fondées? sont-elles applicables? C'est ce dont nous ne pouvons convenir.

» En effet, ainsi que nous l'avons déjà dit, nous regardons comme une profonde erreur en administration de vouloir s'isoler des autres peuples : ce système est vicieux partout, et il est impossible en Europe. Les communications de toute nature qui existent entre les nations européennes établissent entre elles une sorte de communauté dans les goûts, les pensées et les habitudes. De cette communauté dans les affections et les désirs naît le besoin de rendre faciles les échanges de tous les produits res-

pectifs de l'agriculture et de l'industrie. Quand on
s'oppose à ce besoin, alors la contrebande s'en mêle,
les gouvernements sont trompés, leur autorité est
méconnue, et toujours le besoin ou le désir sont plus
ou moins satisfaits.

» Cette pensée n'est pas une vaine théorie; elle est
basée sur l'observation et l'expérience de tous les
jours. Nous osons la proclamer comme fondamen-
tale.

» Elle seule est grande dans ses développements,
heureuse dans ses résultats; elle seule peut faire
arriver les nations au plus haut degré de puissance
qui leur soit destiné.

» Les fabriques elles-mêmes s'améliorent et pros-
pèrent à l'aide de son influence, et les villes manufacturières, en demandant des priviléges exclusifs,
serviront bien moins leur intérêt général que celui
de quelques chefs de fabriques.

» Ceux-ci, sans doute, peuvent se croire intéressés
à ce que leurs marchandises soient les seules consommées, et à devenir ainsi les régulateurs absolus de la
qualité et du prix; mais les villes manufacturières
ont un autre intérêt : il leur faut du travail et un
travail certain, et ce travail ne peut résulter que du
perfectionnement qui assure la consommation.

» Or, sans le besoin constant de se perfectionner,
l'industrie ne fait point de progrès; elle rétrograde,
au contraire, et alors l'industrie étrangère, servie
par la contrebande, et la contrebande facilitée par
la force des choses, s'empare de toutes les avenues,

de toutes les consommations, et finit par absorber tous les moyens et détruire jusqu'aux dernières espérances.

» Mais les fabricants eux-mêmes se trompent dans leurs combinaisons sur leur propre intérêt; ils se trompent et comme Français et comme fabricants.

» Comme Français, car ils sont intéressés à ce qu'un système de prohibition absolue ne devienne pas un vaste champ de fraude qui séduise les préposés et les marchands, qui rende illusoires les dispositions du Gouvernement, qui dévie l'esprit national et corrompe la morale publique; ils ont intérêt aussi que le trésor public s'enrichisse par des droits établis sur l'introduction des marchandises étrangères; car ce sera seulement alors que le Gouvernement aura des moyens supérieurs aux besoins, que nous verrons renaître cette absolue confiance des particuliers envers l'État et des particuliers entre eux, confiance qui est la source de la force nationale et de la prospérité particulière.

» Ils se trompent aussi comme fabricants; car une concurrence ténébreuse, telle que celle qui résulte de la contrebande, est bien plus nuisible à leur propre intérêt que celle qui naîtrait d'une introduction ostensible. On ne peut jamais calculer les effets de la fraude ou se prémunir contre son influence. Le fabricant français peut agir d'après la conviction qu'il sera seul pour la consommation de la France; et tandis qu'il fait ses approvisionnements, qu'il opère dans cet esprit, il se prépare sourdement des introductions frauduleuses qui vont remplir les magasins et pourvoir aux besoins des consommateurs. Alors que devient le fabricant? Il est obligé d'attendre, quelquefois de donner à perte, et il trouve ainsi sa ruine dans la combinaison qu'il avait crue destinée à faire sa fortune.

» Dira-t-on que, si la prohibition est absolue, on pourra arrêter, saisir? Mais ne sait-on pas qu'un tel système n'a jamais empêché la fraude, qu'il a fait trop souvent des victimes innocentes, et qu'il a toujours été pour le commerce un sujet d'alarmes et de réclamations?

» Ne sait-on pas aussi que les Anglais imitent parfaitement nos plombs, nos marques et nos bouts de pinces?

» Ainsi, au lieu de défendre, de proscrire, de demander des prohibitions qui ne peuvent être assurées que par des combinaisons inquisitoriales et vraiment odieuses; au lieu de multiplier les lois et de déconsidérer l'autorité en la rendant impuissante, que le Gouvernement, après avoir soumis les marchandises de fabriques étrangères à un droit sagement combiné, emploie le produit de ce droit à donner à chacune de nos fabriques les primes, les encouragements qui peuvent leur être nécessaires, et alors il conciliera tout à la fois l'intérêt national et l'intérêt du fabricant.

» Cette marche est la seule bonne, la seule convenable, et nous nous faisons un devoir de la réclamer en faveur des fabriques nationales. »

Après ces considérations, M. Portal se résume, en déclarant : « Qu'un traité de commerce entre la France et l'Angleterre est réclamé par la force des choses ;

» Qu'il est conforme aux principes d'une sage économie politique ;

» Qu'il sera très-utile à notre agriculture, et que par là il concourra puissamment au développement de notre principale richesse ;

» Qu'il sera utile à nos fabriques en les dégageant d'une concurrence ténébreuse et frauduleuse, et en donnant aux gouvernements les moyens de leur accorder les facilités et les primes qui leur sont nécessaires ;

» Qu'il sera utile à la morale publique en extirpant ces combinaisons continuelles de fraude et de contrebande ;

» Et enfin, qu'il sera, entre les deux nations, un nouveau gage de paix et d'amitié. »

Nous avons cru devoir donner ce long extrait, qui prouve que le commerce de Bordeaux fut toujours un des premiers à exposer et à défendre les vrais principes qui triomphent enfin de nos jours.

Malheureusement, les sages avis des places maritimes ne furent pas écoutés ; la rivalité haineuse des deux nations rendait impossible une paix durable : le premier consul ne voulait rien céder sans de sérieuses compensations ; la Grande-Bretagne ne faisait, sur les vins et eaux-de-vie, aucune concession pratique et réelle ; la bonne foi existait encore moins dans la politique ; Napoléon entendait au fond que l'Angleterre reconnût la prépondérance de la France en

Europe; de son côté, et malgré les stipulations du traité d'Amiens, le ministère anglais s'obstinait à détenir l'île de Malte; les négociations du traité de commerce furent donc rompues, et les hostilités recommencèrent en 1803.

La Grande-Bretagne reproduisit alors un de ces actes assez fréquents dans son histoire : contrairement aux premières règles du droit des gens, et près d'un mois avant la déclaration des hostilités, ses navires de guerre se répandirent dans toutes les directions de notre commerce maritime, capturèrent les trois quarts de nos bâtiments, et occasionnèrent des pertes immenses sur toutes nos places. Bordeaux fut un des ports les plus gravement frappés : sur 156 navires qui n'avaient pas opéré leur retour, 63 furent pris, 23 disparurent, 36 restèrent en relâche, et leur valeur fut en peu de temps dépassée par les frais; 9 furent condamnés, et 25 seulement rentrèrent. Le gouvernement français déclara, il est vrai, que le produit des prises faites sur les Anglais serait employé à indemniser les armateurs; mais les circonstances empêchèrent l'exécution de ce décret.

Bientôt recommencèrent avec une nouvelle fureur les mesures extrêmes que la paix d'Amiens avait un moment suspendues; de nouvelles lois, de plus en plus rigoureuses, augmentèrent encore la prohibition des produits anglais; la supériorité de la marine ennemie réduisit au néant tout notre commerce maritime : le port de Bordeaux devint à peu près désert; la navigation fluviale s'y montrait seule; un petit nombre de caboteurs parvenait à peine à échapper de loin en loin aux croisières anglaises, en bravant par tous les temps les dangers des pertuis; le long de nos quais silencieux, quelques navires démâtés présentaient le plus triste tableau. Si certains capitaux se portèrent vers les corsaires, si quelques courses furent heureuses au milieu de nombreux désastres, l'*Histoire du Commerce* n'a pas à s'occuper de ces expéditions, qui n'appartiendront jamais aux actes légitimes des places commerciales. Espérons que les nouvelles conventions diplomatiques adoptées par la France et l'Angleterre recevront à l'avenir une exécution loyale, et que ce reste de barbarie aura disparu pour toujours. En dehors de ces armements rares où brillaient les poignards et les piques plutôt que les objets commerciaux, la détresse était générale; la loi du 24 avril 1806, établissant un droit de mouvement et de vente sur tous les liquides, vint encore écraser le faible commerce intérieur; les besoins énormes de l'Empire le rendaient forcément sourd aux justes représentations des négociants et de l'agriculture. Plusieurs récoltes abondantes encombraient les magasins et les chais; le vin n'avait aucune valeur; on le répandait, même souvent, pour éviter l'achat des barriques. Les hostilités générales créaient une situation tout exceptionnelle; les guerres antérieures n'étaient en effet, pour Bordeaux, qu'un mal partiel et supportable; nos colonies existaient, les neutres aidaient et favorisaient nos rapports; la marine de l'État, les approvisionnements des ports, procuraient des achats de vin considérables; la neutralité des autres nations permettait d'y faire des envois; tous ces avantages avaient cessé : les colonies, en grande partie, étaient prises; nos communications européennes réduites ou anéanties; les achats pour l'approvisionnement des ports entièrement nuls.

Tant que Napoléon put espérer de réduire son ennemi par la ruine, il persévéra dans ses moyens avec une énergie progressive : le décret du 29 novembre 1806, daté de Berlin, défendit toute communication et tout échange avec les Anglais; celui du 23 novembre 1807, daté de Milan, déclara saisissables tous les bâtiments qui auraient touché en Angleterre; enfin, le décret du 8 octobre 1810 institua des cours prévôtales pour juger les faits de contrebande, et prescrivit de brûler publiquement les marchandises anglaises dont la confiscation aurait été prononcée.

Nous avons eu la douleur d'assister à des exécutions de ce genre sur notre belle place de la Bourse, à Bordeaux. Ces opérations, dit M. Amé, s'accomplissaient avec solennité; les autorités civiles et militaires prenaient place dans l'enceinte, au milieu de laquelle s'élevait le bûcher; la force armée formait la haie; les douaniers brisaient les caisses, montraient les marchandises aux assistants, et les jetaient ensuite dans les flammes (1).

(1) Amé, chap. III, p. 35.

Mais bientôt les revers de fortune, les embarras du trésor, les plaintes douloureuses des places commerciales rendirent le gouvernement impérial plus traitable, et il accorda les licences, c'est-à-dire l'autorisation donnée aux navires français d'exporter dans les ports anglais, en se soumettant à quelques conditions fiscales.

Ce moyen procura du soulagement au commerce de Bordeaux; mais il dégénéra en concessions abusives, souvent peu dignes; en 1813, il existait une quantité de licences telles, qu'on pouvait considérer comme presque rétabli le commerce avec l'Angleterre, et on évaluait à 100 millions l'impôt ordinaire des douanes. Aussi les rôles étaient-ils intervertis; et tandis que deux années auparavant, Napoléon torturait l'Europe pour interdire les relations avec l'Angleterre, c'était l'Angleterre maintenant qui, s'apercevant des avantages que procuraient à son ennemi les communications par licences, travaillait à les rendre impossibles (1).

Ce fut dans cette situation qu'eut lieu l'envahissement du midi de la France par les armées coalisées. Le commerce ne prit aucune part au mouvement politique qui s'accomplit dans notre ville. Abattu par ses malheurs, profondément affligé des revers de la nation, il ne s'attendait nullement à une révolution dynastique, et il assista à cet événement dans une attitude calme, mais douloureuse.

Dès que la paix de 1814 fut signée, notre port

(1) Thiers, *Histoire du Consulat et de l'Empire.*

reprit une partie de l'animation qu'il avait perdue depuis plus de vingt ans : les navires de toutes les puissances du Nord arrivèrent immédiatement en grand nombre; nos liquides s'élevèrent à des prix fabuleux ; les propriétaires de vignobles, si long-temps écrasés, se trouvèrent tout à coup en présence de la fortune; on vit de nouveaux acquéreurs payer leurs domaines avec la récolte d'une année. Des armements nombreux se préparèrent avec activité pour nos colonies; partout le mouvement, le travail, l'aspect brillant du commerce, vinrent remplacer le silence et la tristesse de nos quais. Il est facile de comprendre que ce retour de bonheur dut produire dans la population bordelaise un vif sentiment d'affection pour le nouveau gouvernement, et quelques récriminations, souvent peu modérées, contre celui qui venait de succomber.

Mais un autre malheur devait encore nous frapper : les premières expéditions de notre port n'étaient pas encore rentrées, que le débarquement de Napoléon à Cannes ramena les désastres de la guerre, et nous fit assister à cet éclair douloureux qui se termina par le combat fatal de Waterloo.

La nouvelle paix ne reproduisit pas dans le port de Bordeaux le tableau brillant de 1814; ce premier mouvement de prospérité n'avait été que l'effet, pour ainsi dire magique, du rapprochement des peuples après une lutte de vingt ans. En 1815, les circonstances n'étaient plus les mêmes; de grands approvisionnements existaient déjà en Europe; la crise financière avait pris des proportions immenses. Le mouvement des vins et des eaux-de-vie fut beaucoup moins considérable; les prix restèrent très-inférieurs. La place de Bordeaux se trouva comprise pour 5,300,000 fr. dans l'impôt extraordinaire de guerre établi par ordonnance du 16 août 1815. D'un autre côté, les armements français de 1814, disproportionnés avec les besoins et les produits de nos faibles colonies, n'avaient pas tous donné de bons résultats. Bordeaux apercevait clairement sa nouvelle position commerciale bien différente de celle de 1786; tout était changé : les anciens éléments de notre prospérité avaient à peu près disparu; Saint-Domingue, ancienne base du commerce bordelais, n'existait plus pour nous; l'Angleterre s'était emparée de notre commerce important des marchandises coloniales avec toutes les puissances du Nord; le Havre, par sa proximité de Paris et le voisinage des manufactures consommant le-coton, menaçait forcément nos rapports directs avec les États-Unis. Nous restions avec des relations maritimes presque sans importance, et les produits de notre sol étaient toujours écrasés par l'exagération des tarifs douaniers.

Cependant, la place de Bordeaux ne se laissa pas abattre, et montra au contraire, dans ces circonstances, une énergie digne des plus grands éloges; elle comprit qu'il fallait commencer sans retard une lutte incessante pour délivrer son commerce naturel des entraves qui le paralysaient, et que son premier devoir était de créer à tout prix de nouveaux rapports.

Cette pensée devint, il faut le dire, le but du pays entier, qui n'a cessé d'en poursuivre la réalisation depuis près d'un demi-siècle. Les premières maisons de notre port se mirent résolument à l'œuvre.

Une des expéditions les plus remarquables fut, selon le récit de M. Jouannet, celle du navire le *Bordelais,* armé par la maison Balguerie-Junior, pour faire le tour du monde et ouvrir de nouvelles routes à notre commerce. Ce bâtiment, dit la *Statistique,* partit le 19 septembre 1816; et après avoir doublé le cap Horn, alla relâcher à Valparaiso, que fréquentent aujourd'hui nos navires; il visita ensuite Lima, d'où il alla explorer les côtes de la Californie et ouvrir une traite de pelleteries avec les naturels de la baie de Nootka, et le long des côtes jusqu'à la rivière de Cook. Il hiverna aux îles Marquises ou de Mendoce, et revint, pendant l'été de 1818, à la côte nord-ouest. Son retour s'opéra par la Chine; après avoir touché aux îles Sandwich, il rentra à Bordeaux en 1819.

A la même époque, le commerce de Bordeaux se rappelant qu'il avait existé des rapports intimes entre la France et la Cochinchine, conçut la pensée de les rétablir. L'empereur Djiu-Lung, alors régnant, avait dû à la France, par l'intermédiaire de l'évêque d'Andra, son rétablissement sur le trône; deux de ses mandarins étaient Français; on pouvait donc compter sur quelque succès.

Une première expédition fut faite par la maison Philippon, et le navire le *Henry ,* capitaine Rey, par-

tit pour la Cochinchine. M. Rey fut accueilli avec
faveur et obtint du souverain des commandes assez
importantes pour espérer le succès d'une seconde
expédition; le capitaine Rey avait inspiré une telle
confiance que l'espoir de son retour imprima dans
cette contrée une activité prodigieuse à la culture des
produits qu'il avait paru désirer. A ce premier voyage,
le *Henry* ne put charger que 300 pycles de sucre à
24 fr. et 6 pycles de soie écrue à 96 fr. En 1819, le
produit du sucre s'élevait déjà à 30,000 pycles, et
celui de soie écrue à 700 pycles. Le pycle représentait environ 50 kil. Le *Henry* fit un très-bon voyage,
repartit de Bordeaux, sous le même capitaine, le
3 février 1818, et le 24 août suivant mouilla dans la
baie de Tourang; il y trouva le navire la *Rose*, expédié par la maison Balguerie, Sarget et Cᵉ, l'une des
maisons de Bordeaux qui travailla le plus efficace-
ment à ranimer le commerce de la place. Le capitaine
Rey; outre 10,000 fusils commandés par l'empereur
de Cochinchine, lui apportait des modèles de méca-
nique, entre autres une presse hydraulique, exécutée
dans l'établissement de MM. Perrier de Paris, des
modèles d'un moule à poudre, le bélier hydraulique de Montgolfier et un laminoir pour cuivre.
M. Rey fut traité avec distinction par l'empereur; il
fut même admis dans la rivière Hué, sous les rem-
parts de la capitale de la Cochinchine, et le pavillon
français est le premier qui ait eu pareil honneur. Par
les ordres du souverain, les mandarins cochinchinois
du port favorisèrent toutes les opérations de M. Rey,

et après avoir visité Fay-fo pour y chercher quelques
marchandises chinoises, le *Henry* rentra dans la
rivière de Bordeaux, le 14 avril 1820.

Ces exemples furent imités par un grand nombre
de nos principaux armateurs; leurs efforts, leurs
essais coûteux, leurs tentatives hardies se montrè-
rent sur tous les points du globe, et les vaisseaux
bordelais apparurent à la fois dans les mers de l'Inde,
de la Chine, du Chili, du Pérou, partout où il était
possible de renouer d'anciennes relations ou d'en
créer de nouvelles.

Le second but, c'est-à-dire la réformation des tarifs
douaniers et l'obtention de traités commerciaux avec
les puissances européennes pour améliorer le sort de
nos vins, fut poursuivi dès ce moment avec la même
vigueur. La chambre de commerce de Bordeaux et
les principaux négociants ne cessèrent d'adresser, soit
au Gouvernement, soit aux assemblées législatives,
de nombreux mémoires où les principes et les vrais
besoins du commerce étaient exposés avec la plus
grande lucidité. Malheureusement, le gouvernement
de la Restauration n'était pas en situation d'essayer
des réformes pouvant toucher même momentanément
aux ressources du trésor; l'indemnité exigée par les
armées étrangères l'avait écrasé, la violence des
partis l'intimidait, il ne songeait qu'à son existence.
Dans l'épuisement où se trouvaient les finances, toute
ressource était précieuse, et le ministère se préoccupa
avant tout d'augmenter le revenu des douanes. La loi
du 28 avril 1816 consacra donc les rigueurs de tarif

de la période révolutionnaire et de l'ère impériale (1).
Le coton, affranchi de tous droits en 1814, fut
frappé de 22 fr. par 100 kil. La taxe, pour ainsi
dire prohibitive, sur les houilles étrangères, fut
maintenue. Par suite, les Anglais ne firent aucune
modification sur le tarif de nos vins, et bientôt ils en
élevèrent même le droit d'entrée à 13 schellings
9 deniers par gallon, soit 3 fr. 79 c. par litre, représentant 3,454 fr. 66 c. par tonneau bordelais.

Malgré cet insuccès, notre port ne ralentit pas ses
efforts; les rapports intérieurs prirent une plus grande
activité; des correspondants bordelais s'établirent
dans les Pays-Bas, dans les villes anséatiques, partout
où régnait le goût de nos vins et où la modération
des tarifs en rendait le commerce possible.

Nos premiers négociants, à la tête desquels il faut
placer M. Balguerie-Stuttemberg, comprirent à la
même époque qu'il était indispensable de créer à
Bordeaux une maison de banque fortement consti-
tuée, offrant au crédit de nouvelles voies et pouvant
dans les moments de crise protéger et défendre la
sécurité de la place.

Au commencement de 1818, un projet de banque
établie en société anonyme et montée par actions,
fut présenté à l'autorisation du Gouvernement; ce
projet devait trouver et trouva en effet une opposition très-vive dans la partie des commerçants qui
avaient intérêt à rester à la tête du mouvement financier; l'escompte, disaient-ils, toujours facile sur

(1) Amé, p. 75.

notre place, a évidemment prouvé que nos capitaux réels suffisaient à nos opérations ou que la sagesse de nos affaires y supplée en nous procurant au dehors ce crédit qui associe pour ainsi dire volontairement tous les négociants de l'Europe à la fortune de ceux qui savent le mériter, et ne les oblige pas forcément, par l'établissement de banques particulières et locales, à s'intéresser à des entreprises que trop de facilités rendraient bientôt hasardeuses. Où est donc la nécessité de cette banque locale qui viendra tripler nos capitaux ? La ville projette de grands et utiles embellissements, ses finances ne peuvent y suffire ; elle réclame la confiance des citoyens : 2 millions sont aussitôt versés dans sa caisse ! Le Gouvernement nous appelle-t-il à contribuer à l'achèvement d'un monument utile et glorieux pour notre ville? Dans deux ans, le magnifique pont de Bordeaux sera achevé, et ce sont encore nos propres moyens qui suppléent à ceux de l'État. Laisserons-nous à la capitale seule l'avantage d'assurer nos opérations maritimes et d'en recueillir le fruit? Une riche compagnie d'assurance s'élève dans notre sein, et cependant l'escompte est toujours à 4 1/2 p. 100 au plus ! A quoi seront donc employés ces capitaux fictifs qu'on nous propose de mettre à la place de nos capitaux réels?

Ces motifs étaient loin d'être invincibles; on leur répondait : Vous mettez avec raison la facilité de l'escompte au nombre des ressources les plus indispensables dans une place comme la nôtre ; or, une

banque n'est qu'une caisse d'escompte ; la concurrence des capitaux ne peut qu'augmenter les avantages du commerce ; plus l'escompte sera facile, plus
les affaires devront se développer. La banque propose, il est vrai, l'émission exceptionnelle de billets
au porteur. Qui peut nier le bien qui résultera de ce
nouveau ressort de circulation? Si l'établissement
prospère, il doublera les moyens conventionnels d'é-
change; si, comme vous le dites, l'opinion publique
doit repousser ce papier, les conséquences de la banque n'auront aucun inconvénient pour le numéraire.

Le Gouvernement n'eut pas de peine à reconnaître le vrai au milieu de ces discussions ; du reste,
plusieurs établissements de ce genre prospéraient
déjà sur quelques-unes de nos places. La banque de
Bordeaux fut autorisée pour trente ans, par ordonnance du 23 novembre 1818, et ses statuts furent
publiés le 8 décembre suivant.

L'article 11 portait :

« Les opérations de la banque consistent : 1° A
escompter de toutes personnes des lettres de change
et autres effets de commerce à ordre, à des échéances déterminées qui ne pourront excéder quatre mois
sur Bordeaux et cent jours sur Paris, souscrits par
des commerçants et autres personnes notoirement
solvables; 2° à se charger pour le compte des particuliers et des établissements publics du recouvre-
ment des effets qui lui seront remis; 3° à recevoir
en comptes-courants les sommes qui lui seront ver-
sées par des particuliers et des établissements publics,

et à payer les sommes dont on aura disposé sur elle et les engagements à son domicile jusqu'à concurrence des sommes encaissées; 4° à tenir une caisse des dépôts volontaires pour tous les lingots et monnaies d'or et d'argent de toute espèce et de tout titre. »

Aux termes de l'article 12, la banque n'admit à l'escompte que des effets de commerce garantis par la signature de trois personnes au moins, notoirement solvables.

L'article 14 établit que la banque pourra émettre des billets à vue et au porteur; que la moindre coupure de billets sera de 500 fr., avec réserve d'émettre des coupures de 250 fr. sous l'autorisation préalable de l'État; qu'enfin, l'émission des billets cumulée avec le montant des sommes dues par la banque dans les comptes-courants ne pourra jamais excéder le triple du capital numéraire existant et appartenant à la banque.

L'article 21 porte enfin que l'escompte sera perçu à raison du nombre de jours, et que cet escompte ne pourra excéder 5 p. 100, à moins d'une autorisation expresse du Gouvernement.

La banque de Bordeaux commença ses opérations le 1er juillet 1819, et pendant plus de onze ans, elle eut à lutter contre des obstacles et des oppositions de toute nature. Lorsque la crise de 1830 éclata, elle se trouvait dans une position défavorable, et si elle n'eût songé qu'à sauver son capital, elle eût restreint ses opérations et cherché à réaliser autant que possible; mais en agissant ainsi, elle eût compromis l'existence d'un grand nombre de maisons. La banque n'hésita pas, au contraire, à courir les chances de tout perdre pour sauver la place d'une perturbation générale. Il faut lui rendre justice, dans toutes les crises commerciales qui ont eu lieu à Bordeaux depuis 1820, la banque de Bordeaux s'est fait un devoir d'en adoucir autant que possible les conséquences, en maintenant le taux modéré de son escompte et en facilitant de son mieux la marche des affaires.

En 1846, une délibération de la banque de France demanda que celles des départements fussent converties en succursales. Ce projet donna lieu aux discussions les plus vives; mais il favorisait l'esprit de centralisation qui régnait alors; il présentait aussi, il faut le reconnaître, plusieurs avantages financiers. La chambre législative le consacra par une loi du mois de mars 1848; et à l'expiration de son privilége, la banque de Bordeaux liquida son ancienne situation, et fut soumise au régime qui la gouverne aujourd'hui.

Pendant que la banque s'organisait à Bordeaux, la chambre de commerce s'occupait de régulariser la position de la place relativement à l'entrepôt réel. Aux termes de l'article 25 de la loi du 8 floréal an XI, les villes auxquelles l'entrepôt était accordé ne pouvaient en jouir qu'à la charge de fournir sur le port des magasins convenables, sûrs et réunis en un seul corps de bâtiment, pour y établir le dit entrepôt, à l'effet de quoi le plan du local devait être soumis au Gouvernement, qui, après l'avoir fait examiner, l'adopterait par un arrêté spécial.

Cependant, depuis plus de quinze ans, cette disposition légale était restée sans exécution à Bordeaux : les magasins particuliers, servant à l'entrepôt réel, étaient divisés et séparés du centre des affaires ; les déchets sur certaines marchandises y étaient considérables ; d'autres marchandises ne pouvaient même pas s'y conserver ; les risques d'incendie étaient immenses ; on ne trouvait pas à les faire couvrir, ou bien on ne le pouvait qu'à des prix ruineux. Les frais de toute sorte nombreux et considérables, contribuaient à éloigner les affaires de notre place. Le commerce avait demandé plusieurs fois l'extension de l'entrepôt fictif, en signalant les inconvénients du système d'entrepôt réel, mais ces réclamations n'avaient amené que de bien faibles concessions, et le Gouvernement, dominé par les besoins du trésor, n'en était pas moins demeuré ferme sur les principes qui forment la base de l'entrepôt réel.

Dans cette position, c'était un devoir pour la chambre de commerce de Bordeaux de chercher à procurer à l'entrepôt réel, auquel on était contraint de se soumettre, les seules améliorations que l'état des choses permettait, en donnant au commerce un local conforme aux prescriptions de la loi, ayant l'avantage d'être plus central, mieux approprié à la conservation des diverses natures de marchandises ; où les assurances contre l'incendie fussent faciles et les frais de toute sorte moins onéreux.

Le nouvel entrepôt fut donc construit sur un emplacement très-convenable, faisant face au port, au centre des quartiers du grand commerce.

Afin qu'on puisse se former une idée de l'économie de frais que le nouvel entrepôt a procuré au commerce, il nous suffit de comparer, pour quelques-uns des principaux articles, ce qu'on payait avant la construction des magasins et ce qu'on paie actuellement :

			Anciens frais.		Frais actuels.	
Pour 1 barrique de sucre de	400 kil.		4ᶠ	60ᶜ	1ᶠ	85ᶜ
1 sac	id.	70	1	40	»	40
1 caisse	id.	200	3	»	1	15
1 caisse indigo,		175	5	»	3	65
1 balle coton,		200	3	30	1	35
1 boucaut café,		350	4	70	2	10
1 sac café,		65	1	35	»	50
Bois de teinture,		100	1	40	»	60
Plomb, cuivre, étain,		100	1	40	»	60
1 suron cochenille,		100	3	10	1	75

Si l'on applique ces différences à l'ensemble du mouvement d'une place de commerce comme Bordeaux, on peut juger de l'importance économique qui a dû en résulter depuis plus de quarante ans.

Ce fut à l'époque que nous décrivons qu'eut lieu sur notre fleuve la première application des bâtiments à vapeur : le bateau la *Garonne,* de cinquante chevaux, fut lancé, le 3 août 1818, pour faire le service entre Bordeaux et Pauillac. En peu d'années, le nombre de ces bateaux, destinés à la navigation fluviale, s'éleva à plus de trente, soit pour le haut, soit pour le bas du fleuve.

Quant à la grande navigation, le premier paquebot venant de la mer parut sur la Garonne en 1827; c'était un navire anglais. Maintenant, un grand nombre de steamers contribuent pour une large part au commerce maritime de notre port.

Pour ne pas interrompre cet exposé des efforts intelligents faits par le commerce de Bordeaux, nous devons ajouter qu'il ne tarda pas à s'occuper également de l'amélioration des passes de notre fleuve, question vitale, pour la solution de laquelle l'État n'a fait, pendant de longues années, que des sacrifices insuffisants.

En 1823, au moment où le conseil général des ponts-et-chaussées, chargé des travaux à faire sur la Gironde et la Garonne, consultait la chambre de commerce de Bordeaux pour recueillir auprès d'elle les renseignements que pourrait fournir l'expérience pratique des localités, voici quel était l'état des choses :

Déjà, depuis plusieurs années, la chambre de commerce, avertie par l'inquiétude publique de la dégradation progressive des passes de la Garonne, se faisait rendre par les pilotes de la station de Bordeaux un compte périodique et régulier des sondes du fleuve. Les rapports attestaient l'existence du mal et ses progrès.

A l'époque du grand commerce avec Saint-Domingue, il existait, au lieu où la Garonne se jette dans

la Gironde, deux passes pour la navigation des grands
bâtiments de mer : l'une, le long de la rive droite
de la Garonne et du Bec-d'Ambès, et l'autre, le long
de la rive gauche, entre l'île de Cazeaux et la
côte du Médoc. La dernière était la plus fréquentée,
et les navires qui la suivaient, en franchissant le
détroit appelé *Passe de Garguil*, situé entre les îles
de Cazeaux et du Nord, revenaient vers les côtes de
La Roque, au point de section des deux passes. Les
plus grands bâtiments de commerce complètement
chargés circulaient en ce temps, sans obstacle, dans
ce passage; pourvu que leur calaison n'excédât pas
16 à 17 pieds, ils n'étaient exposés à aucun acci-
dent. Comme, surtout alors où l'on donnait aux
bâtiments de commerce des formes moins aiguës, et
par conséquent moins de tirant d'eau qu'aujourd'hui,
il était rare qu'un navire, même de la plus grande
dimension, calât plus de 16 pieds, il était presque
sans exemple qu'on fût obligé de ne compléter le
chargement qu'après que le navire était rendu au
delà des passes.

Malheureusement, vers le commencement de ce
siècle, des atterrissements et de nouvelles îles se formèrent dans cette passe; les alluvions, rapidement
accrues par les travaux, à la faveur desquels les
propriétaires riverains s'empressèrent de les fixer à
leur profit, firent des progrès si prompts, qu'en 1823,
moment que nous rappelons, un caboteur, ne calant
même que 7 à 8 pieds, n'aurait pu s'y engager sans
danger d'y échouer. Plusieurs petits ports, autrefois

fréquentés, non-seulement par les bateaux qui faisaient le service de la navigation du fleuve, mais encore par les bâtiments de mer, étaient devenus inabordables, même à la haute marée. Le mouillage de Macau, qui servait de station aux plus grands bâtiments, se trouvait déjà totalement atterri.

D'un autre côté, le canal de la rive droite éprouvait également une détérioration sensible, faisant des progrès rapides. Les navires y passaient autrefois à 16 et même 17 pieds de calaison; en 1812, des frégates de quarante canons, construites à Bordeaux, avaient franchi cette passe avec leurs mâts de hune et de perroquet guindés, et par conséquent avec leur lest; et la seule précaution qu'il fût nécessaire de prendre, était de ne mettre leur artillerie à bord qu'à Pauillac; les navires de 500 et de 600 tonneaux complètement chargés naviguaient alors librement dans ce détroit.

Depuis, les atterrissements, qu'a laissé s'accumuler le ralentissement des courants de flot, ont pris un accroissement tellement rapide, que la passe du Bec-d'Ambès ne présente plus, à basse mer, que 4 à 5 pieds d'eau, et cela dans un canal très-étroit.

Mais la passe du Bec-d'Ambès n'était pas la seule qui se fût ainsi dégradée : celle de Bassens, appelée le *Pas,* avait également subi des atterrissements qui la rendaient très-périlleuse : la sonde des pilotes lamaneurs indiquait qu'il ne restait que 2 pieds d'eau à la basse mer; à la pleine mer, de 12 à 14 pieds; et dans les grandes marées, de 14 à 16 pieds, en sorte que les grands navires, d'une calaison de 14 à 15 pieds, ne pouvaient franchir le Pas que deux fois par mois seulement.

La chambre de commerce, après avoir consulté les hommes spéciaux, répondit à la direction des ponts-et-chaussées par un mémoire, où elle démontre : 1° que l'action des courants de flot possède exclusivement le pouvoir d'atterrir ou de creuser le lit des bassins où elle s'introduit; 2° que la diminution de la force d'impression des courants de flot dans la Garonne est la cause unique des atterrissements qui obstruent son lit; 3° que cette diminution a sa source dans l'élargissement de l'ouverture de la Dordogne, résultat de la destruction de la saillie du Bec-d'Ambès: 4° que la destruction de cette saillie a eu elle-même pour cause la direction nouvelle imprimée aux courants de flot par les atterrissements de la passe du Médoc; 5° que le seul remède qu'il soit possible d'employer, c'est de résister à la tendance qu'ont les courants de flot à se porter vers la Dordogne, où ils sont inutiles, et de les contraindre à se rejeter dans la Garonne, où ils sont nécessaires.

La chambre demandait, en conséquence :

1° Que les passes de la rivière, dont les hauts fonds et les bancs s'opposent à la circulation de la grande navigation entre Bordeaux et la mer, fussent réparées et dégagées des sables et vases qui les encombrent;

2° Qu'en outre des travaux de draguage opérés avec énergie dans les passes, il fût procédé sans retard à la construction d'un fort éperon à la pointe

du Bec-d'Ambès, pour résister à l'invasion des courants de flot dans la Dordogne et favoriser leur introduction dans la Garonne;

3° Que des quais et des rampes pour conduire à
la plus basse mer fussent établis devant la ville pour
remplacer les vases qui s'y amoncellent et qui inter-
ceptent toute communication avec la rivière lorsque
les eaux se retirent.

Malgré des réclamations si pressantes et si légitimes,
le Gouvernement ne prit que des demi-mesures, et
les passes de notre fleuve sont encore aujourd'hui
dans la situation la plus déplorable.

Ainsi, faire d'immenses sacrifices dans le but d'établir de nouveaux rapports et de développer son commerce maritime; réclamer sans cesse pour la revue
et la correction des tarifs douaniers; perfectionner
l'organisation de la place; s'occuper sans relâche
d'améliorer son port : telle était la mission que le
commerce de Bordeaux et la chambre placée à sa
tête accomplissaient depuis la paix.

Toutefois, nous devons le dire avec tristesse, tous
ces efforts restèrent longtemps sans résultats.

Le mouvement maritime de notre port, du mois
d'avril 1814 au même mois 1815, avait été à l'entrée de :

500 Navires étrangers.	100,099	tonn.
80 — français..	15,901	
2,000 Caboteurs.	98,638	
TOTAL.	214,638	tonn.

Le tonnage à la sortie fut à peu près le même.

En 1818, après trois années de paix, le tonnage total à l'entrée ne fut que de 200,251 tonneaux, c'est-à-dire d'une différence en moins de 14,000 tonneaux.

Les motifs de cette décroissance ne sont pas difficiles à reconnaître.

Pendant que le port de Bordeaux, marchant avec énergie, cherchait le progrès, le Gouvernement, timide et craintif, vivait au jour le jour, persévérant plus que jamais dans son système ultra-protecteur et prohibitionniste qui nous isolait forcément, et devait tuer tout commerce.

La loi du 7 juin 1820 éleva les droits sur l'acier forgé de 45 à 60 fr.; sur l'acier fondu, de 50 à 100 fr. Elle prohiba les nankins sous pavillon étranger, et porta la taxe sur les ferblancs de 60 à 80 fr.

La loi du 27 juillet 1822 doubla les droits sur les laines, les bestiaux et les suifs étrangers. Celui des lins fut presque triplé.

Enfin, la loi du 17 mai 1826 porta de 30 à 50 fr. le droit sur les chevaux. Celui du houblon fut élevé de 15 à 60 fr. Les toiles, les graisses de poisson, les blancs de baleine, les légumes secs, furent également soumis à un tarif double du précédent.

Les nations étrangères nous répondirent par les mêmes moyens : « La France veut tout faire chez elle, disaient ces puissances; imitons-la. »

De 1819 à 1825, les droits d'entrée sur les vins français en Angleterre furent élevés jusqu'à 3,450 fr.

par tonneau, ce qui équivalait à une prohibition absolue. En 1823, la Suède établit un droit de 200 fr. par barrique de vin français. Des mesures analogues furent prises par la Russie et une partie de l'Allemagne.

M. le baron Pasquier, président de la chambre des pairs, définissait ainsi la situation : « Chaque nation s'est, pour ainsi dire, retranchée sur les hauteurs; il faudra bien à la longue abandonner cette position et redescendre dans la plaine. » (1)

D'un autre côté, les traités de navigation de 1822 et 1826, le premier avec les États-Unis, le second avec l'Angleterre, portaient certainement un préjudice considérable à notre commerce maritime. Ces deux traités, arrachés par la peur de la guerre, avaient pour base une réciprocité complète entre les pavillons. Or, il est démontré que notre marine marchande ne peut lutter dans une situation égale, parce que nous aurons toujours contre nous le haut prix de revient de nos armements.

Au milieu de ces circonstances, et pendant que la spéculation sur les marchandises s'affaiblissait, le jeu sur les fonds publics ou les opérations fictives commençait à se montrer à la bourse de Bordeaux; le succès de quelques joueurs propagea rapidement ce goût chez les capitalistes; on se laissa aller à la chimère séduisante d'arriver à de grands résultats rapidement et sans travail! Une partie de nos négociants devenus joueurs perdirent leur activité méritante, et

(1) Amé, *Étude des Tarifs*, p. 140.

la décadence commerciale fit des progrès rapides.

Ce fut dans cette situation faible, embarrassée, maladive, que la révolution de 1830 vint frapper le commerce de notre place.

§ II.

De 1830 à 1848.

Cette commotion politique fut très-funeste aux affaires de Bordeaux ; plus de deux cents faillites, représentant un passif de 120 millions, furent déclarées dans les huit premiers mois.

Il ne faut pas croire toutefois que la révolution de juillet fut la cause réelle de ce désastre ; elle n'en fut en réalité que le signal. Les pertes existaient déjà depuis longtemps ; elles avaient pris naissance dans le système prohibitif et les armements ruineux qui en étaient résultés. Le mal couvait, s'augmentait, et devait apparaître comme un volcan (1). En général, la tempête de juillet ne fit qu'emporter définitivement des positions déjà ruinées dans leur base, et qui n'avaient depuis plusieurs années qu'une existence artificielle.

Quand le calme fut revenu, le commerce de Bordeaux espéra qu'un gouvernement né du mouvement des masses mettrait nos libertés commerciales en harmonie avec nos libertés politiques. Malheureusement, il n'en fut rien. Le principe avait été déplacé, mais non changé ; à l'empire militaire avait succédé,

_____

(1) Doris Junior, *Considérations sur le commerce*, p. 27.

sous la Restauration, le retour résolu vers le système
du privilége; puis, de 1830 à 1848, ce fut la puissance des orateurs politiques et de l'argent. Au point
de vue du commerce, le règne de Louis Philippe ne
fut qu'une hésitation constante et craintive, une suite
de tâtonnements sans force dominés par les millions
de l'industrie; c'est là toute l'histoire des dix-huit
années de commerce que nous avons à rappeler.

Les premiers moments du nouveau Gouvernement
trouvèrent, il est vrai, l'Europe dans un état d'inquiétude et de méfiance mortel pour les affaires; les
appréhensions de guerre arrêtèrent longtemps les
armements pour les pays lointains; le Nord ne nous
fit que de faibles demandes; les troubles qui agitè-
rent la Belgique et la Hollande suspendirent entièrement notre mouvement commercial avec ces contrées.
Les puissances de la Baltique, antipathiques à notre
dernière révolution, se tenaient dans une attitude
presque menaçante; enfin, le choléra, qui porta ses
premiers coups en Russie, nuisit encore à nos
transactions, et cette affreuse maladie, menaçant
d'envahir le continent entier, paralysa toute activité
commerciale.

A côté de ces circonstances défavorables, le Gouvernement se montrait, nous le répétons, sans énergie et sans système; au lieu de chercher à rassurer
les nations par des protestations incessantes, il eût
mieux valu les convaincre, en proclamant des principes économiques favorables à la paix et aux relations générales de l'Europe. Ce fut le contraire. On

vit bientôt que l'absolutisme parlementaire était aussi violent que tout autre, et qu'il existait une nouvelle aristocratie très-envahissante et plus égoïste que l'ancienne. — « M. Duchâtel, dit M. Amé, aurait désiré ne pas maintenir intact sous son administration un régime qu'il avait beaucoup attaqué dans d'autres temps. Depuis qu'il se trouvait placé à la tête du département du commerce et des travaux publics, il s'en était parfois expliqué, même dans ses communications officielles, avec une extrême franchise... Mais les grands industriels occupaient dans l'organisation politique de la France une position avec laquelle il fallait compter. Ils ne cessaient pas d'adresser au ministre des avertissements qui, sans atteindre encore au ton de la menace, se faisaient écouter, et l'un de leurs représentants avait cru pouvoir dire : « Au-
» cune société ne peut se passer absolument d'aristo-
» cratie : il en faut une à tous les gouvernements.
» Voulez-vous savoir quelle est celle du gouverne-
» ment de Juillet? C'est celle des grands industriels
» et des grands manufacturiers; ce sont là les fonda-
» teurs de la dynastie nouvelle. » (1)

Le gouvernement de Juillet ne sut jamais que fléchir sous ces influences de position et de tribune; il ne faut pas chercher ailleurs le secret de sa faiblesse et de sa mort.

De 1830 à 1836, et malgré les réclamations incessantes de toutes les places maritimes, il ne fut rien fait de sérieux en faveur de la liberté commerciale.

(1) Amé, p. 173.

La loi du 9 février 1832 organisa le système d'entrepôt et de transit sur des bases assez larges; mais elle ne modifia point la rigueur de nos tarifs.

Celle du 27 du même mois créa des entrepôts intérieurs dont on redoutait l'établissement pour les ports de mer, mais qui cependant ont produit en général d'assez bons résultats.

Dans cet état, et sous l'empire des causes que nous avons rappelées, le commerce de Bordeaux dépérissait chaque jour.

En 1826, le mouvement maritime avait été au long cours, savoir :

Entrée.... 445 navires français, portant 57,679 tonn.
        369   —   étrangers, —   55,932
Sortie..... 418   —   français,   —   70,843
        401   —   étrangers, —   56,958

En 1833 :

Entrée.... 261 navires français, portant 51,744 tonn.
        309   —   étrangers, —   61,316
Sortie....: 297   —   français,   —   61,316
        455   —   étrangers, —   53,664

Ainsi, de 1826 à 1833, notre marine marchande au long cours présentait une différence en moins :

A l'entrée, de 184 navires et de 5,935 tonneaux.

A la sortie, de 121 navires et de 9,527 tonneaux.

La seule compensation qu'offre cette époque de décadence est la persévérance infatigable du haut commerce bordelais dans l'étude et la défense de ses intérêts, tant à l'intérieur qu'à l'extérieur.

A l'intérieur, se place d'abord l'amélioration des

grandes voies de communication. Bordeaux demandait depuis longtemps la construction d'un pont sur la Dordogne, à Cubzac, pour faciliter ses rapports avec l'intérieur de la France et la capitale. La ville de Libourne, située en amont du point du fleuve où devait se construire le pont, protestait contre ce projet, qui entraînait, selon elle, la ruine de son commerce maritime. Après une lutte très-vive de part et d'autre, la construction du pont fut votée, conformément au vœu de Bordeaux, mais en le soumettant toutefois à des conditions d'élévation qui conciliaient tous les intérêts.

Le zèle du commerce de Bordeaux ne fut pas moins vif pour défendre ses droits lorsqu'il fut question des paquebots transatlantiques, et si notre port rencontra des influences et des intérêts puissants qui renversèrent une grande partie de ses espérances, il n'en resta pas moins victorieux par la force de ses raisons. Nous traiterons à part cette importante question, qui reparut souvent avant de recevoir une solution définitive.

A la même époque, notre chambre de commerce porta son attention sur plusieurs questions graves touchant à l'organisation de la place.

Ainsi, le Gouvernement, agissant dans cet esprit de centralisation qui fut une des grandes maladies de la monarchie, avait manifesté l'intention de supprimer les hôtels des monnaies existants en province pour ne conserver que l'établissement de Paris; notre chambre défendit la monnaie de Bordeaux avec le plus grand succès; ses raisons étaient, en effet, puis-

santes : les cargaisons pour le Mexique et le Pérou,
partant de Bordeaux, se composent de quelques vins
et eaux-de-vie, mais principalement d'objets manufacturés, tels qu'indiennes, soieries, meubles, tulles,
étoffes de coton, papier et autres articles, d'où il suit
que ces expéditions maritimes sont de la plus grande
utilité pour ouvrir et conserver de vastes débouchés
aux diverses branches de l'industrie française; or,
les retours de ces chargements s'effectuent en grande
partie en espèces d'or et d'argent ou lingots qu'il est
du plus grand intérêt de réaliser sans le moindre
retard et sans être surchargé de nouveaux frais; le
placement immédiat de ces retours est une nécessité.
La monnaie de Bordeaux a toujours offert aux propriétaires des espèces un placement prompt, facile et
sûr; les divers directeurs des hôtels des monnaies
plus rapprochés de Bordeaux que de Paris ont fréquemment fait acheter à Bordeaux de quoi alimenter
des fabrications dont leurs départements avaient le
plus grand besoin.

La monnaie de Bordeaux concourt puissamment
au mouvement des affaires; elle a fourni en diverses
occasions à la banque de Bordeaux, dont les billets
n'avaient cours que dans la ville même, les moyens
de soutenir et de multiplier les échanges à des époques à peu près périodiques où les habitants des campagnes réclament pour le paiement de leurs produits
une grande quantité d'espèces nécessaires pour subvenir à des débours en numéraire assez considérables.
Privée du secours immédiat de l'hôtel des monnaies

de Bordeaux, la banque, à ces époques, qui se renouvellent plusieurs fois dans l'année, pourrait être fort embarrassée pour l'échange de ses billets contre espèces. Les graves conséquences de cette perturbation se démontrent d'elles-mêmes. Ainsi, le placement à Bordeaux des retours du Mexique et du Pérou répand dans le département de la Gironde et dans ceux qui l'environnent une facilité de circulation et de paiement très-favorable au commerce. S'il ne subsistait plus qu'un seul hôtel des monnaies, les propriétaires des matières d'or et d'argent seraient obligés de supporter les frais et les risques de route, et d'ajouter encore une perte aux prix du fret et des assurances maritimes, de payer des commissions pour faire vérifier les espèces et recouvrer leur montant. Ils seraient forcés de subir la loi que voudrait leur imposer le directeur de cet établissement unique, qui fixerait les prix suivant l'affluence plus ou moins grande des matières d'or et d'argent. Enfin, si les propriétaires des matières d'or et d'argent ne croyaient pas devoir accepter les prix offerts, ils seraient obligés de réexporter, ce qui entraînerait des pertes incalculables et fatales au commerce.

La plupart de ces raisons conservent encore leur même force aujourd'hui.

D'autre part, l'obstination des agents de change à réclamer, dès cette époque, l'établissement d'un parquet à la bourse de Bordeaux, donna lieu de la part de la chambre à un avis contraire, dans lequel elle aurait dû persister.

On ne pouvait voir en effet, dans cette création, qu'un moyen d'augmenter le cercle des opérations dangereuses, des spéculations factices qui offrent le séduisant appât de bénéfices rapides; opérations réellement dolosives, rentes à livrer, où l'on promet ce qu'on n'a pas, où des paris s'établissent au gré et selon le caprice de chacun, où celui qui a de la fortune et du crédit peut compromettre l'un et l'autre contre tel qui n'engage que sa parole et s'en joue suivant l'événement, sans que la loi, impuissante à faire exécuter des transactions qui échappent à son autorité, punisse celui qui viole la bonne foi et se soucie peu de conserver son honneur. Que si l'on objecte que déjà de semblables opérations avaient eu lieu à Bordeaux, la réponse est facile : Devait-on sanctionner par des formes légales un mal qu'on n'avait pû empêcher? S'il peut être avantageux d'agrandir les opérations financières des places qui, comme Londres, Paris, Francfort, surabondent de capitaux qui y affluent de toutes parts, où tant de causes attirent une foule d'individus disposés à se livrer aux chances aventureuses du jeu sur les effets publics français et étrangers, il n'en peut être de même à Bordeaux, dont la richesse principale consiste dans le produit des vignobles qui l'environnent, dans le commerce maritime qui importe les produits exotiques, dans l'exportation à l'étranger des produits des départements qui l'avoisinent. Les capitaux ne surabondent pas à Bordeaux; le pays manque essentiellement de manufactures susceptibles d'exploiter les produits que son commerce maritime peut lui fournir. Les vues de l'administration doivent tendre à favoriser, à provoquer même les établissements industriels, qui assureraient l'emploi plus rapproché, presque immédiat des denrées importées. Les opérations commerciales maritimes, les entreprises industrielles réclament des capitaux qui seront toujours malheureusement détournés par les résultats rapides mais apparents que peuvent présenter les spéculations des jeux de bourse.

A l'extérieur, la place de Bordeaux porta son examen sur plusieurs objets importants, notamment sur la pêche et le commerce des vins avec le Nord.

Consulté par le Gouvernement, en 1835, sur l'opportunité de conserver les primes accordées aux expéditions pour la pêche de la morue et sur les modifications nécessaires à la loi de 1832, le commerce de Bordeaux présenta les considérations les plus puissantes.

Le maintien de la prime ne pouvait en effet faire question; les grandes pêches forment une pépinière d'excellents matelots, ressource trop utile à l'État et à l'extension de notre navigation, pour songer à la restreindre, encore moins à la détruire; elles fournissent un aliment permanent aux armements dans nos ports maritimes, donnent de l'activité à nos constructions et procurent une source de travail et de bien-être à toutes les classes qui se rattachent à cette industrie.

Quant à la quotité des primes et aux modifications

qui pouvaient être faites à la loi de 1832, l'opinion de la place de Bordeaux ne pouvait être plus rationnelle. La loi antérieure à celle de 1832 fixait ces primes à 40 fr. les 100 kil. sur les morues sèches exportées de France pour nos colonies; à 30 fr. les 100 kil. sur les morues exportées directement des lieux de pêche dans ces mêmes colonies. En établissant ainsi une prime différentielle en faveur des exportations de France, on avait reconnu, avant 1832, la nécessité d'encourager de grandes importations en France pour fournir un aliment nécessaire à nos armements pour les colonies, et pour étendre aussi les exportations de morue en Espagne, en Portugal et en Italie, où la consommation de ce poisson est considérable. Ces exportations avaient acquis jusqu'en 1832 une extension assez importante; mais alors le Gouvernement, préoccupé des avantages qu'on lui faisait apparaître dans l'établissement des entrepôts pour la morue à Saint-Pierre-Miquelon, crut devoir changer le régime existant. Après de longs débats, la loi de 1832 fixa les primes à 30 fr. par 100 kil. pour les morues transportées directement des lieux de pêche dans nos colonies, et à 24 fr. seulement pour celles transportées de France; mais cette loi ne produisit que de mauvais résultats; les importations de morue sèche en France devinrent presque nulles, et nos exportations de cette sorte de morue furent à peu près anéanties, au grand préjudice de notre commerce maritime; la place de Bordeaux demandait donc que, tout en conservant les primes

différentielles, on revînt aux principes antérieurs à
1832; mais ce vœu fut loin de recevoir une entière
satisfaction.

VINS.

En 1832, le Gouvernement ayant manifesté la
pensée qu'un traité de commerce avec la Prusse
n'aurait pas pour résultat d'augmenter dans ce dernier pays la consommation de nos vins, la chambre
de commerce de Bordeaux adressa au ministère un
exposé très-remarquable :

« Nous croyons, disait-elle, que, malgré la concurrence des spiritueux de la Hollande et celle des
vins du Rhin et de la Prusse proprement dite, c'est-
à-dire de Breslaw, Magdebourg, Postdam, Francfort, etc., le débouché de nos vins est susceptible de
s'accroître considérablement en Prusse, si le gouvernement français parvenait à nous ménager dans
ce pays les avantages qu'il peut offrir.

» Apprécions d'abord l'importance de la concurrence dont il est question. On ne peut pas tenir
compte des spiritueux de la Hollande; la Prusse tire
peut-être de ce pays un peu d'eau-de-vie de geniè-
vre; mais c'est fort peu de chose, on devrait tenir
plus de compte du rhum que l'Angleterre fournit en
assez forte quantité à la Prusse; toutefois cette importation existe depuis longtemps, et il ne paraît
pas qu'elle ait augmenté; nous serions disposés à
croire, au contraire, qu'elle a diminué depuis deux
ans.

» Les 7 à 8,000 tonneaux de vin que produit la Prusse proprement dite, présentent une concurrence bien plus réelle; heureusement la qualité de ces vins est excessivement médiocre, même dans les meilleures années, et dans celles qui sont froides et humides, elle est si mauvaise, que souvent on renonce à cueillir le raisin. Cependant, l'introduction de la culture de la vigne en Prusse et la production annuelle de 7 à 8,000 tonneaux de vin livrés à la consommation, moyennant un faible droit, est une chose à déplorer dans notre intérêt et que nous devons au système prohibitif.

» La concurrence des vins du Rhin, qui semble plus redoutable au premier aspect, est peut-être en réalité moins à craindre.

» Remarquons d'abord que les provinces du Rhin et de la Moselle, qui appartiennent à la Prusse, ne produisent que des vins fort ordinaires; ce sont en général de très-petits vins blancs, d'une qualité à peine semblable à celle de nos Entre-deux-Mers; ces vins sont froids à l'estomac, ils ont un acide qui empêche ceux qui n'y sont pas accoutumés depuis longtemps d'en supporter l'usage. Aussi, la plus grande partie de ces vins se consomme-t-elle sur les lieux de production. Ajoutons à cela que l'usage des vins blancs diminue chaque année en Prusse, et que la préférence se porte sur les vins rouges.

» D'après les renseignements que nous avons recueillis, il paraîtrait que les provinces prussiennes du Rhin produisent annuellement de 28 à 29,000 ton-

neaux de vin, et que sur cette quantité considérable, il n'en est cependant introduit en Prusse qu'environ 6 à 700 tonneaux. En supposant que cette
évaluation soit trop basse et qu'au lieu de 600 tonneaux la Prusse tire de ses provinces du Rhin
1,000 tonneaux, cette quantité serait faible encore
en comparaison de l'importation des vins de France,
que nous évaluons devoir être, année commune, de 5
à 6,000 tonneaux. Bordeaux seul expédie environ
4,000 tonneaux; Marseille et Bayonne fournissent
des quantités assez fortes; la Prusse consomme en
outre beaucoup de vin de Champagne, et cependant
les vins français sont fortement imposés, tandis que
les vins des provinces rhénanes ne paient qu'un faible droit. La préférence en faveur de nos vins est
donc incontestable, et leur cherté est le seul obstacle à une plus grande consommation; car, dans l'état
actuel des choses, il n'y a que les fortunes élevées
qui consomment les vins de France en certaine quantité; si on parvenait à les mettre à la portée des
petites fortunes, la consommation ne pourrait manquer d'augmenter beaucoup. »

A l'appui de cette opinion, la chambre invoquait
les renseignements fournis par un ouvrage publié à
Berlin en 1829 :

« La culture de la vigne et le commerce du vin
dans les États prussiens sont plus importants qu'on
ne le croirait d'abord; l'élévation des droits sur les
vins étrangers y a donné une nouvelle direction à ces
deux branches de commerce.

» En l'année 1819, la Prusse ne prélevait encore sur les vins étrangers qu'un faible droit; mais lorsque le Gouvernement vit que la modération avec laquelle il imposait un des plus importants articles du commerce de consommation n'était appréciée nulle part, lorsqu'il vit surtout la France, dont les vins sont principalement recherchés en Prusse, dirigeant son système prohibitif d'une manière toujours plus sévère contre les produits prussiens, frapper de droits exorbitants les bestiaux, les grains, les toiles, la quincaillerie, les rubans, le fil, alors disparurent les motifs qui avaient engagé la Prusse à renoncer volontairement aux revenus qu'elle pouvait raisonnablement prélever sur la consommation des vins étrangers; le Gouvernement se décida à remplir les vœux des cultivateurs vinicoles de la Prusse par une augmentation de droits. Après de vains efforts pour procurer aux produits de la Prusse une admission favorable à l'étranger, le tarif du 15 octobre 1821 établit à l'entrée des vins étrangers en Prusse, un droit de 8 risdales par quintal (soit environ 616 fr. par tonneau pour les provinces orientales), et de 6 risdales (soit environ 420 fr. par tonneau pour les provinces occidentales). Les vins du pays ne furent frappés que d'une légère contribution. »

Le résultat de cette première mesure se fit bientôt sentir, et voici quelle fut en Prusse l'introduction des vins étrangers, c'est-à-dire des vins de France, d'Espagne et de Portugal :

Avant l'augmentation. . .	1819. . .	9,255 ton.
	1820. . .	11,340
	1821. . .	24,919
Après l'augmentation. . .	1822. . .	5,021
	1823. . .	4,140
	1824. . .	5,165
	1825. . .	6,326
	1826. . .	6,769
	1827. . .	6,972
	1828. . .	7,502

En d'autres termes, de 1810 à 1821 inclusivement, sous l'ancien droit, l'introduction des vins étrangers a été, année commune, de 15,171 tonneaux. De 1822 à 1828, elle n'a été que de 5,985 tonneaux.

Que devons-nous conclure de ce document, sinon que puisque une augmentation de droits a diminué la consommation, si on diminuait ces mêmes droits, nos débouchés augmenteraient. Jamais le moment ne fut plus propice pour obtenir ce résultat, car depuis que le choléra s'est montré en Allemagne, les vins rouges de France ont été recommandés exclusivement à tous les autres; ce n'est plus seulement un objet de luxe, c'est un objet de salubrité; par suite, l'habitude de les boire s'accroît chaque jour davantage, leur prix fort élevé arrête seul les consommateurs. Il existe donc réellement des motifs fondés d'obtenir en Prusse, malgré la concurrence des vins du Rhin, un plus large débouché de nos produits vinicoles.

Nous ajouterons que si le Gouvernement français veut donner une grande impulsion à la consommation de nos vins en Prusse, il ne doit pas se borner à obtenir une diminution de moitié ou des deux tiers sur les droits, mais il doit s'efforcer de créer des moyens d'échange entre les deux pays. Ceci nous ramène à notre demande primitive d'établir, avec les pays du Nord qui voudront s'y prêter, des conventions propres à faciliter nos relations commerciales. La Prusse est très-bien disposée à cet égard; dès l'année 1848, elle a annoncé par la loi du 26 mai que les produits des pays étrangers pourraient être librement introduits en Prusse, soit pour le transit, soit pour la consommation; que cette liberté de commerce ne trouverait de limite que dans la manière avec laquelle les autres États traiteraient le commerce prussien; que, par suite, si ce commerce rencontrait des obstacles chez les autres nations, ces obstacles seraient mis par réciprocité en Prusse au commerce de ces mêmes nations.

C'est d'après ces principes que la Prusse a traité avec les diverses puissances; quelques-unes, et malheureusement la France est de ce nombre, se sont enfoncées toujours plus avant dans le système prohibitif; la Prusse le leur a rendu rigoureusement. D'autres ont traité avec elle sur le pied d'une entière réciprocité, notamment l'Angleterre; par convention du 2 avril 1824, la navigation, les produits et les marchandises de la Grande-Bretagne et de la Prusse ont été établis sur le pied d'égalité. En 1826, ce système de réciprocité a même été étendu au commerce indirect des deux nations, ainsi qu'à l'Irlande et aux colonies anglaises.

Ces conventions ont produit les plus heureux résultats pour les deux pays. La Prusse qui, il y a vingt-cinq ans, n'avait pas de troupeaux, produit aujourd'hui, chaque année, pour 68 millions de francs de laine, dont les plus belles qualités vont en Angleterre, et on les paie fort cher; elle fournit aussi à l'Angleterre des grains et des bois de construction.

De son côté, l'Angleterre vend chaque année à la Prusse pour 112 millions de francs de marchandises de toute espèce, tandis que la France ne lui vend dans le même intervalle que pour 6 millions de ses produits, et cependant notre sol et notre industrie pourraient fournir avec tant d'avantage les objets dont la Prusse a besoin !

Tandis qu'il n'est allé en Prusse, sur nos 14,000 navires marchands, que :

2 navires français en 1826.
4 — en 1827.
2 — en 1828.

On a vu dans les ports prussiens :

663 navires anglais en 1826.
871 — en 1827.
823 — en 1828.

En tout 2,357 navires anglais qui ont été traités comme les nationaux; de plus, on a importé en Prusse, de Liverpool, 116 cargaisons de sel, tandis qu'à Noirmoutiers le sel était à vil prix.

Enfin, si nous consultons le tableau des navires qui ont passé le Sund depuis un grand nombre d'années, nous voyons toujours la navigation française au dernier rang. Ainsi, par exemple, en 1827, pour 81 navires français, il est passé 3,730 navires anglais; et en 1828, pour 103 navires français, il est passé dans le Sund 5,096 bâtiments anglais.

Comme le prouvent les considérations que nous venons de rappeler, l'activité, le bon vouloir, la connaissance des vrais moyens ne manquaient pas au commerce bordelais; le pouvoir dirigeant avait seul à s'imputer la langueur et la faiblesse de nos rapports.

Cependant, en 1836, le Gouvernement manifesta l'intention de faire une réforme douanière de quelque importance, et après une discussion orageuse dans les chambres, deux lois sanctionnées les 2 et 5 juillet accordèrent un certain triomphe aux défenseurs de la liberté commerciale.

La première abaissait les droits sur les fers étrangers; elle consacrait la levée de la prohibition sur -les cotons filés, sur les châles de cachemire, sur l'horlogerie, sur les foulards, sur les chaînes en fer pour la marine, sur les cuirs de Russie. Elle diminuait de 33 p. 100 le droit sur les laines, et supprimait aussi la prohibition qui frappait à la sortie les soies propres à la chapellerie, les bois de construction, les merrains, etc. (1).

---

(1) Amé, p. 184.

La seconde levait un certain nombre de prohibitions secondaires, relatives aux ouvrages en ivoire et en laiton, à la poterie d'étain, aux boutons de toute sorte, aux grandes peaux tannées, aux applications en dentelles de fil sur tulle, à quelques espèces de tapis. Elle abaissait les droits sur les toiles communes, sur la passementerie et la rubannerie de laine, sur les chevaux, sur les fromages, etc., etc.

Ces lois ne tardèrent pas à produire quelque réciprocité de la part des nations étrangères, et notre commerce en ressentit les effets.

Le chiffre des navires français entrés à Bordeaux, qui, en 1833, n'était que de 261 et en 1835 de 272, s'éleva successivement en 1836 à 300, en 1837 à 373, en 1839 à 398, en 1840 à 437. Le tonnage à l'entrée monta de 51,744 tonneaux pour 1833, et de 54,802 tonneaux pour 1835, à 60,218 tonneaux en 1836, et 64,880 tonneaux en 1839.

L'augmentation, à la sortie, fut dans la même proportion, et le mouvement des navires étrangers éprouva à peu près la même augmentation relative.

Malheureusement, cette marche ascendante n'eut pas de durée.

Les nouvelles mesures n'étaient en effet qu'un palliatif impuissant, qui fut encore affaibli par les procédés d'exécution; le mal au fond restait le même; les grandes questions douanières n'avaient pas été résolues; au lieu de continuer la revue des tarifs, suivant la promesse qui en avait été faite, le Gouvernement s'arrêta comme effrayé de son moment d'énergie; les coryphées du système protecteur avaient repris tout leur ascendant; une nouvelle loi du 6 mai 1841 rétablit quelques mesures restrictives, notamment sur les aiguilles à coudre; changement de tarification, qui détermina les délégués de l'association allemande, réunis à Stuttgard en 1842, à élever notablement les droits sur divers produits français, tels que les eaux-de-vie, les papiers peints, les gants de peau et la bijouterie de luxe.

Antérieurement à cette mesure, le traité de navigation conclu, le 25 juillet 1840, avec le Gouvernement hollandais, fut un acte fatal à notre prospérité maritime. D'après ce traité, les produits spécifiés dans l'article 22 de la loi du 28 avril 1816, arrivant des ports hollandais par le Rhin et la Moselle aux bureaux de Strasbourg et de Sierck, devaient être admis à leur importation par navires français ou hollandais, moyennant le paiement des droits afférents aux provenances des entrepôts d'Europe sous pavillon français.

Il était certain que cette faculté donnée à la marine néerlandaise d'introduire les marchandises coloniales par nos frontières de l'Est, devait réduire la part de notre navigation. Les députés de Bordeaux et des autres ports français présentèrent devant la chambre les raisons les plus puissantes, qui ne furent pas écoutées et que les faits ne tardèrent pas à justifier.

Bientôt la décroissance du commerce maritime fut sensible.

Il était parti de Bordeaux au long cours :

En 1841, 432 navires français jaugeant 75,613 tonneaux, montés par 4,256 hommes.

En 1842, 395 navires français, de 63,463 tonneaux de jauge, de 3,445 hommes d'équipage.

Diminution : 37 navires, jaugeant 12,150 tonneaux et 811 hommes d'équipage.

Au fond tout démontrait que la seule et véritable cause du malaise commercial était l'état d'antagonisme, que la faiblesse du Gouvernement n'osait attaquer avec une vigueur sufffisante.

Dans toute autre voie, l'État se montrait en effet plein de bienveillance et de mansuétude pour les intérêts du commerce.

Ainsi, sur les réclamations de notre chambre, des conseils commerciaux furent nommés à Canton, aux Philippines, au Pérou, au Chili, à Singapour, etc.

Une exploration de la côte occidentale d'Afrique fut entreprise pour y rechercher les ports les plus propres à notre commerce, et le brick de l'État la *Malouine* prit à son bord le capitaine Broquant, du port de Bordeaux, chargé de faire un rapport sur tout ce qui pourrait intéresser et développer les relations françaises dans ces contrées.

Des travaux importants reçurent leur exécution, soit à l'entrée, soit dans le cours de la Gironde; plusieurs feux nouveaux furent établis sur nos côtes et dans les passes de l'embouchure du fleuve, un système de bouées flottantes rendit la navigation plus sûre et plus facile.

Les assemblées législatives votèrent l'établissement

du chemin de fer de Paris en Espagne, passant par Bordeaux, ainsi que la ligne de notre ville à la Méditerranée.

La continuation du canal latéral à la Garonne reçut une grande activité.

Le chemin de fer de La Teste vint donner une nouvelle impulsion au défrichement des landes.

La construction d'un quai vertical fut entreprise jusqu'à l'hôtel des douanes, pour diminuer les frais de déchargement et de chargement des navires. Ce bel ouvrage est aujourd'hui terminé.

Enfin, toutes les routes nationales reçurent des améliorations considérables, et celle de Bordeaux à Bayonne fut entièrement achevée, malgré les difficultés immenses qu'avait toujours opposées la nature du terrain.

Ces soins, ces travaux bien conçus, répandus en grand nombre sur toutes les parties de la France, n'arrêtaient pas cependant la faiblesse croissante des affaires commerciales, résultat des vices du système douanier.

Le mouvement de notre port offrait les rapprochements suivants :

Navires français entrés à Bordeaux au long cours.

1842. . . 395 navires. 63,463 tonneaux.
1843. . . 299 　— 52,347 　—
1844. . . 288 　— 49,421 　—

Différence en moins, de la première à la dernière année, 107 navires et 14,042 tonneaux.

Ce qu'il y avait de bien remarquable, c'est que,

malgré les différences d'importance commerciale, le malaise se faisait sentir en même temps chez les diversès nations européennes. Cette observation fut comprise et la conviction devint générale; on reconnut qu'il fallait absolument attaquer et résoudre cette grande question du libre-échange qui dominait le monde commercial; une agitation très-vive se répandit d'abord en Angleterre et bientôt sur le continent, une sorte de révolution commerciale se manifesta sur toutes les places. Bordeaux prit à ce mouvement une part très-active.

Nous n'atteindrions pas le but de cet exposé si nous ne présentions avec quelque développement chacune des questions principales que le commerce de Bordeaux étudia et défendit plus vigoureusement que jamais dans les dernières années du gouvernement de Juillet.

ARTICLE Ier.

LIBRE-ÉCHANGE.

La théorie du libre-échange est bien ancienne : elle remonte en France à l'établissement du système protecteur par Colbert. A l'instant même où apparurent les premières restrictions commerciales, il se trouva des penseurs pour les condamner (1). Bois-Guillebert, contemporain de ce ministre, écrivait : « Il faut que les États fassent un échange continuel entre eux pour s'aider réciproquement de ce » qu'ils ont de trop, et recevoir en contre-échange les

(1) Amé, p. 305.

» choses dont ils manquent, et cela, non-seulement
» d'homme à homme, mais même de pays à pays et
» de royaume à royaume... La condition du progrès
» de la richesse, c'est l'échange d'homme à homme,
» de peuple à peuple, et pour qu'il soit réellement
» profitable, durable, il faut qu'il se fasse sur le
» pied de l'égalité, c'est-à-dire qu'il faut que les
» deux parties y trouvent toutes deux un bénéfice...
» Laissez pleine liberté aux échanges, et du choc des
» intérêts naîtra l'équilibre, la justice. »

Ces principes furent développés en 1768 par Ques-
nay, l'un des encyclopédistes les plus distingués. Les
œuvres d'Adam Smith leur donnèrent, en Angleterre,
un grand retentissement. Le traité de 1786 eut pour
but d'en faire un premier essai d'application; mais
au milieu des convulsions politiques dont la France
fut bientôt saisie, il fut impossible d'apprécier les
résultats de cette œuvre commerciale.

Malheureusement, on ne put s'occuper pendant
longtemps qu'à perfectionner les moyens de destruction ; le système protecteur et prohibitionniste atteignit sous l'Empire son dernier paroxysme. Après la
paix générale, les hautes positions industrielles
obtinrent, comme nous l'avons vu, un triomphe
complet, et l'Europe presque entière fut maintenue
sous l'influence fatale des tarifs douaniers.

De 1839 à 1845, la législation des céréales fit
naître en Angleterre cette ligue du *free trade,* qui
devait changer les bases du commerce. On sait qu'elle
triompha en 1846 et que Robert Peel, cédant à

l'opinion publique, fit enfin proclamer par le parlement anglais le principe du libre-échange.

Entraîné par ce noble mouvement, le commerce de Bordeaux, dont les plaintes s'élevaient en vain depuis longtemps, prit courageusement l'initiative pour former en France une association de même nature. La résolution de notre ville fut énergique et prompte. Son exemple fut suivi par Paris et les principales places; quelques cités manufacturières, telles que Lyon et Rennes, entrèrent chaleureusement dans cette nouvelle ligue.

La première séance de l'association bordelaise eut lieu le 23 février 1846. Le bureau, présidé par le maire de la ville, était composé des commerçants les plus distingués. Le manifeste adopté consistait en quelques pensées d'une admirable précision :

La liberté des échanges peut seule assurer la puissance des nations, la prospérité du commerce, le bien-être du consommateur.

Lorsque les sociétés reconnaissent l'utilité du libre développement des transactions, les obstacles qui s'y opposent doivent successivement disparaître.

Un peuple ne saurait aujourd'hui occuper un rang élevé dans la civilisation et posséder les éléments d'une influence réelle, s'il demeure privé du droit de recevoir librement les produits étrangers et d'expédier en échange les siens au dehors.

Les relations du commerce international grandissent en importance et en activité à mesure que les barrières restrictives s'abaissent.

On ne saurait, sans injustice flagrante, maintenir au profit de quelques industries privilégiées un monopole qui pèse sur chaque consommateur, en ne laissant à sa disposition que des produits insuffisants, d'un prix élevé et d'une qualité inférieure, tandis que tous devraient être en pleine jouissance du droit de s'approvisionner sur le marché le plus avantageux.....

Le 1er septembre 1846, Richard Cobden, chef infatigable de la ligue anglaise, fut reçu à Bordeaux avec un véritable enthousiasme. L'association du libre-échange lui donna un banquet; ce célèbre économiste y prononça un discours remarquable, dont nous devons rappeler quelques passages :

« J'éprouve que je respire plus librement dans cette atmosphère du libre-échange. Au milieu d'hommes qui y partagent notre foi, il semble que notre âme se dilate et que notre énergie se retrempe d'une nouvelle vigueur. Qu'est-ce que le libre-échange?... Une plus grande liberté d'action, un champ plus vaste ouvert à l'esprit d'entreprise, l'affranchissement de ces chaînes qui gênent nos mouvements et la destruction de ces barrières qui limitent nos progrès. Le libre-échange a pour résultat de réduire au minimum le travail de l'homme et de porter au maximum la rémunération de son industrie par un meilleur mécanisme, qui n'est au fond que l'association. Il y a des hommes pleins de philanthropie et de bienveillance qui se complaisent dans le rêve d'une différente et meilleure organisation sociale; je les adjure d'examiner nos principes, et ils reconnaîtront que nous avons en vue de réaliser le grand but qu'ils ont à cœur, à savoir : à chacun selon sa capacité, à chaque capacité selon ses œuvres. Qu'on ne se laisse point égarer par cette assertion des monopoleurs que nous plaidons comme *free traders* pour la concurrence désordonnée; le libre-échange est un principe d'expansion, tandis qu'au contraire le monopole est une tentative pour renfermer dans d'étroites limites l'énergie des hommes et les assujétir à demander à des efforts superflus le bien-être et la satisfaction de la vie. Si je voulais exprimer par deux mots les tendances de ces deux principes opposés, je dirais : Le libre-échange, c'est l'association; le monopole, c'est la concurrence. Il y a un argument très-usité en ce moment en France par les partisans du régime protecteur, et auquel il ne m'appartiendrait pas de répondre s'il ne présentait sous un faux jour les intentions des *free traders* d'Angleterre. On dit que les Anglais ont maintenu la protection tant qu'elle leur a été nécessaire, et qu'ils l'abandonnent maintenant qu'ils trouvent avantage à s'en passer; à cela, je répondrai par un fait qui vient de vous être signalé par votre président, c'est qu'en Angleterre nous avons fait l'application de nos principes à celui de nos produits qui avait le plus à redouter la concurrence étrangère, les *grains*. Qu'il me soit donc permis d'affirmer à ces personnes qu'elles se méprennent complètement si elles croient que nos bons amis de l'école protectionniste en Angleterre ont abandonné leur principe par un semblable motif; bien loin de là, ils sont protectionnistes jusqu'à la moelle des os, et ils continuent de maintenir que notre pays sera ruiné s'il ne revient au bon vieux régime du monopole. J'ai peut-être acquis le droit de parler au nom des *free traders* avec quelque autorité. Loin de penser que les restrictions commerciales aient jamais été nécessaires à l'Angleterre, nous sommes convaincus qu'elles lui ont toujours préjudicié. Nous ne reconnaissons pas que nos manufactures, notre agriculture et notre marine marchande aient retiré quelque avantage de ce qu'on nomme protection; nous croyons qu'elles n'eussent été que plus florissantes sans elle. Mais pour détruire tout soupçon qui aurait pu pénétrer à l'égard des prétendues arrière-pensées machiavéliques attribuées à nos *free traders,* je serai plus explicite. Qu'on sache donc que leur opinion très-consciencieuse est que, dans aucun temps, dans aucune circonstance, une nation ne peut être enrichie par l'intervention du Gouvernement sous forme de loi restrictive.

» Ce que nous voudrions que l'on comprît distinctement, c'est que nous appliquons cette maxime sans réserve à tous les pays, à toutes les circonstances et à tous les temps. Quelle que soit la condition d'un pays, nous soutenons que la liberté lui vaut mieux que la restriction. Est-il comparativement dépourvu de capitaux et arriéré en industrie? C'est pour cela même qu'il doit désirer le libre-échange, afin de s'enrichir des avantages dévolus aux autres nations.

Est-il riche de capitaux et de manufactures perfec-
tionnées? C'est plus qu'il n'en faut pour qu'il cherche
dans des relations avec des contrées moins avancées,
un débouché à ses ressources et à son industrie.
Est-il chargé de dettes publiques? c'est certainement
un bon motif pour qu'il refuse d'imposer aux contri-
buables une charge nouvelle en faveur des monopoleurs. Ses rentes sont-elles mauvaises? raison de plus
pour ne pas entraver la circulation par des obstacles
additionnels. Sont-elles bonnes? raison de plus pour
laisser le commerce les utiliser. Montrez-moi quelque
point que ce soit sur la surface du globe, que ce soit
un sol d'une fécondité illimitée comme l'Égypte, ou
un rocher stérile comme Malte, ou un vaste maré-
cage comme la Hollande; qu'il soit placé sous le soleil
des tropiques, ou par delà le cercle polaire, je crois
pouvoir démontrer qu'il est de l'intérêt de ceux qui
l'habitent d'entretenir les communications les plus
libres avec leurs frères répandus sur toute la terre.
Mais quoi! cette vérité n'est-elle pas démontrée par
tous les grands économistes, et dans toutes les nations
civilisées? Smith en Angleterre, Say en France,
Storck en Russie, des hommes éminents en Italie,
en Espagne, en Suisse, ne se sont-ils pas unis dans
la défense du libre-échange, comme pour prouver
qu'il est également applicable à tous les pays, à tous
les climats, à toutes les races, à tous les gouvernements? J'ai aussi remarqué qu'on a, sous un autre
rapport, faussement apprécié la portée de notre agitation anglaise. On a représenté le rappel des lois

céréales comme le but unique de la ligue ; cela n'est pas exact; j'ai cent fois publiquement déclaré, dans le cours de notre agitation, que nous poursuivions le rappel de nos lois céréales comme le moyen d'atteindre un but plus général et plus élevé ; que nous voyons dans cette loi la clé de voûte du monopole, et que si une fois elle était arrachée, l'édifice s'écroulerait tout entier. Un mois ne s'était pas écoulé depuis notre triomphe, que nos prévisions se réalisaient par l'abolition du monopole des sucres, et je ne crains pas de dire que je regarde ce second triomphe comme plus important que le premier, au point de vue de ses conséquences morales et sociales, car il renferme une révolution complète du système colonial. Vous n'ignorez pas que la législation britannique a voté l'égalisation graduelle des droits sur les sucres coloniaux et étrangers ; il va sans dire que le même principe sera appliqué aux productions coloniales de moindre importance. En même temps, nous avons reconnu à nos colons, ainsi que la justice nous y obligeait, le droit d'importer les produits des pays étrangers aux mêmes conditions que ceux de la métropole.

» On peut donc affirmer que dans cinq ans toutes les nations pourront vendre, acheter et échanger dans nos colonies aux mêmes conditions que nous-mêmes. Vous voyez d'un coup d'œil combien de conséquences impliquées dans cet acte : il détruit au sein des peuples les puissants désirs de conquêtes territoriales et de monopoles commerciaux, qui ont été plus ou moins la cause de toutes les guerres dans les temps modernes; il contribuera plus que toute autre chose à clore ce long et triste chapitre de l'histoire où l'on voit les nations se disputer par la force brutale l'acquisition de la richesse. »

Malgré les espérances de Cobden, la lutte devait se prolonger longtemps encore. En vain, les vrais principes du commerce se vulgarisaient en France; les influences protectionnistes reproduisaient et faisaient triompher leurs sophismes captieux, qui se formulaient à peu près de la manière suivante :

1° La libre concurrence sera la mort de notre industrie nationale;

2° Les défenseurs du libre-échange font les affaires de l'Angleterre, soit pour l'industrie, soit pour les progrès de la marine;

3° Les conditions du travail ne sont pas égales de pays à pays; l'Angleterre, par exemple, grâce à la fécondité de ses houillières et à la situation de ses gisements de minerai de fer, peut produire le charbon et le fer avec beaucoup moins de frais que la France; la Belgique fabrique la toile, et l'Italie les soieries, à meilleur compte que la France; donc, si la France n'égalise pas les frais au moyen de fortes taxes d'entrée, la concurrence est impossible pour elle, et la plupart de ses industries doivent succomber;

4° S'il faut laisser la concurrence libre entre les peuples, au moins doivent-ils concourir à des conditions égales. Tel pays paie beaucoup d'impôts, tel autre très-peu ; ce dernier a un grand avantage sur le premier, il faut donc que celui-ci mette une taxe proportionnelle sur toutes les marchandises que l'autre voudra importer chez lui ;

5° Nous ne devons pas nous faire un besoin des produits des autres peuples, parce qu'en cas de guerre nous serions à leur merci ; il faut nous rendre indépendants d'eux et encourager par conséquent la production sur notre territoire, au moyen de droits protecteurs.

La chambre de commerce et les négociants de Bordeaux répondaient à ces objections avec une force et une vérité qu'on ne peut plus contester :

« Dans le libre-échange, les produits étrangers, loin d'être des ennemis menaçant l'existence de nos produits nationaux, ne seront au contraire que des moyens d'émulation pour la production et le progrès ; ils ne pourront entraîner qu'une meilleure distribution du travail, appliquant les populations à ce qu'elles peuvent faire le mieux relativement à la position où elles se trouvent. Le temps perdu à produire difficilement, imparfaitement, plus cher, est, dans l'intérêt général, une chose fâcheuse, absurde, nuisible. Pourquoi, d'ailleurs, aurions-nous à craindre ? Est-ce que la richesse de notre sol n'a pas fait ses preuves ? Est-ce que l'intelligence française n'est pas à la hauteur de celle des autres nations ? Si nous ne fabriquons pas certains objets à aussi bon marché, est-ce la faute de notre esprit industriel ? N'est-ce pas uniquement parce que nous n'avons pas les matières premières au même prix? Qu'il nous soit permis de les recevoir, de nous les procurer à bas prix, et l'on verra bientôt que les produits étrangers seront loin de conserver des avantages sur ceux de même nature confectionnés dans le pays. N'est-il pas incontestable que les objets de notre industrie ont un cachet particulier, un goût reconnu, qui doit rendre le monde entier tributaire de nos produits? Malgré les rigueurs du régime douanier, n'est-ce pas à cette production élégante que nous devons nos succès dans la lutte ardente que nous soutenons contre le peuple le plus industriel? N'est-ce pas dans son propre sein que nous trouvons un débit important de nos produits? Ceux qui font les affaires de l'Angleterre, ceux qui détruisent la marine française, sont ceux qui, entraînés par des idées d'exclusion et de monopole, obligent notre pavillon à abandonner successivement la route de tous les ports étrangers. Si les conditions financières et de travail sont différentes dans chaque pays, le libre commerce aura précisément pour effet de les faire jouir tous des avantages particuliers de chacune, et si tous les peuples prétendent que ce régime les ruinerait, c'est une preuve certaine qu'*il les enrichirait tous*, puisque dans cette question chaque peuple aperçoit la cause de sa ruine dans la *richesse* que la liberté commerciale donnerait à ses rivaux. »

Telles étaient la lutte et les armes.

Les partisans du libre-échange ne présentaient toutefois que des prétentions transactionnelles. Ils ne demandaient pas d'un seul coup le renversement de tous les droits; ils déclaraient au contraire laisser aux hommes d'État le soin d'appliquer progressivement les principes du *free trade*, de façon à ne causer aucune perturbation violente dans les intérêts existants. Quant au commerce de Bordeaux, il fit preuve d'un esprit de modération et de conciliation qui ne s'est pas démenti.

L'association bordelaise maintint ses travaux jusqu'à la révolution de Février, et si elle n'obtint pas un succès immédiat, elle contribua beaucoup à éclairer l'opinion publique et à poser nettement la question économique la plus importante pour le commerce.

Mais en dehors des raisonnements généraux sur lesquels s'appuyait la théorie du libre-échange, cette question puisait surtout son intérêt pour nous dans quelques-unes de ses conséquences les plus graves et que nous devons examiner.

ARTICLE II.

QUESTION VINICOLE.

Les vins de France sont les plus estimés de l'Europe, et c'est aussi le produit sur lequel les tarifs étrangers ont toujours, par esprit de représaille, fait porter leur plus grande rigueur.

Le système protectionniste était donc fatal surtout aux pays vinicoles, et principalement à Bordeaux, dont les vins sont les plus propres au commerce extérieur.

Vers 1842, les intérêts industriels redoublèrent d'activité et de violence pour s'opposer à toute amélioration sur les tarifs et repousser l'union douanière avec la Belgique, dont le Gouvernement s'occupait alors.

Des réunions tumultueuses de fabricants eurent lieu dans le nord de la France; elles assiégèrent le ministère et s'emportèrent jusqu'à la menace.

Dans cette situation dangereuse, un comité de propriétaires et de négociants se forma à Bordeaux et fit appel à toute la France vinicole; cet appel fut entendu. La première réunion eut lieu le 22 décembre 1842. Après s'être organisé de la manière la plus rigoureuse, le comité adopta l'acte d'union suivant :

« *Acte d'union entre les départements pour la défense des intérêts vinicoles.*

» Art. 1er. — Les propriétaires de vignes des départements du Gard, du Lot, de la Dordogne, du Gers, de Maine-et-Loire, de la Charente-Inférieure, des Basses-Pyrénées, de l'Hérault, du Lot-et-Garonne, représentés à Bordeaux par leurs délégués, et les représentants des intérêts vinicoles du département de la Gironde, réunis à Bordeaux pour délibérer sur les résolutions à prendre en face d'une détresse toujours croissante, et de la résistance des industries privilégiées au projet d'union douanier avec la Belgique, s'engagent à concourir par tous les moyens légaux au redressement de leurs griefs communs.

» Art. 2. — Leur programme est aussi juste que simple.

» En matière de *contributions indirectes*, retour au droit commun et à l'égalité promise par la Charte, par la réforme des lois fiscales qui pèsent exceptionnellement sur les boissons.

» En matière de *douanes*, réforme du système fiscal qui, en prohibant les produits de l'étranger, appelle sur les nôtres de mortelles représailles.

» En matière d'*octroi*, réforme des tarifs qui élèvent contre les produits de la vigne de véritables prohibitions intérieures.

» Art. 3. — Pour marcher avec ensemble et travailler fructueusement à la réalisation de ce programme, ils reconnaissent la nécessité :

» Premièrement, de maintenir et de fortifier l'institution d'un comité central à Paris qui, par sa présence et ses travaux, agisse avec persévérance auprès du Gouvernement et des chambres, et forme ainsi un utile contre-poids, une salutaire opposition aux influences si actives et aux démonstrations si agressives des industries privilégiées, etc.

» Secondement, de réunir au moins une fois chaque année, dans le chef-lieu d'un département vinicole, les délégués des autres départements, dans le but de s'entendre sur les intérêts communs, et de suivre dans leurs démarches et leurs travaux une direction uniforme, etc. »

Le premier acte du comité vinicole fut cette adresse au roi :

« SIRE ,

» Au nom des propriétaires de vignes du département de la Gironde, nous venons déposer respec-
tueusement au pied du trône de Votre Majesté l'ex-
pression sincère de la situation que leur ont faite les
lois économiques et fiscales qui nous régissent.

» Une industrie nationale vivace et féconde par
elle-même, qui occupe six millions de Français, dont
la force d'expansion a besoin de tout le marché du
royaume et n'aurait pas trop de tous les marchés du
monde; qui a fait à d'autres époques la fortune de la
France ; cette industrie se débat depuis quarante
années sous les étreintes d'un double système économique et financier qui semble avoir pour objet sa
compression et sa ruine.

» Le système, protecteur, transformation impoliti-
que du système prohibitif de l'Empire, perpétue au
sein de la paix européenne, fruit de votre sagesse,
l'isolement de la France, qui pouvait être une nécessité durant une période de guerre, mais qui devait
cesser quand les nations eurent déposé les armes.

» Et pendant qu'un cercle fatal de représailles
emprisonne nos produits dans l'intérieur de nos frontières, ils portent, depuis leur origine jusqu'à leur
consommation, le fardeau cumulé de l'impôt foncier
des contributions indirectes et des octrois.

» Sire, ces causes trop certaines de la ruine des
propriétaires de vignes, ils les ont dès longtemps
signalées. Depuis vingt-cinq ans, ils ont vainement
fatigué les ministres et la chambre de la répétition

de leurs doléances, de la prédiction d'un avenir qui
n'a été que trop rapide à se réaliser, et qui accable
aujourd'hui leur patriotisme sous la masse de leurs
sacrifices.

» La justice tardive qu'ils n'ont pas trouvée à ces
sources, nous venons, Sire, la demander au premier
des pouvoirs constitutionnels de l'État, celui en qui
résident la plus puissante initiative, la plus haute
impartialité et la dernière espérance des populations
froissées.

» Sire, les habitants de la Gironde, en recourant
à la sollicitude de Votre Majesté, se présentent avec
d'autant plus de confiance qu'ils ne réclament ni privilége, ni faveur, mais seulement une égale réparti-
tion des charges publiques, et pour les produits de
leurs vignobles, la liberté dont jouissent les autres
produits du sol et de l'industrie.

» Il suffirait, Sire, d'interroger le passé pour être
convaincu que la réalisation de nos vœux, en nous
replaçant enfin dans le droit commun, peut seule
ramener le bien-être dans nos malheureuses contrées, rendre à nos ports leur activité perdue, ravi-
ver les rapports presque éteints de la France et de
ses colonies, faire refleurir le commerce, la marine
et les finances, éléments nécessaires de la grandeur
et de la puissance des États.

» Sire, des intérêts si bien d'accord avec les
grands intérêts de la France trouveront dans Votre
Majesté la justice et la protection qui leur ont manqué jusqu'à ce jour.

» Nous sommes, avec le plus profond respect., etc. »

Le comité vinicole remplit pendant plusieurs années sa mission laborieuse et difficile. Les déceptions ne purent détruire son dévoûment. Ses travaux ont fortement contribué au triomphe dont le pays commence à sentir les conséquences.

De son côté, notre chambre de commerce présenta la question vinicole sous toutes ses faces et avec une lucidité remarquable :

« Si l'on recherche, disait-elle, les qualités désirables dans le travail d'une nation, on peut les définir ainsi :

» Il faut : 1° Que ce travail favorise le plus possible le développement moral, intellectuel et physique de la population;

» 2° Qu'il soit une source de richesse et de puissance pour l'État;

» 3° Qu'il s'adresse à une consommation aussi vaste que possible ;

» 4° Qu'il ait peu de concurrence à redouter, soit au-dedans, soit au-dehors. »

Or, les produits vinicoles réunissent au plus haut degré ces diverses conditions et présentent des avantages généraux bien supérieurs à ceux qui sont produits par les industries protégées au grand détriment de la viticulture.

M. le marquis d'Argenson, ministre du roi de France, disait avec une haute raison :

« Pour une nation qui défriche comme les Russes, il faut des lois qui excitent aux progrès des arts.

Pour un peuple aussi policé que le peuple français,
il faudrait ramener à l'agriculture, que l'on abandonne. »

C'est la marche opposée que l'on a suivie en France :
les arts ou les manufactures, pour parler le langage
de notre temps, ont été excités outre-mesure, tandis
que la portion la plus intéressante de notre agriculture s'est vue paralysée dans son développement par
les droits indirects et par le système de douanes.

Cette marche, invariablement suivie par nos gou-
vernants, depuis cinquante ans et plus, est-elle conforme à l'intérêt de la France? Est-il raisonnable d'y
persévérer ?

Nous n'hésitons point à résoudre négativement ces
deux questions. Nous n'entreprendrons pas de nous
livrer à de longs calculs de chiffres, pour démontrer
ce que nous avançons; mais il est facile de prouver,
par des faits simples, que la différence capitale existant entre les pays vinicoles et les pays manufacturiers, on pourrait dire entre les pays opprimés et
les pays protégés, peut se formuler ainsi :

Dans les pays de vignobles, les grandes fortunes
diminuent et la classe ouvrière est aisée; sa situation
peut être considérée comme prospère. Dans les pays
manufacturiers, au contraire, les grandes fortunes
s'accroissent et la classe ouvrière est en général dans
un état affreux de misère.

Il résulte du tableau des inscriptions hypothécaires
du département de la Gironde, qu'au 1ᵉʳ juillet 1840
les dettes inscrites s'élevaient à l'énorme somme de

310,409,230 fr., ce qui représentait environ 670 fr.
par hectare mis en culture dans notre département.
Il est vrai que les propriétés bâties figurent dans
cette somme ; mais, néanmoins, le chiffre des hypo-
thèques est proportionnellement plus fort de beaucoup dans les arrondissements où la vigne est spécialement cultivée.

En regard de cette situation, qui démontre la gêne
de nos propriétaires, on voit les vignerons et les
tonneliers, les travailleurs de toutes les industries
qui relèvent de la vigne, bien nourris, bien vêtus,
ayant des mœurs régulières, faisant souvent assez
d'économies pour devenir propriétaires d'une petite
maison ou d'un petit champ. C'est cette situation que
M. Blanqui aîné a si bien décrite dans son rapport à
l'Académie des sciences morales et politiques :

« C'est sur ce territoire, dit cet honorable écrivain,
que vivent aujourd'hui les populations les plus heureuses de France, partagées entre les travaux d'une
culture riche et variée et les spéculations d'un commerce qui sera sans rival dans le monde quand la
France aura conquis la seule liberté qui lui manque.
Ces populations ont été moins atteintes que celles du
nord par l'esprit de désordre qui a bouleversé toutes les régions manufacturières. Leur travail, soumis
à des nécessités moins inexorables, s'est maintenu
plus régulièrement que celui des forges, des filatures
et des tissages. Les tonneliers de Bordeaux, les
savonniers de Marseille, ont eu leur part, sans
doute, du sinistre commun ; mais sauf quelques folles

tentatives à Marseille, ils n'ont rien ajouté à leur
détresse par des égarements politiques, tels que ceux
qui ont si vivement agité les villes du nord et surtout la ville de Lyon. On respire, en approchant du
midi, une atmosphère plus calme et plus libre. Les
troubles y sont plus éphémères parce que le mal
social n'est ni aussi ancien, ni aussi profond que dans
les pays des grandes manufactures.

» Dans les villages comme dans les cités du sud,
l'existence des classes ouvrières est plus douce, plus
assurée par des travaux permanents et moins expo-
sée aux variations de l'offre et de la demande. Les
logements sont plus vastes, plus sains, mieux meu-
blés; l'intempérance est plus rare, la vie de famille
plus habituelle, l'influence de la femme presque
toujours dominante. La variété des productions agricoles contribue au bien-être des cultivateurs, et fournit à l'ouvrier des villes des produits abondants et à
bon marché. Le voisinage de la mer, sur toute
l'étendue du littoral, y ajoute le poisson, et, par le
cabotage, un élément de travail d'une valeur considérable. L'enfance et la vieillesse souffrent moins du
froid que dans le nord. Les vêtements sont plus
légers et moins chers, la dépense du combustible
moins élevée; enfin, les ouvriers n'y sont pas empri-
sonnés, comme ceux des villes du nord, dans des
ateliers où la santé s'altère trop souvent autant que
la moralité.

» Ces différences caractéristiques de la situation
du nord et du midi ne sont nulle part plus frappantes

qu'à Bordeaux, dans le département de la Gironde et dans toute la zone qui s'étend des Pyrénées jusqu'aux Cévennes, le long du canal du Languedoc. Le voyageur qui descend d'Angoulême vers les rives de la Dordogne et de la Garonne, au sortir des terres froides et solitaires du Poitou, se croit transporté dans un autre climat à l'aspect de ces riants coteaux émaillés de maisons de campagne qui dominent les deux fleuves. Ces deux fleuves, et le canal lui-même, répandent la vie et l'abondance sur toute l'étendue de leur parcours, où l'on rencontre peu de grandes usines, mais de modestes fabriques et de riches cultures habilement combinées pour leur prospérité commune.

» A ce tableau exact et véridique de la situation des populations méridionales attachées à la culture de la vigne, de la vigne dont les produits sont restreints par les droits indirects exorbitants à l'intérieur et par les représailles du dehors contre nos lois de douane, il est intéressant d'opposer celui de la position des ouvriers appartenant aux industries protégées avec tant de soin par nos législations successives, et garanties de toute concurrence étrangère par la prohibition ou les droits prohibitifs.

» Des recherches sur ce point ont été faites à diverses époques par des économistes délégués de l'Académie des sciences morales et politiques; elles ont acquis une grande autorité par suite de leur concordance; car la constatation des mêmes faits ressort de toutes ces enquêtes.

» L'immoralité, la misère, un état de santé déplorable, sont l'apanage fatal des ouvriers employés dans la plupart des industries protégées, et ces tristes conditions semblent s'aggraver à raison de l'intensité de la protection.

» Le travail que l'on appelle *national*, de préférence à tous les autres, celui qui est protégé outre mesure, dont on vante et dont on célèbre l'accroissement, celui qui a toutes les sympathies des législateurs en France, c'est celui qui produit, pour les populations ouvrières, la situation déplorable que nous venons d'indiquer ; c'est celui qui engendre le vice, la misère et la maladie. Le travail imposé exceptionnellement, que l'on sacrifie à tout et toujours, celui auquel on reproche de s'étendre quelque peu ou de se maintenir en harmonie avec l'augmentation de la population, c'est le travail qui entretient sans efforts une population honnête, morale et bien portante. Cela paraît incroyable, et cependant cela est. Nous pensons que le seul exposé des faits le démontre irrésistiblement.

» Ne serait-il pas temps de remédier à ce faux système, de mettre un terme à cette organisation fiscale si fort à contre-sens des véritables intérêts du pays, et de revenir à un système plus rationnel et plus juste ?

» Les producteurs vinicoles ne réclament point une protection injuste à leur profit ; ils ne demandent pas que l'on grève de droits exceptionnels tel ou tel produit national ou étranger ; ils demandent la liberté pour leur travail et l'égalité des charges, c'est-à-dire

des droits de consommation répartis sur les principaux objets consommés, et un tarif de douane ramené progressivement à un taux purement fiscal.
Ne serait-il pas équitable et utile en même temps de
condescendre à leurs vœux, puisqu'il est prouvé que
ces vœux sont d'accord avec l'intérêt bien entendu
des classes ouvrières et du pays tout entier.

» La richesse promise à la France par la protection est un véritable leurre; c'est dans ses productions naturelles, c'est dans les travaux où il est
supérieur à tous les peuples du monde, que se trouve
la source véritable de la prospérité de notre pays;
la protection ne donne qu'une aisance factice et mo-
mentanée, qui aboutit, par la force des choses, à la
gêne d'abord, et plus tard à la misère.

» En examinant le travail de la viticulture à un
second point de vue, celui de la richesse et de la
puissance de l'État, les résultats ne sont pas moins
concluants.

» La vigne croît avec avantage dans des terrains
stériles, impropres à toute autre production avantageuse; sa plantation transforme en terres de première classe, des sables infertiles, des rochers
presque nus, des coteaux arides et caillouteux. Ces
terres, qui demeureraient vagues et vaines sous un
autre climat, deviennent une source de précieuses
récoltes dans le midi et l'est de la France.

» On ne saurait donc nier la richesse que ce travail procure à l'État au moyen du défrichement des
plus mauvaises parties du sol, sur lesquelles il fait

croître un produit précieux, estimé comme tel dans toutes les contrées de l'Europe, on pourrait presque dire du monde.

» Si le vin est une richesse par sa culture, il n'est pas moins avantageux au point de vue des échanges avec les autres peuples; partout où des droits prohibitifs ne repoussent pas nos vins et nos eaux-de-vie, ils sont préférés aux produits similaires de toutes les autres contrées. Il n'est presque pas de marché, en effet, où nos vins et nos eaux-de-vie ne trouvent un débouché qui s'accroîtrait singulièrement si ces produits avaient pu obtenir de l'État, non pas une protection factice et douanière, mais la protection naturelle qui leur était due dans nos relations commerciales avec les puissances étrangères.

» Si la vigne et ses produits augmentent la richesse de l'État, il sont également favorables à l'accroissement de sa puissance, en offrant à la marine un objet d'encombrement propre à former les fonds de cargaisons, et à faciliter ainsi les échanges avec les peuples étrangers.

» On affirme cependant que la France ne peut pas devenir une puissance maritime de premier ordre, parce qu'elle manque d'objets de cargaison d'une petite valeur relativement à leur poids; c'est là une erreur de fait : la matière des cargaisons ne manque pas; ce qui a manqué jusqu'ici, c'est la liberté commerciale ou les traités de commerce qui permettraient à cette production de notre sol de s'échanger contre les produits étrangers.

» Pendant que l'Angleterre et les États-Unis, toujours attentifs à ce qui peut accroître le développement de leur marine, cherchent par tous les moyens à étendre les débouchés de leurs principaux produits, la France semble s'ingénier, au contraire, à donner l'exemple de restreindre le plus possible la vente des denrées, dont il lui importe surtout de favoriser la consommation.

» Nos droits indirects n'ont-ils pas, en effet, l'air d'avoir été établis pour enseigner aux autres nations que *le vin et tous les produits de la vigne sont facilement imposables*, suivant la maxime popularisée par nos financiers modernes? N'est-ce pas comme une invitation donnée aux peuples étrangers de frapper de droits énormes cet élément principal du fret de nos navires, et de réduire ainsi notre puissance et notre importance commerciale tout ensemble?

» Les vins s'adressent à une vaste consommation.

» Ils ont peu de concurrence à redouter au dehors ou à l'intérieur.

» On a soutenu, nous le savons, que les peuples étrangers n'aiment pas le vin; mais les faits de tous les jours démontrent le contraire.

» Le passage des habitants de diverses contrées en France, le plaisir avec lequel ils consomment nos vins pendant leur séjour, l'extension que prend la consommation du vin partout où son prix n'est pas augmenté par des impôts hors de tout rapport avec sa valeur, le témoignage même de la littérature de presque tous les peuples, protestent contre cette assertion.

» Les faits commerciaux confirment la vérité de ce que nous avançons; nous avons d'ailleurs cité un exemple concluant dans l'un de nos mémoires publié en 1843.

» Ici, disions-nous, se présente naturellement cette partie de l'objection qui consiste à dire que les traités de commerce ne peuvent rien sur les débouchés de la vigne, parce que les peuples du Nord préfèrent la bière ou d'autres boissons, et que ceux du Midi ont le produit de leurs propres vignobles.

» Les faits répondent suffisamment à cette assertion. Les villes anséatiques, bien que formant des États indépendants et libres, appartiennent cependant à la grande nation allemande : elles ont les mêmes mœurs, les mêmes habitudes que les royaumes voisins; la bière, l'eau-de-vie de grains, peuvent être fabriquées avec la même perfection dans ces États que dans ceux qui les entourent. Voici cependant ce qui a lieu dans ces villes libres; leur population est évaluée ainsi :

» Brême et son territoire.	50,000 âmes.
» Hambourg	*id*. . . .	150,000
» Lubeck	*id*. . . .	46,000
» Ensemble. . .	246,000 âmes.

» Les vins y sont exempts de droit, ou du moins y paient un droit fort léger. Ces trois villes ont reçu de France, en 1841, 170,363 hectolitres, ou environ 20,000 tonneaux de vin et 9,796 hectolitres d'alcool, ce qui représente plus de deux tiers d'hectolitre de vin et 4 litres d'alcool par individu, ou 4 litres d'alcool équivalant à environ 28 litres de vin. Cette quantité, réunie au vin consommé en nature, élève la consommation à environ 1 hectolitre par habitant.

» Brême, Hambourg et Lubeck réexpédient, sans doute, une partie des vins de France que reçoivent leurs négociants; mais cette réexportation ne s'élève pas au delà de 4 à 5,000 tonneaux, et se trouve plus que compensée par les quantités de vins d'Allemagne, d'Espagne, de Portugal, de Madère et d'Italie, qui arrivent dans ces trois ports.

» Ce débouché si important, et constaté par des chiffres officiels, nous est ouvert dans des cités environnées de tous côtés par des pays où la bière est la boisson habituelle et générale; et cependant la consommation du vin s'est établie là sans difficulté. Le vin y est préféré par la population, uniquement parce que la population n'en est pas éloignée par les droits.

» L'union douanière allemande a des relations nombreuses et fréquentes avec Brême, Hambourg et Lubeck. Les habitants des pays qui la composent ont la même origine que ceux des villes libres : ils parlent la même langue, ils ont les mêmes coutumes. Eh bien! dans ces pays qui renferment en totalité plus de 20 millions d'habitants, la France a expédié, en 1841, 15 mille hectolitres de vin, c'est-à-dire moins du tiers de ce qui a été envoyé dans les villes anséatiques, et 897 hectolitres d'alcool, ou la onzième partie de nos envois dans les mêmes cités.

» Tandis que la consommation de ces villes a été, comme on l'a vu, d'un hectolitre par individu, soit en vin, soit en eau-de-vie, celle des habitants du Zollverein s'est élevée à un quart de litre, soit à la quatre centième partie.

A cela, il n'y a qu'une seule raison, qu'un seul motif plausible : les vins entrent librement d'un côté, et de l'autre, ils sont frappés d'un droit qui équivaut à 700 fr. par tonneau pour les particuliers, et à 560 fr. pour les marchands en gros, soit 77 fr. par hectolitre pour les premiers, et 62 fr. par hectolitre pour les seconds. A Hambourg, au contraire, le droit n'est que de demi pour cent de la valeur ; si l'on y ajoute 30 à 35 fr. de fret ou autres frais par tonneau, il en résulte que dans cette ville on peut boire du vin à 30 ou 40 fr. par tonneau meilleur marché qu'à Bordeaux même, où ce liquide paye 78 fr. environ de droit indirect ou d'octroi pour les 9 hectolitres formant l'ancien tonneau.

» Aussi, à Hambourg, le vin est la boisson de l'ouvrier, tout autant que la bière, et il existe dans cette ville, comme dans nos villes méridionales, des cabarets où l'on vend le vin en détail.

» Comment donc pourrait-on soutenir avec quelque apparence de raison, en présence de ces faits patents, incontestables, que les traités de commerce seraient impuissants pour augmenter la consommation des vins de France ? De ce qui se passe dans les villes anséatiques, il ressort de la manière la plus évidente que ce n'est point le goût qui manque aux peuples étrangers pour consommer nos vins, c'est la possibilité de les payer, lorsque leur prix est surélevé par les droits énormes qui les frappent dans presque tous les pays étrangers.

» A cela nous croyons qu'il n'y a rien à répondre.

» D'un autre côté, la concurrence contre les vins de France est à peu près impossible à soutenir, notre pays étant presque le seul qui produise des vins propres à une consommation habituelle; l'Espagne, le Portugal, la Sicile, l'Italie, riches en vins alcooliques et liquoreux, n'ont rien de comparable aux vins ordinaires de Bordeaux, de Bourgogne, de Champagne, du Roussillon, du Rhône, etc. Dans des contrées habituées aux vins des pays étrangers que nous venons de mentionner, au Brésil, par exemple, les vins expédiés de Bordeaux, de Cette, de Marseille, luttent avec avantage contre ceux de Portugal eux-mêmes, bien que ces derniers aient pour eux l'habitude, prise dès longtemps, de les consommer, et le préjugé qui fait que les Brésiliens attachent un prix plus élevé aux produits de leur mère-patrie.

» CONCLUSIONS. — Nous avons exposé la question vinicole telle qu'elle nous apparaît, telle qu'elle est en réalité. Nous croyons que sous tous les points de vue, il est désirable de voir s'étendre la culture de la vigne, et qu'il est avantageux que ce travail se développe et que la consommation du vin s'étende à l'intérieur et à l'étranger.

» Deux millions de famille sont intéressées à cette culture; le bien-être qui résulterait pour elles de l'amélioration du commerce des vins et des eaux-de-vie, réagirait sur leur consommation, et par conséquent sur le travail de toute la France.

» D'un autre côté, ce serait déjà un grand bienfait de mettre le vin à la portée des ouvriers de toute nature, qui, en le consommant habituellement et avec modération, y trouveraient un excellent moyen de réparer leurs forces et d'entretenir leur santé.

» *Le maintien des droits exceptionnels multipliés qui frappent cette denrée, est donc considéré par nous comme une faute politique et financière, et comme un malheur social* (1). »

ARTICLE III.

QUESTION DES SUCRES.

Cette question d'intérêt général doit figurer dans l'*Histoire du Commerce de Bordeaux,* par l'importance qu'elle a toujours eue pour notre port. Ainsi que nous l'avons vu, les denrées coloniales furent en effet, pendant le XVIIIe siècle, un des grands éléments de la fortune bordelaise. Nos raffineries occupaient en Europe le premier rang; un grand nombre d'ouvriers y trouvaient leurs moyens d'existence. Il n'est pas de pays commerçant qui ait défendu les intérêts du sucre colonial avec autant de persévérance et de vigueur que le port de Bordeaux.

Cette branche autrefois si prospère de notre commerce maritime, a été compromise par deux causes principales : le développement du sucre indigène;

_____

(1) Mémoire de la chambre de commerce de Bordeaux.

les taxes excessives établies sur les sucres étrangers.

En faisant naître le sucre de betterave en 1811, Napoléon Ier ne cherchait pas un nouveau produit d'agriculture, mais seulement un expédient pour vaincre son ennemi; il s'agissait d'atteindre le commerce anglais dans une de ses bases et de nous suffire chez nous. Malheureusement, la nécessité passée, l'expédient resta; les grands intérêts qui l'avaient soutenu ne pouvaient être détruits; les Anglais furent heureux là comme ils l'avaient été par le sort des armes; ils virent cette création du génie de l'Empereur devenir un embarras pour nous, un moyen de force pour eux, et tout en repoussant de leur sol cette nouvelle culture, ils maintinrent leur commerce maritime en possession de presque tout le transport des marchandises coloniales.

Toutefois, dans les premières années de la paix, la fabrication des sucres de betteraves, encore imparfaite et languissante, avait presque disparu; quelques rares fabriques résistaient à peine. La loi de 1822 vint tout à coup ranimer cette industrie, en prohibant le sucre étranger par une surtaxe de 55 fr. Chose remarquable, ce fut une loi créée pour protéger le sucre des colonies, qui fit grandir son redoutable rival. En 1827, 104 fabriques françaises produisaient 4,835,000 kil., et en 1837, le sucre de betterave fournissait à la consommation plus de 30,000,000 de kil.

Cet état de choses devint désastreux pour nos colonies. D'un autre côté, nos raffineries, privées des sucres étrangers, d'un prix bien inférieur aux nôtres, ne pouvaient soutenir la concurrence des fabriques anglaises et belges. Le commerce de Bordeaux crut donc devoir adresser au Gouvernement des réclamations pressantes : « La question des sucres, disait-il, n'est pas seulement une question de commerce maritime, d'intérêt colonial, industriel ou agricole, en réalité, c'est tout un système politique et économique. Sous le titre de question des sucres, on agite celle de savoir si la France veut être une puissance maritime formidable, ou si elle entend céder l'empire des mers à d'autres nations, pour n'être qu'une puissance continentale. »

Le commerce de Bordeaux demandait donc premièrement la suppression de la sucrerie indigène, moyennant indemnité, ou à défaut, l'égalité complète des droits entre le sucre colonial et le sucre de betterave; secondement, la réduction à 10 fr. de la surtaxe sur les sucres étrangers.

La loi de 1843 fit droit à une partie de ces demandes; elle établit l'égalité proportionnelle des droits entre les deux sucres français; mais elle maintint la surtaxe existante sur les sucres étrangers.

La vigueur qu'avait acquise la sucrerie indigène rendit cette loi très-insuffisante; de nouvelles crises se firent sentir et devinrent beaucoup plus graves encore en 1848 par l'émancipation des esclaves.

Au commencement de 1850, le commerce de Bordeaux, représenté au conseil général du commerce par MM. Ducos et Lopès-Dubec, présenta les propositions suivantes :

1° Que la surtaxe des sucres étrangers fût abaissée à 10 fr. ;

2° Qu'un droit différentiel de 5 fr. fût établi sur les sucres indigènes en faveur du sucre colonial;

3° Que le droit sur les deux sucres français fût réduit de 20 fr. en deux années.

La loi du 26 juin 1851 reconnut la justesse de ces demandes.

Les droits furent fixés comme suit :

50 fr. par 100 kil. sucre indigène.

44 fr. par 100 kil. sucre colonial.

61 fr. par 100 kil. sucre étranger.

Malheureusement pour notre commerce maritime, le sucre indigène avait acquis une force capable de résister même à de plus fortes épreuves. En 1852, on comptait en France 337 sucreries produisant 100 millions de kil. de sucre. Cette industrie est maintenant une richesse agricole indestructible à l'égard de laquelle le commerce maritime doit prendre son parti.

A dater de cette époque, le commerce de Bordeaux se borna à poursuivre la réduction des droits sur les sucres sans distinction de provenance.

Cette réduction était en effet essentielle; des calculs établis sur des bases officielles prouvaient que la consommation du sucre est loin de s'élever en France au niveau qu'elle atteint dans des pays voisins, et que le seul motif de cette différence est le prix trop élevé qu'a chez nous cette denrée par suite de l'exagération des droits.

Notre chambre de commerce démontra dans plusieurs mémoires, qu'en opérant une réduction raisonnable, le Gouvernement n'avait pas à redouter de pertes sérieuses pour le trésor, puisque l'abaissement des droits en Angleterre y avait au contraire augmenté les recettes et doublé dans dix ans la consommation du sucre.

Une autre question plus particulière à l'intérêt de nos raffineries occupa également le commerce de Bordeaux.

En présence des perfections nouvelles qu'avait adoptées l'industrie des raffineurs, le Gouvernement manifesta l'intention d'augmenter le rendement légal des sucres raffinés, ce qui fût devenu ruineux pour nos établissements déjà si malheureusement éprouvés ; la chambre de commerce de Bordeaux procéda à une enquête où il lui fut facile de démontrer au ministère que l'ensemble des sucres employés au raffinage ne donnait pas plus de 75 p. 100.

Les intérêts du commerce maritime, disait le rapport de la chambre, et ceux d'une industrie importante ne seraient-ils pas gravement compromis si la situation actuelle était modifiée, si le rendement aujourd'hui établi venait à être élevé? Telle est la demande que nous avons dû nous poser. Il n'est pas douteux qu'un changement dans la législation n'eût pour résultat de paralyser les exportations de raffinés, lesquelles présentent, depuis quelques années, ainsi que le remarque le ministre, un développement sensible; mais l'importance des débouchés extérieurs n'est-elle pas nécessaire pour que les sucres étrangers trouvent en France un emploi sans lequel nos relations avec Cuba, avec le Brésil, avec Maurice, seraient atteintes de la manière la plus fâcheuse?

N'oublions pas que le développement toujours croissant de la fabrication indigène tend à refuser aux sucres coloniaux une juste place dans l'alimentation de la France, et que si nous tenons à recevoir de nos colonies le seul produit important qu'elles peuvent fournir, si nous voulons conserver avec les régions tropicales étrangères des échanges ayant quelque activité, il faut bien que les sucres d'outre-mer conservent la perspective d'être employés pour la réexportation, puisque la concurrence de la production betteravière les menace de les expulser des marchés français.

Pour subvenir aux besoins de nos consommateurs, les raffineurs français, soit qu'ils travaillent le produit de la betterave, soit qu'ils exploitent le jus de la canne, n'ont aucune rivalité étrangère à redouter; mais s'il s'agit de fournir aux besoins de l'Italie, du Levant, de la Suisse, de l'Autriche, du Chili, les choses changent; on se trouve en présence d'une concurrence des plus redoutables, exercée par des peuples riches, industriels, ayant d'immenses relations au-dehors. Ce n'est qu'à force d'efforts que la France peut soutenir une lutte qui cesserait bien vite si nous nous trouvions placés dans une situation désavantageuse vis-à-vis de rivaux plus favorisés que nous à certains égards.

Il est de fait que la raffinerie étrangère jouit d'un rendement plus avantageux que celui que stipule la législation française. C'est ce que des renseignements pris à de bonnes sources nous permettent d'établir.

Examinons les différences qui existent entre la législation en France pour le rendement et celle des autres pays.

En France :

Rendement : 75 p. 100 mélis.
— 70 p. 100 lumps.

En Hollande, Belgique, Zollverein :

Rendement : 80 p. 100 (mélis et lumps, sans distinction.)

Mais les taxes à l'acquittement sont en France beaucoup moins avantageuses qu'en Hollande, en Belgique et dans le Zollverein, où elles laissent toutes des bénéfices, tandis qu'en France, la plupart ne représentent que la taxe réelle (les caisses du Brésil laissent même de la perte.)

En outre, les raffineries de la Hollande, de la Belgique, du Zollverein, peuvent employer tous les sucres de toutes nuances, de toutes les qualités, de toutes provenances, même des pays d'Europe. C'est un avantage très-important ; ils ont de plus une prime de 12 fr. par 100 kil. sur les mélasses exportées.

En Angleterre, les droits se paient suivant les qualités, et il y a un drawback unique, sans aucune distinction de qualité pour mélis ou lumps ; or, le drawback unique représente en définitive un rendement de 75 p. 100 ; de plus, il y a une prime sur les vergeois.

En Angleterre, enfin, on peut importer des sucres de tous pays et par tous pavillons.

Le sucre étranger offre à notre commerce maritime un élément de transport dont nous avons dû chercher à apprécier l'étendue ; un calcul, dont les éléments ont été fournis par les *Tableaux du commerce extérieur,* publiés par l'administration des douanes, nous a montré que la presque totalité de ces transports s'effectuait par notre pavillon.

Il est évident que si des mesures nouvelles venaient à entraver l'exportation, des raffineries cesseraient de travailler, d'autres restreindraient leurs opérations, et cette industrie importante ne souffrirait pas moins que la navigation avec l'étranger, qui se verrait privée d'un de ses principaux éléments. Les sucres et les cotons sont les grands articles encombrants qui nous viennent d'outre-mer ; mais ce dernier produit, à l'inverse de ce que nous venons de signaler pour les sucres, vient presque exclusivement par navires étrangers.

En restant dans le *statu quo ,* c'est-à-dire en laissant à nos raffineurs une position à peu près égale à celle des raffineurs étrangers, la production peut augmenter sans amener un encombrement ruineux, l'excédant de la production sur les besoins de la consommation s'exportant en raffinés; tandis que si le rendement était augmenté, on se demande ce qui adviendrait aux sucres indigènes et exotiques français, dont les récoltes, à elles seules, dépassent de beaucoup, dès aujourd'hui, les besoins de la consommation, qui, nous avons eu l'occasion de le dire plusieurs fois, est entravée par l'élévation des droits de douane. Il faut que cet excédant s'exporte, puisqu'il ne peut être consommé en France; et si l'exportation est entravée, si nos raffineurs ne peuvent lutter avec l'étranger à prix égaux d'achat, il faudra que les cours de nos sucres bruts français baissent suffisamment pour permettre à nos raffineries de concurrencer les ateliers de la Hollande, de la Belgique et de l'Angleterre. Une pareille dépréciation, qui devrait devenir à peu près permanente, aurait nécessairement pour résultat de réduire considérablement la production des sucres français, sans aucun avantage pour le trésor et au grand détriment des intérêts généraux du commerce (1).

En ce qui regarde les cafés, la chambre de commerce de Bordeaux appuya également le dégrèvement que réclamaient nos armateurs.

Elle démontra par des calculs incontestables :

1° Qu'en Angleterre, l'abaissement du droit avait *quintuplé* la consommation du café;

2° Que chez nous, cette consommation n'était que de 73 cent. par habitants; tandis qu'en Belgique,

---

(1) Mémoire de la chambre de commerce, 1857.

elle était de 4 kil. 30 cent., et en Hollande, de 17 kil.;

3° Que, sans se flatter de voir notre consommation arriver à des chiffres aussi élevés, on pouvait amoindrir l'écart énorme qu'on signalait;

4° Que cette augmentation de consommation contribuerait inévitablement à celle du sucre, et qu'ainsi la réduction rehaussée présenterait un double avantage.

ARTICLE IV.

QUESTION DES CÉRÉALES.

La liberté du commerce des céréales est une des conséquences les plus rigoureuses du libre-échange.

Nous avons vu que dans les temps anciens l'importation était libre, et que l'exportation seule pouvait être interdite ou limitée suivant les circonstances.

L'échelle mobile fut conçue dans l'esprit du système protecteur appliqué à la propriété; on espérait avoir trouvé le moyen de maintenir le prix du blé français à un taux toujours rémunérateur. Cette espérance fut déçue; le seul résultat certain de cette mesure fut de détruire une grande partie du commerce des grains en France. On avait, pour ainsi dire, garrotté les opérations des négociants en céréales à l'extérieur, lorsqu'il était démontré qu'en possession d'une entière liberté, il leur était difficile de garantir le pays des effets désastreux d'une disette.

Le commerce de Bordeaux ne cessa pendant quarante ans de réclamer contre cette mesure.

M. Wustemberg disait, en 1847 :

« L'insuffisance de la dernière récolte des blés a
mis en évidence les vices d'une législation qui empêche de se préparer lorsqu'on voit approcher les
moments difficiles, et qui demeure sans efficacité
lorsque le mal est venu; elle a donné la mesure des
sacrifices auxquels une nation est condamnée lorsqu'elle ne sait pas établir et conserver, avec les
principaux pays de production, un commerce régulier qui rende les approvisionnements faciles et peu
coûteux dans les mauvaises années; elle a prouvé
enfin qu'on redouterait à tort des importations excessives en revenant à un droit fixe et modéré, et en
renonçant au régime de l'échelle mobile, régime
défectueux qui ne sait ni empêcher le mal ni le
réparer. »

Ces observations, reproduites sur tous les points
de la France, apportèrent enfin la lumière dans l'esprit du Gouvernement; en 1853, un décret impérial
suspendit l'échelle mobile jusqu'au 31 décembre suivant, et ce décret fut successivement prorogé jusqu'au 30 septembre 1858.

En 1856, notre chambre de commerce demanda
que la situation provisoire fût rendue définitive par
une loi réglant enfin la liberté du commerce des
céréales :

« Il y a six mois environ, disait-elle, la hausse
qui se déclarait sur les céréales était de nature à
inspirer des craintes sérieuses; la question des approvisionnements réclamait toute la sollicitude de l'ad-

ministration. La chambre donna, sur les contrées qui pourraient en cette crise venir en aide à la France, tous les renseignements qu'elle tenait de l'expérience pratique de plusieurs de ses membres; elle crut devoir observer (et à cet égard elle était parfaitement d'accord avec les hommes d'État qui dirigent les grandes affaires du pays) que toute intervention directe de l'administration dans les approvisionnements est fâcheuse : Le commerce particulier, dont l'ensemble offre toujours des résultats supérieurs à ceux qui seraient obtenus n'importe par quelle autre voie, s'abstient en présence d'une concurrence qu'il redoute à juste titre, et la disette peut résulter de mesures mal combinées qui auraient été prises dans le but d'amener l'abondance. La liberté des transactions est le seul moyen efficace auquel il convient de recourir, afin d'appeler les arrivages et de remplir les magasins. Grâce au retour de circonstances plus heureuses, les craintes qu'on avait conçues se sont dissipées, et il y a tout lieu d'espérer que les prix des céréales vont redescendre à un taux normal, qui, sans gêner le consommateur, donnera au producteur l'équitable rémunération de son travail. Le meilleur moyen, du reste, de remédier à ces brusques variations de prix, c'est la destruction de l'échelle mobile; car, avec ce système, il n'y a rien de stable, et nos négociants sont hors d'état d'établir des relations suivies avec les pays où ils peuvent aller chercher le complément de leurs approvisionnements. Quand la disette arrive, ils sont pris au dépourvu; ils n'ont ni le matériel flottant nécessaire à ces opérations, ni les renseignements indispensables pour savoir où et à qui s'adresser pour approvisionner nos marchés. Cette mesure de l'abolition de l'échelle mobile est d'autant plus urgente aujourd'hui, que l'Angleterre, ouvrant tous ses ports aux grains étrangers qu'elle ne frappe que d'un droit d'un schelling le quarter (soit 43 c. l'hectol.), absorbera toujours une partie considérable de notre production, ce qui nous obligera à nous remplacer ailleurs. »

C'est dans cette situation que la loi du 15 juin 1861 est venue donner satisfaction aux besoins réels du pays, en substituant à l'échelle mobile un droit fixe très-modéré et favorable au pavillon national.

Telles étaient les questions fondamentales qui occupaient notre place à l'époque dont nous esquissons le tableau commercial. Nous avons anticipé sur quelques dates dans l'intérêt de la précision et de la clarté.

En présence de ces associations et de l'agitation qu'elles répandaient sur la France entière, le Gouvernement se décida à prendre quelques mesures sérieuses pour améliorer la position de l'agriculture et du commerce maritime.

Un projet de loi, présenté le 31 mars 1847, supprimait dix-sept prohibitions, et admettait en franchise cent treize articles, quels que fussent les modes d'importation et les lieux de provenance; il en affranchissait également cent soixante-deux, mais sous pavillon national seulement; enfin, il diminuait les droits sur les ouvrages en cuivre, les fils de laine, les tissus de soie; il accordait la franchise pour les objets destinés à la construction des navires.

Une telle proposition, qui ne portait sur aucune de nos grandes fabrications, était évidemment insuffisante et inoffensive; elle rencontra néanmoins la plus violente opposition, et la commission nommée par la chambre chargea du rapport un représentant entièrement protectionniste.

Ce projet, qui ne put arriver dans la même session, devait être discuté dans celle de 1848, lorsqu'au grand étonnement de l'Europe, et de la France elle-même, le gouvernement de Juillet disparut tout à coup au milieu d'un mouvement populaire entièrement imprévu.

§ III.

De 1848 à 1860.

La commotion produite par la révolution de février 1848 est peut-être sans exemple : l'effroi fut général et profond. Il est certain que l'organisation sociale courut d'immenses dangers. Nul ne peut dire ce que serait devenue la France, si l'opinion, ou plutôt le rêve socialiste, eût triomphé pendant quelques mois seulement?

Le résultat de ces événements sur notre place de commerce fut l'ébranlement immédiat des fortunes les plus solides, la suspension totale des affaires et des travaux, le désordre général, la disparition du numéraire.

La chambre de commerce de Bordeaux, composée de négociants frappés comme les autres, fit néanmoins son devoir avec calme, courage et dévouement. On doit reconnaître qu'elle ne négligea rien pour adoucir les rigueurs de la situation, écarter autant que possible les dangers, aplanir les difficultés.

Presque personne ne pouvait faire face à ses échéances; la chambre demanda et obtint qu'elles fussent prorogées de dix jours.

Ce fut également sur sa demande que la banque de Bordeaux fut autorisée à ne rembourser ses billets que par sommes de 500 fr. pour chaque porteur, et à émettre des coupons de 250 fr.

Pour ranimer le travail dans les chantiers, la chambre de commerce affecta une somme de 40,000 fr. à encourager les constructions par des primes.

Le commerce moyen avait besoin d'une nouvelle voie de crédit; la chambre provoqua une souscription pour fonder à Bordeaux un comptoir national d'escompte; elle souscrivit elle-même pour 30,000 fr., et cet établissement, monté avec rapidité, contribua puissamment à sauver la place et à ranimer son commerce.

L'ensemble de nos commerçants imitaient le noble exemple de la chambre.

Au milieu de la crainte générale, les premiers négociants, les banquiers s'empressèrent de déclarer qu'ils recevraient comme argent les billets de la banque de Bordeaux.

L'administration municipale ayant fait un appel à la charité publique, pour venir en aide aux ouvriers sans travail, le commerce souscrivit pour des sommes considérables.

Bientôt l'émancipation des esclaves, conséquence forcée du nouveau Gouvernement, vint frapper notre port d'un nouveau coup; le commerce de Bordeaux fit tous ses efforts pour amoindrir du moins les résultats funestes d'une trop grande précipitation, et ses mémoires, ses conseils, son influence évitèrent peut-être le naufrage complet de nos colonies et la ruine de la navigation française.

Telle fut l'attitude active et digne du commerce bordelais, au milieu de l'épreuve la plus difficile qu'il ait jamais subie.

Cependant, la tempête parut se calmer, l'anarchie fut vaincue, la main du Gouvernement se fit sentir et les affaires reparurent aussitôt sur notre place. Il en sera toujours ainsi :

« Le commerce de Bordeaux, a dit un de nos armateurs les plus éclairés, porte en lui les éléments de force et d'activité, qui ne demandent que des garanties d'ordre pour se faire jour et pour rendre en bien-être au pays et en revenus à l'État, ce que celui-ci aura donné en sécurité. »

Vers le mois d'août 1848, les armements reprirent leur cours; les sucres, les cafés, les riz, les indigos, les vins, les spiritueux donnèrent lieu à des transac-

tions assez importantes; on expédia quelques navires
pour les mers du Sud, pour l'Inde, pour Montevideo,
pour les Antilles et le Sénégal.

L'année 1848, née sous de si tristes présages, présenta cependant un mouvement maritime assez important, savoir :

Entrées au long cours :

429 navires français, 70,177 tonnèaux; 285 navires étrangers, 54,435 tonneaux.

Sorties au long cours :

400 navires français, 63,384 tonneaux; 317 navires étrangers, 55,867 tonneaux.

Toutefois, ceux qui avaient espéré que le Gouvernement républicain serait plus favorable au libre-
échange que la monarchie constitutionnelle, furent
promptement désabusés.

Par une manœuvre habile, les chefs manufacturiers, profitant de la situation, firent circuler de
fausses doctrines sur l'intérêt des classes ouvrières.

On persuada facilement aux ateliers que la concurrence étrangère menacerait leurs moyens d'existence; il fut bientôt évident que le régime protecteur
était adopté par la démocratie avec plus de vigueur
encore que par les partisans des priviléges; la chambre des représentants parut avoir pris pour règle de
repousser toute innovation de nature à modifier, de
quelque manière que ce fût, la situation de l'industrie nationale.

Ainsi, la première proposition du Gouvernement provisoire, en ce qui concerne les tarifs, portait principalement sur deux articles : 1° Un abaissement insensible des droits sur les nankins arrivant par navires français et la levée de la prohibition établie sur le même article importé par navires étrangers; 2° un dégrèvement bien modéré sur le droit d'entrée des glaces étrangères. La loi du 17 décembre 1848 repoussa ce projet, quoiqu'il fût incontestablement favorable à notre industrie.

L'assemblée législative dut s'occuper en 1849 de plusieurs traités de navigation avec les républiques de l'Amérique du Sud, ainsi qu'avec la Belgique et la Sardaigne. Toutes ses décisions eurent également pour principe l'esprit étroit et absolu d'antagonisme et de protection (1).

De leur côté, les libres-échangistes serraient leurs rangs et ne se tenaient pas pour battus.

Dans plusieurs écrits d'une vivacité légitime, le commerce de Bordeaux démontra avec une force nouvelle que la liberté commerciale était la seule base possible du progrès et la conséquence forcée des nouveaux principes.

L'un des champions dévoués du libre-échange, M. de Sainte-Beuve, déposa une proposition demandant :

1° La suppression de tout droit protecteur sur les substances alimentaires;

(1) Amé, pages 240, 242.

2° La suppression de tous droits sur les matières premières ;

3° L'abolition de toutes les prohibitions;

4° La réduction du droit sur les fers, après quatre ans, à 1 fr. par 100 kil. ;

5° L'établissement, sur les objets manufacturés, de droits fixés en maximum à 10 ou 20 p. 100, selon que la main-d'œuvre serait plus ou moins complète ;

6° L'abandon de tout privilége de tout pavillon et la liberté absolue du commerce colonial.

Toutes ces réclamations furent accueillies comme elles l'eussent été en 1845.

Les mémoires bordelais restèrent sans réponse.

La proposition de Sainte-Beuve fut repoussée.

Cependant, une force décisive venait d'arriver à l'opinion libérale du commerce. Le nouveau chef du pouvoir exécutif n'avait pas dissimulé ses principes personnels, favorables au *free trade*. Autour de son nom, qui paraissait un ordre de la destinée, la France manifestait le désir d'un Gouvernement plus fort et plus conforme à ses intérêts.

Lorsque notre chambre de commerce apprit que le chef de l'État avait l'intention de visiter le Midi, elle se hâta d'envoyer une députation à Paris pour le prier d'accepter le banquet que le commerce de Bordeaux se proposait de lui offrir ; cette invitation fut gracieusement accueillie.

Ce banquet eut lieu dans la salle de la Bourse, le 9 octobre 1852.

M. Duffour-Dubergier, président de la chambre

de commerce, porta le premier toast en ces termes :

« Je porte un toast au Prince Louis-Napoléon,

» Lui qui, au 2 décembre, a si courageusement arraché la France à l'abîme dans lequel elle allait infailliblement tomber ;

» Au Prince qui n'a usé de son pouvoir dictatorial que pour rétablir l'ordre si fortement ébranlé : Le calme, à sa voix, a succédé à la tempête, la sécurité aux alarmes ; les affaires ont repris leur cours, le crédit s'est relevé ;

» Au Prince qui, portant sa sollicitude éclairée sur nos intérêts si longtemps délaissés, nous a déjà dotés de canaux, de chemins de fer, et qui ouvrira bientôt, il faut l'espérer, des voies nouvelles, à travers l'Océan, à notre activité commerciale.

» Mais ces bienfaits ne porteront leurs fruits que lorsque l'avenir sera solidement assuré, car le commerce ne vit que d'avenir.

» Je suis donc son interprète fidèle, en vous sollicitant, Monseigneur, de mettre nos institutions en harmonie avec nos mœurs et nos besoins qui ne peuvent s'accommoder d'un pouvoir incertain et viager. Vous répondrez au vœu populaire manifesté par les acclamations unanimes du pays, en proclamant le rétablissement de l'Empire. Vive Louis-Napoléon ! »

Le Prince Président répondit :

« Messieurs, l'invitation de la chambre et du tribunal de commerce de Bordeaux, que j'ai acceptée avec empressement, me fournit l'occasion de remercier votre grande cité de son accueil si cordial, de son hospitalité si pleine de magnificence, et je suis bien aise aussi, vers la fin de mon voyage, de vous faire part des impressions qu'il m'a laissées.

» Le but de ce voyage, vous le savez, était de connaître par moi-même nos belles provinces du Midi, d'approfondir leurs besoins. Il a toutefois donné lieu à un résultat beaucoup plus important.

» En effet, je le dis avec une franchise aussi éloignée de l'orgueil que d'une fausse modestie, jamais peuple n'a témoigné d'une manière plus directe, plus spontanée, plus unanime, la volonté de s'affranchir des préoccupations de l'avenir, en consolidant dans la même main un pouvoir qui lui est sympathique. C'est qu'il connaît, à cette heure, et les trompeuses espérances dont on le berçait et les dangers dont il était menacé. Il sait qu'en 1852, la société courait à sa perte, parce que chaque parti se consolait d'avance du naufrage général par l'espoir de planter son drapeau sur les débris qui pourraient surnager. Il me sait gré d'avoir sauvé le vaisseau en arborant seulement le drapeau de la France.

» Désabusé des absurdes théories, le peuple a acquis la conviction que ses réformateurs prétendus n'étaient que des rêveurs, car il y avait toujours disproportion, inconséquence entre leurs moyens et le résultat promis.

» Aujourd'hui, la nation m'entoure de ses sympathies, parce que je ne suis pas de la famille des idéologues. Pour faire le bien du pays, il n'est pas besoin d'appliquer de nouveaux systèmes, mais de donner, avant tout, confiance dans le présent, sécurité dans l'avenir. Voilà pourquoi la France semble vouloir revenir à l'Empire.

» Il est néanmoins une crainte à laquelle je dois répondre. Par esprit de défiance, certaines personnes se disent : l'Empire, c'est la guerre. Moi, je dis : l'Empire, c'est la paix. C'est la paix, car la France le désire, et lorsque la France est satisfaite, le monde est tranquille. La gloire se lègue bien à titre d'héritage, mais non la guerre. Est-ce que les princes qui s'honoraient justement d'être les petits-fils de Louis XIV ont recommencé ses luttes? La guerre ne se fait pas par plaisir; elle se fait par nécessité; et, à ces époques de transition, où partout, à côté de tant d'éléments de prospérité, germent tant de causes de mort, on peut dire avec vérité : Malheur à celui qui, le premier, donnerait en Europe le signal d'une collision, dont les conséquences seraient incalculables.

» J'en conviens cependant, j'ai, comme l'Empereur, bien des conquêtes à faire. Je veux, comme lui, conquérir à la conciliation les partis dissidents, et ramener dans le courant du grand fleuve populaire ces dérivations hostiles qui vont se perdre sans profit pour personne.

» Je veux conquérir à la religion, à la morale, à l'aisance, cette partie encore si nombreuse de la population, qui, au milieu d'un pays de foi et de croyance, connaît à peine les préceptes du Christ; qui, au sein de la terre la plus fertile du monde, peut à peine jouir de ses produits de première nécessité.

» Nous avons d'immenses territoires incultes à défricher, des routes à ouvrir, des ponts à creuser, des rivières à rendre navigables, des canaux à terminer, notre réseau de chemins de fer à compléter. Nous avons, en face de Marseille, un vaste royaume à assimiler à la France. Nous avons tous nos grands ports de l'Ouest à rapprocher du continent américain par la rapidité de ces communications qui nous manquent encore. Nous avons partout enfin des ruines à relever, des faux dieux à abattre, des vérités à faire triompher.

» Voilà comment je comprendrais l'Empire, si l'Empire doit se rétablir. Telles sont les conquêtes que je médite, et vous tous qui m'entourez, qui voulez comme moi le bien de notre patrie, vous êtes mes soldats. »

La bourse de Bordeaux fut donc en quelque sorte le berceau du nouvel empire, et la chambre de commerce voulut conserver la mémoire de cet événement en faisant graver le discours du 9 octobre sur des tables de marbre qui sont placées dans la salle de la bourse, à l'endroit même où il a été prononcé.

Le rétablissement de l'empire fit renaître partout la sécurité et la confiance commerciales.

Le corps législatif continua, il est vrai, à se montrer favorable à la protection; mais l'opinion personnelle de l'Empereur et l'énergie de sa volonté donnaient aux places maritimes la certitude d'un meilleur avenir.

Le Gouvernement présentait alors l'opposé du souvenir laissé par les deux dynasties que dix-huit ans avaient vues disparaître.

Sous la Restauration, et pendant la monarchie de 1830, le pouvoir, craintif et faible, se laissait entraîner par des influences puissantes dans un système commercial d'antagonisme et d'isolement.

Sous l'Empire, au contraire, le chef du pouvoir, accusant franchement son opinion, libre-échangiste modéré, prudent, mais convaincu, écartait les vieux préjugés et entraînait la nation vers le progrès et la liberté du commerce.

Plusieurs décrets, rendus en vertu de la loi du 17 décembre 1814, entreprirent résolument l'expérience de la réforme douanière. Le premier, du 23 septembre 1853, abaissa considérablement les droits sur les houilles, les fers, les fontes, les aciers, les laines. On voit que la question était abordée de front et dans ses positions les plus difficiles.

Un second décret admit temporairement en franchise toutes les matières premières destinées aux constructions navales, et remplaça par un droit de 10 p. 100 la prohibition qui atteignait les bâtiments de mer étrangers.

Un troisième acte impérial décréta de notables dégrèvements sur les bestiaux, les viandes fraîches et salées, les céréales, les vins et spiritueux.

D'autres enfin eurent pour objet des réductions sur les bois de teinture, les résineux exotiques, les grains, le curcuma, le blanc de baleine et beaucoup d'articles nécessaires à notre industrie ou précieux aliments de fret pour notre marine (1).

(1) Amé, p. 256 et suivantes.

Bordeaux salua avec enthousiasme cette résurrection commerciale, et témoigna au chef de l'État sa profonde reconnaissance.

Une partie du corps législatif manifesta, au contraire, une impression évidente de mécontentement, et demanda au Gouvernement de s'abstenir de toute réforme ultérieure (1).

Les faits ne tardèrent pas cependant à justifier les prévisions des libres-échangistes.

Les affaires reprirent une activité à laquelle on n'était pas habitué; la consommation augmenta; aucun intérêt industriel ne parut souffrir. Loin de là, les objets français, similaires de ceux étrangers sur lesquels portaient le dégrèvement, éprouvèrent un développement marqué, et maintinrent leurs prix.

Le tableau des marchandises entrées en entrepôt présentent la preuve véritable de ce progrès :

ENTRÉE TOTALE.

1853..... 15,802,578 kil.
1854..... 24,720,294 »
1855..... 23,706,440 » (diminution provenant de la guerre d'Orient).

Ce mouvement se décomposait comme suit :

	1853	1854	1855
Café.......	2,559,666 kil.	5,986,686 kil.	4,010,899 kil.
Sucre.....	6,412,346 »	6,066,466 »	7,680,754 »
Cacao.....	512,344 »	1,138,129 »	880,333 »
Fer.......	157,936 »	846,998 »	1,444,870 »

Ce fut avec la force de ces preuves que le Gou-

(1) Amé, p. 256 et suivantes.

vernement vint demander au corps législatif la conversion en loi définitive des décrets ci-dessus rap-
pelés.

Pendant ces trois années favorables, le commerce
de Bordeaux avait reporté ses études et ses soins sur
plusieurs questions importantes que nous devons
examiner.

ARTICLE Ier.

QUESTION DES PAQUEBOTS TRANSATLANTIQUES.

L'établissement des paquebots à vapeur transatlantiques date en Europe de l'année 1838 ; ce fut à
cette époque que les steamers de la première compagnie anglaise commencèrent leur service de Bristol
à New-York. Des compagnies rivales s'établirent
immédiatement entre Londres, Liverpool et Halifax.
Ces diverses entreprises obtinrent les plus brillants
résultats.

A peine ce grand problème de l'application de la
navigation à vapeur aux voyages de long cours fut-
il résolu chez nos voisins, que le commerce de Bordeaux se demanda si une entreprise semblable n'aurait pas chez nous les mêmes chances de succès.

Dès le mois de novembre 1838, le projet d'une
ligne de paquebots à vapeur entre Bordeaux et New-
York fut mis à l'étude par notre chambre de commerce, et le 20 du même mois, M. Wustemberg
s'exprimait ainsi dans son rapport :

« Un premier examen a vite fait comprendre que,

si les chances de succès existaient, ce n'était qu'au Havre et à Bordeaux ; car la rivière de Nantes ne permet pas à cette ville de songer à une entreprise de ce genre, et Marseille présente des difficultés d'éloignement et de quarantaine incompatibles avec les communications promptes èt régulières qu'il s'agit d'établir ; mais si le Havre peut espérer d'établir un jour avec succès une grande ligne de paquebots à vapeur entre la France et les États-Unis, c'est un espoir qu'il ne lui sera possible de réaliser que dans un certain nombre d'années, et après que de grands travaux auront permis à des vaisseaux de forte dimension d'entrer dans le port. Bordeaux seul présente aujourd'hui toutes les conditions nécessaires pour réaliser l'entreprise dont il s'agit. »

Des raisons étrangères à la question arrêtèrent l'exécution de ce projet.

Au mois de mai 1840, un projet ministériel soumit aux chambres l'établissement de trois lignes : la ligne de New-York partant du Havre ; la ligne des Antilles partant alternativement de Bordeaux et de Marseille ; la ligne du Brésil et de la Plata, partant de Nantes ou de Saint-Nazaire.

La loi fut votée par les deux chambres avec un crédit de 28 millions ; mais les constructions, entreprises par l'État, furent mal conçues, et les espérances de nos ports restèrent sans résultat.

En 1845, nouveaux tâtonnements, pendant que l'Angleterre marchait à grands pas. Cette fois, le Gouvernement demandait aux chambres l'autorisation de traiter avec des compagnies commerciales pour l'exploitation au moyen de paquebots, soit à vapeur, soit à voiles et à vapeur, de quatre lignes principales de correspondance partant de France et aboutissant à Rio-Janeiro, à la Martinique ou à la Guadeloupe, à la Havane et New-York, laissant ainsi à l'État la faculté de fixer les points de départ.

Le port de Bordeaux, comprenant toute la gravité de cette situation, fit de vives réclamations qui parurent faire impression sur le ministère; la solution de la question fut encore suspendue.

Enfin, en 1847, fut soumis aux chambres un troisième projet, présentant de nouveau les points de départ du Havre, de Saint-Nazaire, de Bordeaux et de Marseille; mais les événements de 1848 en arrêtèrent la discussion, et cette question vitale ne fut remise à l'étude qu'après le rétablissement de l'Empire.

Ce fut dans cette situation que M. Duffour-Dubergier demanda au conseil municipal de Bordeaux de joindre sa voix à celle de la chambre de commerce pour attirer sur notre ville l'attention du Gouvernement dans la distribution des lignes des paquebots transatlantiques :

« Il y a quatre lignes, disait-il, qui sont indispensables, et que la France doit nécessairement établir, sous peine de déchoir au rang des puissances du dernier ordre. Ces lignes sont celles de là Méditerranée, de l'Amérique du Nord, du golfe du Mexique et du Brésil.

Celle de la Méditerranée a déjà été établie et concédée à la compagnie des messageries nationales; son point de départ est Marseille. Bordeaux n'avait aucune prétention à l'obtention de cette ligne.

Quant aux trois autres lignes, celle du nord de l'Amérique, du Mexique et du Brésil, je pense en toute sincérité que, si l'on ne regardait qu'à l'avantage réel de la compagnie et du pays, Bordeaux serait, sans contredit, le port de l'Océan qui y aurait le plus de droits.

Les bateaux transatlantiques sont surtout destinés au transport des dépêches et des voyageurs; par conséquent, la brièveté du parcours est la considération la plus importante; c'est le seul moyen de combattre avantageusement la concurrence anglaise, qui sera toujours fatale ou très-redoutable aux paquebots partant du Havre.

Bordeaux ayant quarante-huit heures d'avance sur les paquebots anglais, ne peut plus redouter cette concurrence.

On pourrait aussi répondre au Havre qu'il serait facile d'ouvrir une communication aussi courte, et peut-être plus courte entre le port de Bordeaux et Mulhouse, centre de la consommation des cotons, que celle qui existe entre cette ville et le Havre. Néanmoins, vu l'état actuel des communications intérieures, des habitudes prises, la consommation de Rouen et des autres villes du nord, je ne crois pas que l'on doive insister sur l'obtention de la ligne des États-Unis; il convient de la laisser au Havre, si du moins le Gouvernement n'en juge pas autrement dans un but d'intérêt général, et à condition que le Havre, satisfait de cette concession, renonce à demander les deux autres lignes du Mexique et du Brésil, auxquelles nous avons des droits incontestables.

Quant à celle du Mexique, la brièveté du parcours, les relations existantes entre Bordeaux et le Mexique, celles de Bordeaux avec l'Espagne, tout concourt à en assurer la concession à Bordeaux. Aussi, n'avons-nous pas trouvé d'opposition sérieuse à ce que cette ligne nous fût concédée.

Il n'en a pas été de même de celle du Brésil. Le Havre, Marseille et Nantes, nous la disputent.

Je ne sais trop sur quel motif sérieux ces villes fondent leurs demandes, ce qui m'empêche d'y répondre; mais je connais les raisons invincibles qui militent en notre faveur, et je vous prie de me permettre de vous les faire connaître.

D'abord, la brièveté du temps : nous gagnerons quarante-huit heures au moins sur le Havre et Marseille, et vingt-quatre heures sur Nantes.

Cette différence seule dans un service postal est décisive, d'autant que, comme je vous l'ai dit, elle nous assure un avantage incontestable sur les lignes anglaises.

Marseille ne pourrait pas relâcher à Lisbonne sans faire un énorme détour, et le Havre et Nantes offriraient un retard de vingt-quatre et quarante-huit heures sur Bordeaux, dans la transmission des dépêches pour le Portugal et le transport des voyageurs.

La grande émigration pour la Plata a lieu des provinces basques; or, ces pays sont à nos portes et nous pouvons parfaitement desservir ces intérêts et profiter de cette ressource. Nous avons donc, plus qu'aucun autre port, les éléments de fret pour des bateaux transatlantiques, les passagers et la correspondance postale.

Outre cela, nous avons des marchandises, le vin et les eaux-de-vie, qui forment le meilleur aliment de fret; et quant aux articles de Paris, articles de valeur et de peu de poids, ils arrivent à Bordeaux, par la voie ferrée, dans un aussi bref délai qu'au Havre.

Mais une circonstance qui me paraît décisive, c'est que si l'on donnait la ligne du Brésil à Nantes ou à Marseille, ou mieux encore au Havre, au détriment de Bordeaux, ce serait fatal, non-seulement à Bordeaux, mais encore à deux des trois autres villes qui en seraient privées.

Bordeaux est, en effet, le point intermédiaire entre le Havre et Nantes d'un côté, et Marseille de l'autre. Marseille communique avec Bordeaux par le canal latéral et le chemin de fer de Cette. Nantes communique en trente heures avec Bordeaux par la navigation à vapeur, tandis que Nantes et Marseille communiquent difficilement et lentement. Dans l'intérêt de ces deux villes et du Havre lui-même, Bordeaux est donc le port qui doit être choisi, parce que c'est celui qui offre le plus d'avantages à tous ceux des ports qui n'obtiendront pas la concession de la ligne, tandis que Marseille ne peut l'obtenir sans nuire considérablement au Havre et à Nantes, et Nantes ou le Havre ne peuvent l'obtenir sans ruiner Marseille.

Une autre considération, qui devrait, ce me semble, être d'un grand poids, c'est que le port de Bordeaux sera, en cas de guerre, beaucoup moins exposé à un blocus que le Havre, et que les navires partant de notre port seront moins exposés que ceux qui partiraient de Marseille et qui devraient nécessairement passer sous le canon de Gibraltar. »

Ces raisons étaient décisives; le Gouvernement, parfaitement éclairé, devait prendre un parti. Cependant, il est triste de le dire, la lutte passionnée des intérêts arrêta longtemps encore la décision de l'État, et la loi seule du 17 juin 1857 est venue donner une solution poursuivie depuis dix-huit ans.

Cette loi accorde une subvention de 14 millions de francs pour les trois lignes, et attribue au port de Bordeaux celle du Brésil et de la Plata.

La compagnie des messageries nationales s'est rendue adjudicataire de cette entreprise. Longtemps avant le terme fixé par le cahier des charges, cette société était prête à commencer le service qui lui a été confié. Dans la séance du 18 avril 1860, M. le Président de la chambre de commerce de Bordeaux signalait ainsi cette heureuse circonstance commerciale:

« Nos comptes-rendus antérieurs ont plusieurs fois fait mention de la ligne transatlantique qui doit mettre la France en relation avec le Brésil; c'est le premier pas dans la création de ces services à vapeur, que l'Angleterre a organisés sur une vaste échelle, et qui, jusqu'à présent, étaient dans notre pays demeurés à l'état de projet.

» Vous savez, Messieurs, que dans un mois environ, le premier des bâtiments à vapeur qui inaugurera cette voie nouvelle quittera notre port pour se rendre à Rio-Janeiro. Le jour du départ de la *Guyenne* méritera d'être inscrit dans les fastes de Bordeaux. Ce service deviendra, nous n'en doutons point, et nous le désirons ardemment, le commencement d'une ère nouvelle pour les relations de la France avec de riches contrées vers lesquelles va se diriger un courant d'affaires qu'alimentera la réforme des tarifs douaniers. Depuis une dizaine d'années, et grâce à la création des lignes à vapeur, les échanges entre l'Angleterre et le Brésil ont acquis un développement des plus considérables; il ne saurait en être autrement en France, et, ne l'oublions pas, c'est le pays tout entier qui recueillera les résultats heureux qu'amènera le nouveau service ayant son point d'attache dans notre port. Nous remplirons un devoir et nous ferons un acte de justice en signalant le zèle intelligent et l'activité que les administrateurs des messageries ont apportés dans la création de la ligne dont nous verrons l'inauguration dans un mois. Aux termes du cahier des charges, ils pouvaient ne l'ouvrir qu'au mois de février 1862; ils devanceront considérablement cette époque, et notre cité leur doit, sous ce rapport, une sincère reconnaissance. »

ARTICLE II.

DES DOCKS.

Les docks sont de création anglaise; ce sont des bassins bordés de magasins et destinés à recevoir les navires et les marchandises. -

. Le système des docks, appliqué depuis longtemps en Angleterre et en Hollande, y a fortement contribué au développement de la prospérité commerciale.

Il est facile de comprendre l'économie des docks :

Les docks jouissent du privilége d'entrepôt.

Possédés et administrés en général par des compagnies, ces établissements se chargent de faire, pour le compte des négociants, toutes les opérations de douane et toutes les mains-d'œuvre commerciales.

Les marchandises une fois dans les magasins des docks, inventoriées et classées par ordre de nature de produits, la compagnie remet au négociant un ou plusieurs récépissés, à l'aide desquels il peut opérer la vente. Si le propriétaire des marchandises le désire, la compagnie lui délivre également des billets ou warrants transmissibles par endossement et représentant en général de 60 à 70 p. 100 de la valeur des marchandises reçues dans le dock.

Il faut reconnaître qu'une telle organisation a pour résultat incontestable de faciliter les opérations du commerce, de diminuer les frais, de centraliser le marché, de mobiliser constamment le capital de la place et de doter le port d'un immense développement de magasins et de quais parfaitement appropriés aux besoins du commerce et à la rapidité de son action.

Toutefois, l'établissement des docks a rencontré en France des obstacles sérieux. Depuis peu d'années seulement, ceux de Paris, de Marseille et du Havre commencent à produire des résultats assez remarquables; leur création dans le port de Bordeaux a éprouvé jusqu'ici la résistance la plus vive.

Plusieurs projets ont été cependant présentés depuis 1840, pour l'établissement des docks à Bordeaux. Le plan généralement adopté et indiqué par la chambre de commerce elle-même consistait à construire le bassin des docks dans le vaste emplacement compris entre la fabrique Johnston, le Magasin des vivres et le chemin de la Barde. Ce bassin, divisé en plusieurs compartiments par des écluses, serait facilement entretenu et présenterait une profondeur plus que suffisante pour les navires du plus fort tonnage. Le système des récépissés et des warrants y serait établi de la manière la plus favorable et combiné avec les habitudes commerciales de la place.

Ce sont là certainement des propositions bien séduisantes pour le présent et surtout pour l'avenir.

Les adversaires des docks à Bordeaux ont publié dans plusieurs écrits les motifs de leur opposition.

Selon eux, la rade de Bordeaux n'a pas besoin de docks, puisqu'elle possède un port capable de recevoir plus de navires que son commerce ne peut en employer; que ses quais sont vastes, commodes, parfaitement organisés pour le chargement et le déchargement des marchandises; qu'enfin, tous les quartiers commerçants contiennent un nombre immense de magasins en grande partie inoccupés.

Construire des docks à Bordeaux serait donc détruire la beauté naturelle du port et ruiner une partie des propriétés urbaines.

Le système des warrants, convenable à l'organisation commerciale des Anglais, n'aurait chez nous ni avantage ni succès; c'est ce qu'ont démontré les expériences déjà faites.

On peut d'ailleurs obtenir l'avantage des warrants en créant des magasins généraux, ayant le privilége d'entrepôt, et cela sans creuser un bassin inutile, sans faire des dépenses immenses en pure perte, sans abandonner le port magnifique que la nature nous a donné.

Les partisans des docks sont loin d'avoir laissé ces arguments sans réponse.

La chambre de commerce, d'abord hésitante, a consciencieusement étudié la question; en 1855, elle déclarait, dans une lettre adressée à M. le Préfet, qu'elle regardait les docks comme des établissements fort utiles aux grands ports commerciaux, et qu'il était certain que dans un délai plus ou moins long, ils deviendraient indispensables à Bordeaux.

Tout nouvellement, M. Basse, président de la chambre, répondant aux questions du congrès scientifique, a fait connaître son opinion avec la plus grande netteté.

Il est démontré pour lui que les docks produisent
une économie notable dans les frais, économie profitable à l'expéditeur comme au destinataire, et rejail-
lissant avantageusement sur le fabricant et le consommateur. Ces établissements, dit-il, opérant la
réunion en un seul lieu des marchandises d'un même
marché, les commerçants trouveront toujours avantageux d'opérer sur les places où la facilité du choix
dans un même local répondra largement aux goûts
et aux besoins de toutes les classes d'acheteurs. D'un
autre côté, le développement toujours croissant du
commerce maritime de Bordeaux appelle nécessairement la création des docks avec les avantages qui
leur sont inhérents.

Tel est l'état actuel de la question, et tout nous
fait espérer qu'elle recevra avant peu dans notre
port une solution conforme aux véritables intérêts
du commerce.

Outre ces questions, notre chambre de commerce
ne cessa d'étudier toutes celles qui intéressaient la
place de Bordeaux, notamment le remorquage des
navires, les bassins de carénage, les passes du fleuve,
le transport dans nos colonies des coolies indiens, le
bureau Veritas, etc.

Revenons maintenant aux réformes successives des
tarifs douaniers.

La demande de convertir en législation définitive
les décrets réformateurs du pouvoir exécutif ne fut
pas accueillie par le corps législatif avec une grande
faveur; le rapporteur blâma le Gouvernement de ses

tendances *libres-échangistes*; néanmoins, le ministère tint bon, et le premier pas sérieux dans la réforme des tarifs fut consacré par une loi (1).

Sans s'arrêter à ce premier succès, le Gouvernement présenta, le 9 juin de la même année, un projet portant retrait de toutes les prohibitions.

Cette fois, l'opposition retrouva toute sa violence. Les manufacturiers firent entendre des cris de désespoir, et menacèrent de fermer les ateliers. En présence de ces manifestations, qui paraissaient impressionner une partie du peuple, le Gouvernement consentit à ajourner ce second projet; mais le *Moniteur* du 16 octobre 1856 annonça que les prohibitions seraient définitivement retirées dans l'année 1861.

Quoi qu'il en fût, les premiers actes du pouvoir étaient déjà suffisants pour produire de grands résultats; le commerce de Bordeaux n'a cessé de progresser de 1853 à 1860, malgré les deux guerres glorieuses que nous avons soutenues.

Aujourd'hui, il n'est pas de place au monde, si ce n'est Londres, qui ait des relations plus variées et mieux établies que le port de Bordeaux. Trois grandes lignes de chemins de fer, parfaitement organisées pour le commerce, sont venues nous apporter de nouveaux éléments de prospérité : la ligne de Paris fait le trajet en douze et dix-huit heures; celle de Bayonne, en six heures; celle de Toulouse à Cette, en douze et quatorze heures. Au moyen du service

(1) Loi du 12 juillet 1856.

télégraphique, les opérations qui exigeaient des semaines s'accomplissent dans une journée.

Nos armateurs font des expéditions pour tous les ports de l'Amérique, depuis La Plata jusqu'au-dessus de la Nouvelle-Écosse, depuis le Chili jusqu'au nord de la Californie; il n'est pas de comptoir d'Afrique, pas de rivage indien qui ne soient visités par les bâtiments de Bordeaux. Des clippers, de marche supérieure, partent régulièrement de notre port pour Bombay, Maurice et la Réunion, Calcutta, Batavia, Singapour, les mers de la Chine et l'Australie. Nos magnifiques paquebots transatlantiques faisant les voyages du Brésil transportent, tous les 25 jours, une masse énorme de passagers, et nous créent avec l'Amérique du Sud des rapports d'un avenir immense. Enfin, tous les ports de l'Europe sont reliés avec nous par plus de trois mille caboteurs, et des services réguliers à hélice parcourent sans interruption les lignes de Bayonne, La Rochelle, Nantes, Rouen, Dunkerque, Anvers, Rotterdam, Southampton, Londres, Liverpool, Newcastle, etc.

Le mouvement de notre port, sous tous pavillons, entrées et sorties, de 1856 à 1860, a été de :

	ENTRÉES.	SORTIES.	VALEURS.
1856..........	259,959 tx	280,469 tx	540,428 fr.
1857..........	334,870	366,705	701,595
1858..........	259,100	246,547	505,649
1859..........	321,820	306,171	627,991
1860..........	324,499	331,868	659,367

Les produits d'exportation qui figurent pour la plus

forte somme dans ce mouvement présentent, pour les mêmes années, les chiffres suivants :

	VINS.	EAUX-DE-VIE.
1856..........	443,648 hect.	45,559 hect.
1857..........	426,693	73,573
1858..........	498,755	87,259
1859..........	732,045	169,890
1860..........	616,536	75,827

L'importation des denrées coloniales les plus dignes d'attention s'y trouve également représentée comme suit :

	1856	1857	1858	1859	1860
Cacao........... Kil.	952,028	1,176,548	810,286	1,308,293	911,778
Café................	7,454,652	7,530,226	5,011,751	8,106,524	9,652,422
Cochenille...........	62,727	32,040	82,718	53,975	26,427
Gomme.............	1,488,969	2,692,578	4,588,510	4,559,410	2,854,671
Indigo.............	1,028,506	778,925	642,621	451,755	600,258
Poivre.............	1,906,550	957,609	628,479	645,229	1,053,387
Riz................	27,050,825	15,002,927	6,337,015	4,449,032	5,646,658
Sucre colonies franç...	12,589,180	15,204,345	13,975,545	15,834,861	16,385,919
Id. colonies étrang..	3,712,650	6,963,296	7,747,777	5,782,635	6,726,611

Nous arrivons à la fin de notre tâche en ce qui concerne le commerce de Bordeaux proprement dit. Le monarque éclairé qui nous gouverne a tenu plus qu'il n'avait promis; le traité de commerce du 10 mars 1860 est le triomphe complet de la liberté commerciale sage, modérée, protégeant et développant tous les intérêts de la nation.

Au moment où nous traçons ces dernières lignes, un économiste impartial écrit :

« Les adversaires les plus obstinés du traité de commerce entre la France et l'Angleterre viennent d'être forcés, à la lecture du rapport annuel des commissaires des douanes britanniques, de reconnaître les incontestables bienfaits résultants de cette grande mesure. Ce rapport ne contient que les chiffres de 1860, et la seule portion du nouveau tarif français en vigueur à cette époque était celle qui concerne les métaux, les minéraux, les machines et les manufactures de métaux. Les exportations anglaises en France se sont élevées de 49 p. 100 sur les totaux correspondants de 1859. En voici le détail : fer en gueuses, 4 p. 100; fer en barres, 6 p. 100; cuivre, 8 p. 100, et plomb, 35 p. 100. Dans les industries où l'exécution a suivi de près le traité, les importations de France en Angleterre se sont élevées aux chiffres suivants : horlogerie, 24 p. 100; montres, 50 p. 100; gants de peau, 15 p. 100; soieries, 17 p. 100; châles, écharpes et fichus de laine, 300 p. 100.

» Ce n'est que sur le vin que la taxe anglaise n'a pas été abaissée à son minimum en 1860; elle a été simplement ramenée de 5 schellings 6 deniers le gallon à 3 schellings; cependant, l'effet immédiat de cette réduction a été considérable. En 1859, l'importation en vins de tous les pays dans la Grande-Bretagne a été de 8,195,513 gallons; en 1860, elle a monté à 12,483,362 gallons. Dans cette augmentation des quantités importées, le Portugal et l'Espagne ont eu une large part aussi bien que la France; l'importation de ces deux pays a été presque doublée.

» Mais entre l'accroissement des quantités de Porto
et de Sherry introduites en Angleterre et celle des
vins français, il existe une différence à signaler, c'est
qu'en 1860, la consommation du vin de Sherry en
Angleterre ne s'est augmentée que de 3 p. 100, malgré les quantités considérables qui ont été apportées,
et que celle du vin de Porto a descendu maintenant
de 13 p. 100; la consommation des vins français, au
contraire, s'est accrue de 60 p. 100 en 1860. Dans
la même période, on a remarqué également que la
consommation des vins allemands importés en Angleterre par la voie hollandaise avait augmenté de
77 p. 100; mais l'ensemble du débit de ces vins est
tout à fait insignifiant en comparaison de l'usage qui
se fait des vins de France sur les tables anglaises.

» Le rapport met en lumière une autre face non
moins intéressante du commerce des vins. Avant la
réduction des droits perçus sur eux à leur entrée en
Angleterre, la consommation des vins des colonies,
principalement de celui du cap de Bonne-Espérance,
s'était rapidement développée; mais la diminution
des taxes ayant permis aux consommateurs anglais
de se procurer les meilleurs vins de France et d'Allemagne, l'usage des vins des colonies est considérablement tombé en 1860. »

CHAPITRE VIII.

INDUSTRIE BORDELAISE PENDANT LE DIX-NEUVIÈME SIÈCLE.

Les guerres générales du commencement de ce siècle amoindrirent une grande partie de l'industrie bordelaise : les raffineries, la tonnellerie, les verreries, sont des conséquences naturelles du commerce de notre ville; ces établissements souffrent ou se relèvent avec lui. La guerre produisit cependant quelques bons résultats pour certaines industries; il est certain que l'énorme consommation du fer, de l'acier, des projectiles, fut une des causes qui développèrent en France, et notamment dans les environs de Bordeaux, l'établissement des grandes forges.

Ces ateliers furent autorisés, et s'ouvrirent dans l'ordre suivant :

1803 : Forge de Lugos, MM. Gignoux et Lescure : haut-fourneau, 4 feux d'affinerie, 40 ouvriers.

1804 : Forge de Beliet, à M. Juhel-Renoy : haut-fourneau, 2 feux d'affinerie, 22 ouvriers.

La paix de 1815 accéléra la marche de cette industrie.

1820 : Forge de Castelnau, à M. de Bresson : haut-fourneau, moulage, 37 ouvriers.

1825 : Forge de La Trave, à M. Groc : haut-fourneau, affinerie, moulage, 43 ouvriers.

1834 : Forge de Cazenave, à M. Paris : haut-fourneau, affinerie, 14 ouvriers.

1838 : Forge de Biganos, à MM. Dumora et Gignoux : haut-fourneau, moulage, 37 ouvriers.

1840 : Forge de Baulac, à M. Gardin : haut-fourneau, affinerie, 13 ouvriers.

Plusieurs autres établissements du même genre s'élevèrent successivement dans le département de la Gironde.

Ces forges ont eu des succès divers; celles qui existent encore donnent lieu à un commerce immense dont Bordeaux est l'entrepôt principal. L'intérêt de cette industrie s'est trouvé en lutte un moment avec la liberté réclamée par le commerce maritime; mais il est aujourd'hui démontré que les forges françaises peuvent, pour la plus grande partie de leurs produits, combattre avec avantage la concurrence anglaise. L'équilibre que doit produire la réforme des tarifs ne sera que favorable à la solidité et aux progrès de la métallurgie nationale.

Après 1815, le retour des affaires fit naître sur notre place d'autres manufactures d'une grande importance.

Plusieurs sont arrivées à une prospérité décisive.

En 1820, M. Chatenais donna un grand développement à la fabrique de couvertures qui existait à Bordeaux ; son établissement avait quinze métiers et consommait 20,000 kil. de laine par jour.

Dans leur ancienne filature de laines, fondée depuis 1780, MM. Laroque introduisirent en 1825 les métiers, les machines et les moteurs dont l'expérience avait sanctionné la supériorité. Depuis, ils ont ajouté à leurs produits une manufacture de tapis de pied, qui figure aujourd'hui parmi les industries françaises les plus distinguées. Cet établissement a obtenu des récompenses de premier ordre dans de nombreuses expositions industrielles.

Ce fut en 1827 qu'eut lieu dans notre ville la première exposition de l'industrie, sous le patronage de la Société philomathique. On peut dire que cette conception généreuse a dépassé l'espérance de ses auteurs ; l'émulation a enfanté un progrès incontestable ; l'esprit du pays s'est porté vers l'industrie avec une force inattendue. Bordeaux doit certainement à la Société philomathique un bienfait précieux et fécond.

Le jury de l'exposition de 1827 s'empressa d'accorder de hautes récompenses à deux manufactures nouvellement établies parmi nous :

1° Une médaille d'or à MM. Vernet frères, qui venaient d'importer à Bordeaux la fabrication des tapis de'pied peints ;

2° Une médaille d'argent à MM. Baumgartner, pour les calicots blancs et écrus provenant de leurs ateliers de tissage situés aux Chartrons. (Établissement que les capitaux et le patriotisme du pays auraient dû soutenir avec une grande énergie.)

La fabrication des conserves alimentaires s'est également développée à Bordeaux comme conséquence du commerce maritime. Cette industrie a atteint dans notre port une perfection réelle.

La dernière de nos expositions a accordé des médailles :

A MM. Rödel, pour la supériorité de leurs conserves alimentaires;

A M. Teyssonneau, pour les mêmes qualités et son système de bouchage ;

A M. Faure, pour ses prunes conservées en boîtes et en flacons;

A MM. Duffour, pour tous les fruits secs préparés.

De 1830 à 1835, s'élevèrent aussi dans la Gironde deux établissements industriels nouveaux , qui figurent maintenant au premier rang : nous voulons parler de la fabrique de porcelaine de Bacalan et de la papeterie de Montfourat :

La première, créée par M. Johnston, a fait depuis sa fondation des progrès immenses; elle occupe 700 ouvriers environ; ses produits luttent victorieusement contre ceux des Anglais, qui étaient en possession exclusive de ce genre d'industrie. Dirigée depuis plusieurs années par M. Vieillard, cette manufacture a obtenu, soit à Bordeaux, soit à Paris, les plus honorables récompenses.

La seconde, établie près de Coutras, dans les proportions les plus vastes, fabrique toutes sortes de papiers de bureau, d'imprimerie, et ceux destinés aux papiers peints. Ses produits s'expédient à l'intérieur et fournissent aussi un aliment important à notre commerce maritime; elle occupe de 130 à 150 ouvriers.

En 1840, M. Beaufils, fabricant ébéniste à Bor-

.deaux, donna à ses ateliers un développement et une direction qui lui permirent de rivaliser avec l'industrie parisienne. Ce manufacturier, animé d'un goût et d'une activité remarquables, peut revendiquer à juste titre l'honneur d'avoir donné à la fabrication des meubles, à Bordeaux, une impulsion dont elle ne paraissait pas susceptible. Ses produits, recherchés dans la France entière, sont également expédiés pour tous les ports de l'Amérique.

Nous désirerions que les limites de cet ouvrage nous permissent de mentionner avec détail un grand nombre d'ateliers industriels établis à Bordeaux depuis le commencement de ce siècle, et qui contribuent à la prospérité de notre ville, tels que la scierie à vapeur de MM. Dumoulin frères; les machines à vapeur de MM. Cousin fils; les chaudières à tubes calorifères de MM. Daney; le biscuit pour la marine de M. Trénis; les chocolats de MM. Louit frères; les pianos de M. Heering et de M. Thibout; les briques réfractaires de M. Duprat, etc., etc.

CHAPITRE IX.

OBSERVATIONS FINALES.

Dans notre conviction, il n'est pas de commerce plus solide que celui de Bordeaux ; mais nos négociants doivent faire des efforts incessants pour en développer le progrès. L'objet de ce dernier chapitre est de présenter à cet égard quelques observations rapides.

I.

Il n'existe pas en effet de craintes fondées qui paraissent pouvoir menacer la destinée commerciale de notre pays. On a quelquefois adopté sur ce point des idées peu sérieuses : Marseille, le Havre, Nantes ont grandi et grandiront par des raisons qui leur sont propres, mais non en se substituant à notre commerce maritime et en le ruinant. C'est un tort grave que de faire naître entre les places commerçantes des sentiments d'envie et d'hostilité. Depuis l'époque où un préjugé de concurrence fatale s'est plus ou moins répandu, toutes les villes désignées, et Bordeaux non moins que les autres, ont doublé en population et en richesse. En Angleterre, en Hollande, les ports sont animés entre eux d'une sorte de solidarité fraternelle, qui va jusqu'au dévouement ; il devrait en être ainsi chez nous ; c'est là l'esprit du grand commerce.

Marseille sera toujours *l'emporium* naturel de tout l'Orient ; nous n'avons rien à lui disputer sur ce point. Le Havre a pour lui la proximité de Paris et des manufactures d'étoffes de coton ; mais le commerce étranger n'y trouvera jamais, aux mêmes conditions que chez nous, les fortes cargaisons de retour et le riche marché des produits agricoles. Nantes ne fournit également que des produits secondaires ; le commerce y montre, il est vrai, une activité méritante, un esprit d'entreprise et d'ensemble qu'il est bon de remarquer ; mais l'infériorité naturelle de son port ne mettra jamais cette place sur la même ligne que Bordeaux, même avec le secours des bassins de Saint-Nazaire.

Nous croyons ainsi, sans aveuglement, que Bordeaux sera toujours en réalité le port principal du grand commerce maritime français, et cela par l'importance des produits de son sol, la beauté de son fleuve, les conséquences certaines de sa position géographique.

Le goût de nos vins ne s'éteindra jamais ; leur réputation n'est pas un caprice ; elle repose sur une valeur réelle reconnue par tous les peuples. On a déjà essayé la culture de la vigne sous toutes les latitudes, sans pouvoir retrouver cette vertu spéciale du vin bordelais, qui double de qualité en traversant les mers et en subissant toutes les fatigues.

Nous devons donc marcher avec confiance ; si notre commerce peut souffrir pendant la guerre, il est certain de renaître avec la paix. Tant que la mer sera libre, tous les peuples viendront chercher nos précieux liquides; leur consommation grandira toujours dans la proportion directe des rapports des nations; elle doit centupler avec la liberté commerciale.

Les garanties d'avenir que nous présente la beauté de notre fleuve sont également évidentes; il ne faut que l'avoir vu pour reconnaître que le commerce ne peut y périr; la *Gironde* est jusqu'à vingt lieues de son embouchure le plus beau cours d'eau de l'Europe, le seul qui puisse être comparé aux grands fleuves d'Amérique et d'Asie par sa largeur, la masse de ses eaux, la magnificence de ses rives; les deux belles rivières qui s'y réunissent au Bec-d'Ambès parcourent elles-mêmes ou par des affluents navigables, les pays les plus fertiles de France. Bordeaux est le centre naturel de ces admirables contrées; c'est le point le plus commode, le plus sûr et le plus beau pour le mouillage et l'armement des navires. Lorsqu'on arrive à Bordeaux, soit de la mer, soit par le chemin de Paris, on est frappé de la magnificence de cette cité qui garnit tout l'horizon comme un immense palais. Dans ce port modèle, les bâtiments ne sont pas pressés bord à bord comme dans les bassins de Marseille et du Havre; largement espacés sur trois rangs, ils présentent toutes les facilités possibles pour le chargement et le déchargement, les manœuvres de départ et d'arrivée, le mouvement des embarcations.

Ajoutons enfin que si la position géographique de

Bordeaux a été regardée dans tous les temps comme
la plus favorable au commerce, elle semble réserver
à la génération qui vient des destinées plus brillantes
encore.

Le *Moniteur* annonçait il y a peu de jours que la
transformation du canal du Midi en grand canal maritime, était sérieusement à l'étude; qu'un premier
rapport considérait l'œuvre comme très-pratique, et
évaluait la dépense totale à 22 millions.

Quelle que soit l'importance de cette somme, elle
serait certainement peu de chose auprès de la grandeur des résultats. On peut dire, sans hésiter, que
la France n'a jamais accompli un travail comparable
à celui-ci pour ses conséquences. En effet, la jonc-
tion des deux mers réellement établie; un voyage de
quelques jours sans transbordements, sans frais considérables, sans dangers, remplaçant une navigation
longue, difficile, ruineuse, et qui fait périr chaque
année un grand nombre de marins; quel ouvrage
humain pourrait conduire à de pareils résultats! La
réalisation de cette œuvre n'est-elle pas le complément nécessaire du canal de Suez? Entièrement achevée, cette route féconde et directe de tout le nord de
l'Europe vers l'Orient, l'Afrique, les Indes, l'Australie,
deviendrait une nécessité commerciale pour tous les
peuples maritimes, et par cela même, un nouvel
élément de paix entre les nations. Qui ne voit combien cette clef puissante, placée dans les mains de
la France, augmenterait son influence, sa richesse
et sa force? En ce qui regarde notre port, quelle

source de prospérité et de travail dans cet immense passage, voie principale du monde, fleuve d'or déposant chaque jour sur ses rives.

II.

Le commerce de Bordeaux doit néanmoins faire des efforts énergiques pour seconder les faveurs naturelles qui lui appartiennent.

Il faut qu'il cherche sans cesse à augmenter la réputation de ses produits. Tout est susceptible de progrès. Depuis quarante ans seulement, l'industrie vinicole a changé presque tous ses procédés. Nos propriétaires de vignobles ne sauraient trop étudier et comparer pour bien choisir les terrains, combiner les cépages, diriger la taille, la culture et la fabrication, de manière à améliorer encore la qualité de leurs vins.

D'un autre côté, nos négociants doivent accomplir plus que partout les devoirs rigoureux du commerce, surveiller leurs intermédiaires, et mériter sous tous les rapports la confiance du monde entier. Prompts à faire droit aux réclamations fondées, nous devons, toutefois, combattre avec fermeté la mauvaise foi et rester insensibles à la calomnie. Le commerce de Bordeaux est, on peut le dire hautement, l'un des plus réguliers dans les affaires. Notre place possède toujours un grand nombre d'anciennes maisons, qui conservent et propagent les traditions honorables de plusieurs générations commerciales.

Il est certain que l'injustice et l'envie pourraient seules contester les qualités heureuses qui distinguent le commerce de Bordeaux ; ce qu'on doit désirer pour lui, c'est de voir s'y développer avec plus de force l'esprit d'association, source féconde des grandes choses, la hardiesse et la vivacité d'exécution, compagnes inséparables du génie commercial, l'étude sérieuse et prompte de tous les moyens de crédit qui peuvent augmenter le capital et ne laisser aucune force improductive.

III.

Ajoutons qu'il ne suffit pas de tout faire pour maintenir nos anciens moyens d'échange, il faut en créer de nouveaux ; l'expérience est là pour en démontrer la nécessité. Comme nous l'avons vu, l'esprit industriel s'est beaucoup amélioré dans nos contrées ; il est loin d'y avoir obtenu cependant le développement désirable. Le but que nous devons atteindre est facile à reconnaître : Ne rien perdre des richesses que peuvent produire notre climat et notre sol ; étendre, décupler chez nous, si c'est possible, la consommation des produits étrangers ; ce sont là les deux fondements certains de la fortune commerciale.

Quant au premier de ces deux moyens, M. Bérès, du Gers, et plusieurs autres économistes, conseillent principalement à Bordeaux la recherche de nouveaux produits d'agriculture, et ils placent en première ligne la culture du mûrier. Des essais assez nombreux, faits dans notre département, sont restés jusqu'ici sans succès déterminés. La maladie qui désole depuis quelques années la production séricicole a jeté le découragement dans les établissements que nous possédions.

Le journal *la Patrie*, du 24 juin 1861, renferme sur cet objet des réflexions utiles :

« Les savants, comme les praticiens, dit ce journal, sont loin d'être d'accord sur la cause de cette maladie. Deux sériciculteurs justement renommés, M. Guérin-Méneville et M. Emile Nourrigat, pensent qu'elle est communiquée aux vers à soie par les feuilles du mûrier, atteintes aussi depuis quelques années d'une affection spéciale. On reconnaît, en effet, que cette feuille est envahie par d'innombrables taches indépendantes des taches de rouille, se rapprochant de celles qu'on a remarquées sur la vigne et sur d'autres végétaux, et ayant pour effet de provoquer la chute prématurée des feuilles sur les arbres non dépouillés au printemps; à cette cause morbide viennent se joindre les ravages d'un insecte microscopique.

» La feuille, dont les fonctions vitales sont ainsi profondément altérées, se recoquille, se dessèche, prend une teinte noirâtre et se détache du sujet au moindre contact; peu de temps après qu'elle a été cueillie, elle exhale une odeur nauséabonde.

» Si d'autres savants, notamment M. de Quatrefages, ont contesté l'existence de cette maladie, cela tient à ce qu'elle n'était pas encore apparue en avril et mai, date de leurs observations.

» Les expériences faites par M. Quatrefages ont démontré que l'addition de sucre à la feuille du mûrier produit les meilleurs résultats. M. Nourrigat en conclut que la feuille manque de partie sucrée, et, par conséquent, de qualité substantielle, peut-être même d'autres propriétés non moins essentielles aux fonctions de l'insecte. Du reste, la maladie végétale a ses phases; elle n'agit pas d'une manière immédiate sur les générations; son action est plus ou moins lente, mais toujours progressive. C'est ce qui explique l'échec d'une race à côté de la réussite d'une autre, bien que toutes deux aient été élevées simultanément dans le même local et nourries de la même feuille.

» D'ailleurs, cette immunité d'une même race s'étend rarement à plusieurs générations, si elle reste soumise aux mêmes influences : l'expérience l'a prouvé.

» Il n'est pas étonnant que le mûrier, soumis depuis des siècles à un mode de culture qui contrarie sa végétation, puisqu'il le prive de ses feuilles au moment même où leurs fonctions s'exercent avec le plus d'activité, ressente aujourd'hui les effets de ce traitement contre nature.

» Il n'en est pas de même pour l'espèce nouvelle et très-vigoureuse introduite par M. Nourrigat. Le mûrier du Japon ou Nangasaki *(morus japonica),* par sa végétation constante et le renouvellement incessant de ses feuilles, s'harmonise parfaitement avec les organes délicats des jeunes insectes pendant leurs quatre premiers âges. L'introduction de ce végétal permet de doubler la production annuelle au moyen d'une deuxième récolte, et de donner à la seconde feuille tombante d'automne des mûriers ordinaires, précédemment perdue pour l'agriculture, une valeur égale à celle de la feuille du printemps.

» Ce nouveau mûrier sauvage à grandes feuilles, dont le mérite a été attesté par les médailles obtenues dans nos grandes expositions agricoles, loin de faire attendre ses produits pendant huit ou dix années, comme le mûrier ordinaire, donne un revenu presque immédiat; il présente une économie de 25 à 30 p. 100 sur la consommation. Ses feuilles, plus nutritives et moins chargées de parties aqueuses, n'exposent pas l'insecte aux nombreuses maladies qui naissent de l'alimentation par la feuille du mûrier greffé.

» Enfin, le mûrier sauvage, par sa multiplication rapide et sa prodigieuse végétation, permet d'obtenir de nos landes les plus arides, et sans aucune valeur, un revenu des plus importants.

» Les vers alimentés dans leurs premiers âges par la feuille naissante du mûrier du Japon, marchent avec une simultanéité remarquable, montent à la bruyère en quarante ou quarante-deux jours, ne laissant ni morts ni malades sur les litières, et produisent enfin d'abondants et excellents cocons.

» La graine provenant de ces éducations, pondue en novembre, a constamment donné à Lunel, chez M. Nourrigat, les meilleurs résultats au printemps suivant. Et ce qu'il y a surtout de remarquable dans cette semence automnale, c'est la spontanéité des naissances à l'incubation; un jour d'avant-coureurs et deux jours d'éclosion suffisent pour la complète apparition des vers.

» Si une expérience, facile à faire, constate que le *morus japonica* possède réellement les qualités qu'on lui attribue, ce sera pour notre industrie séricicole une précieuse acquisition. »

Une autre industrie nouvelle nous paraît pouvoir se développer dans le pays bordelais.

Le voisinage des plus belles forêts de pins maritimes qui existent en Europe et qui s'étendent sans interruption de l'embouchure de la Gironde jusqu'à l'Adour, ne pourraient-ils pas faire naître en effet sur notre territoire quelques essais commerciaux ?

Il existe en Prusse, dans les environs de Breslau, au lieu appelé *Pré Humbold*, une manufacture de laine végétale faite avec la feuille du pin maritime. Cet établissement est en grande prospérité; il fabrique principalement des matelas et des couvertures, qu'il livre à bas prix et qui sont adoptés dans une grande partie des hôpitaux de l'Allemagne. On les considère comme très-favorables à la santé. A la fabrique sont réunis des bains aromatiques, alimentés par les eaux de l'usine; ces bains sont en grande réputation comme curatifs et fortifiants.

Il nous semble qu'il n'est pas un pays où un établissement de ce genre fût mieux placé que dans les environs de Bordeaux.

En ce qui regarde les fabriques qui ont pour base la consommation des produits étrangers et notamment le tissage du coton, on ne peut contester que leur adoption dans nos contrées eût été un grand bien pour notre port ; elles y auraient ramené la grande navigation des États-Unis. On ne conçoit pas comment les capitaux bordelais n'ont pas fait d'énergiques efforts pour arriver à cet immense résultat ; on doit reconnaître au contraire qu'à cet égard l'indifférence et même la froideur du pays n'ont pas été sans reproches. Une manufacture de tissage, établie aux Chartrons depuis vingt ans, vient de cesser ses travaux. Pour vivre et grandir, il faut que les industries trouvent autour d'elles le patriotisme éclairé qui protége, et la sympathie générale qui donne l'espérance du succès.

Nous pourrions peut-être soumettre encore au commerce de Bordeaux quelques critiques fondées ; mais nous bornons là ces observations, que nous avons considérées comme appartenant à l'histoire. De plus longs développements dépasseraient les limites de notre sujet.

Est modus in rebus, sunt certi denique fines....

FIN.

TRAITÉ DE COMMERCE

CONCLU ENTRE LA FRANCE ET L'ANGLETERRE

SIGNÉ LE 23 JANVIER 1860

ET PROMULGUÉ LE 10 MARS SUIVANT.

———◦◇◦———

ART. 1er. — Sa Majesté l'Empereur des Français s'engage à admettre les objets ci-après dénommés, d'origine et de manufacture britanniques, importés du royaume uni en France, moyennant un droit qui ne devra, en aucun cas, dépasser trente pour cent de la valeur, les deux décimes additionnels compris.

Ces objets et marchandises sont les suivants :

Sucre raffiné ;

Curcuma en poudre ;

Cristal de roche ouvré ;

Fer forgé en massiaux ou prismes ;

Fils de laiton (cuivre allié de zinc), polis ou non polis, de toute sorte ;

Produits chimiques dénommés ou non dénommés ;

Extraits de bois de teinture ;

Garancine ;

Savons ordinaires de toute sorte et savons de parfumerie,

Poterie de grès fin ou commun et de terre de pipe ;

Porcelaines ;

Verres, cristaux, glaces ;

Fils de coton ;

Fils de laine de toute sorte ;

Fils de lin et de chanvre ;

Fils de poils spécialement dénommés ou non ;

Tissus de coton ;

Tissus de crin spécialement dénommés ou non ;

Tissus de laine dénommés ou non ;

Lisières en drap ;

Tissus de poils ;

Tissus de soie ;

Tissus de bourre de soie; fleuret ;

Tissus d'écorces d'arbres et de tous autres végétaux fila-menteux, dénommés ou non ;

Tissus de lin et de chanvre ;

Tissus mélangés de toute sorte ;

Bonneterie ;

Passementerie ;

Mercerie ;

Tissus de caoutchouc et de gutta-percha purs ou mélangés ;

Habillements ou vêtements confectionnés ;

Peaux préparées ;

Ouvrages en peaux ou en cuir, compris ou non sous la dénomination de mercerie commune ou fine ;

Plaqués de toute sorte ;

Coutellerie ;

Ouvrages en métaux dénommés ou non ;

Fonte de toute espèce, sans distinction de poids ;

Fers, sauf l'exception prévue par l'article 17 ci-après ;

Aciers ;

Machines, outils et mécaniques de toute sorte ;

Voitures suspendues, garnies ou peintes ;

Tabletterie et ouvrages en ivoire ou en bois ;

Eaux-de-vie, même autres que de vin, de cerise, de mé-lasse ou de riz ;

Bâtiments de mer et embarcations ;

A l'égard du sucre raffiné et des produits chimiques déri-vés du sel, on ajoutera aux droits ci-dessus fixés le montant des impôts qui grèvent ces produits à l'intérieur.

Art. 2. — Sa Majesté l'Empereur s'engage à réduire les droits d'importation en France sur la houille et le coke britanniques au chiffre de quinze centimes les cent kilogrammes, plus les deux décimes.

Sa Majesté l'Empereur s'engage également, dans le délai de quatre ans, à partir de la ratification du présent Traité, à établir à l'importation des houilles et du coke, par les frontières de terre et de mer, un droit uniforme qui ne pourra être supérieur à celui qui est fixé par le paragraphe précédent.

Art. 3. — Il est convenu que les droits fixés par les articles précédents sont indépendants des droits différentiels établis en faveur des bâtiments français.

Art. 4. — Les droits *ad valorem* stipulés par le présent Traité seront calculés sur la valeur au lieu d'origine ou de fabrication de l'objet importé, augmentée des frais de transport, d'assurance et de commission nécessaires pour l'importation en France jusques au port de débarquement.

Pour la perception de ces droits, l'importateur fera, au bureau de la douane, une déclaration écrite, constatant la valeur et la qualité des marchandises importées. Si l'administration de la douane juge insuffisante la valeur déclarée, elle aura le droit de retenir les marchandises, en payant à l'importateur le prix déclaré par lui, augmenté de cinq pour cent.

Ce payement devra être effectué dans les quinze jours qui suivront la déclaration, avec restitution des droits, s'il en avait été perçu.

Art. 5. — Sa Majesté Britannique s'engage à recourir à son Parlement pour être mise à même d'abolir les droits d'importation sur les articles suivants :

Acide sulfurique et autres acides minéraux ;

Agates et cornalines montées ;

Allumettes chimiques de toute sorte ;

Amorces ou capsules de poudre fulminante ;

Armes de toute sorte ;

Bijouterie ;

Bimbeloterie ;

Bouchons ;

Brocarts d'or et d'argent ;

Broderies ou ouvrages à l'aiguille de toute espèce ;

Ouvrages en bronze ou métal bronzé ou verni ;

Cannes pour ombrelles, parapluies ou autres, montées, peintes ou autrement ornées ;

Chapeaux, de quelque matière qu'ils soient composés ;

Gants, bas, chaussettes et autres articles confectionnés, en tout ou en partie, de coton ou de fil de lin ;

Cuir ouvré ;

Dentelles de coton, laine, soie ou lin ;

Fers et aciers ouvrés ;

Machines et mécaniques ;

Outils et instruments ;

Coutellerie et autres articles en acier, fer ou fonte moulée ;

Articles d'ornement ou de fantaisie en acier ou en fer ;

Ouvrages chargés de cuivre par un procédé galvanique ;

Modes et fleurs artificielles ;

Fruits frais ;

Ganterie et autres articles d'habillement en peau ;

Caoutchouc et gutta-percha ouvrés ;

Huiles ;

Instruments de musique ;

Châles de laine imprimés ou unis ;

Couvertures, gants et autres tissus en laine non dénommés ;

Mouchoirs et autres tissus non dénommés, en lin et en chanvre ;

Parfumerie ; tabletterie ; pendules ; montres ; lorgnettes ;

Plomb ouvré dénommé ou non dénommé ;

Plumes apprêtées ou non ;

Tissus de poil de chèvre ou autres ;

Porcelaine ;

Poterie ;

Raisins frais ;

Sulfate de quinine ;

Sels de morphine ;

Tissus de soie pure ou mélangée, de quelque nature qu'ils soient.

Articles non dénommés au tarif, actuellement grevés d'un droit de dix pour cent *ad valorem*, sauf toutefois les mesures de précaution que pourrait exiger la protection du revenu public contre l'introduction de matières assujetties à des droits de douane ou d'accise et qui entreraient dans la composition des articles admis en franchise en vertu du présent paragraphe.

Art. 6. — Sa Majesté Britannique s'engage aussi à proposer au Parlement de réduire immédiatement les droits à l'importation des vins français à un taux qui ne dépassera pas trois shillings par gallon jusqu'au 1er avril 1861. A partir de cette dernière époque, les droits d'importation seront réglés de la manière suivante :

1º Sur les vins qui contiennent moins de quinze degrés d'esprit, type d'Angleterre, vérifiés par l'hydromètre de Sykes, le droit ne dépassera pas un shilling par gallon.

2º Sur les vins qui contiennent de quinze à vingt-six degrés, le droit ne dépassera pas un shilling six pence par gallon ;

3º Sur les vins qui contiennent de vingt–six à quarante degrés, le droit ne dépassera pas deux shillings par gallon ;

4º Sur les vins en bouteilles, le droit ne dépassera pas deux shillings par gallon ;

5º L'importation des vins ne devra avoir lieu que par les ports qui seront désignés à cet effet avant la mise à exécution du présent Traité, Sa Majesté Britannique se réservant de substituer d'autres ports à ceux qui auront été primitivement désignés, ou d'en augmenter le nombre.

Le droit d'importation par les ports non désignés sera de deux shillings par gallon ;

6° Sa Majesté Britannique se réserve le droit, nonobstant les dispositions du présent article, de fixer le *maximum* d'esprit type qui pourra être contenu dans la liqueur déclarée comme vin, sans toutefois que ce *maximum* puisse être inférieur à trente-sept degrés.

Art. 7. Sa Majesté Britannique promet de recommander au Parlement l'admission dans le royaume uni des marchandises provenant de France à des droits identiques à ceux d'accise qui grèvent ou grèveraient les marchandises similaires dans le royaume uni. Toutefois, les droits à l'importation pourront être augmentés des sommes qui représenteraient les frais occasionnés aux producteurs britanniques par le système de l'accise.

Art. 8. En conséquence de l'article précédent, Sa Majesté Britannique s'engage à recommander au Parlement l'admission dans le royaume uni des eaux-de-vie et esprits provenant de France à des droits exactement identiques à ceux qui grèvent dans le royaume uni les esprits de fabrication nationale, sauf une surtaxe de deux pence par gallon, ce qui fait pour le droit à percevoir actuellement sur les eaux-de-vie et esprits provenant de France huit shillings deux pence le gallon. Sa Majesté Britannique s'engage aussi à recommander au Parlement l'admission des rhums et tafias provenant des colonies françaises aux mêmes droits que ceux qui grèvent ou grèveraient ces produits provenant des colonies britanniques.

Sa Majesté Britannique s'engage à recommander au Parlement l'admission des papiers de tenture provenant de France à des droits identiques à ceux d'accise, c'est-à-dire à quatorze shillings le quintal, et les cartons de même provenance à un droit qui ne pourra excéder quinze shillings le quintal.

Sa Majesté Britannique s'engage aussi à recommander au Parlement l'admission de l'orfèvrerie provenant de France à des droits identiques à ceux de marque ou d'accise qui grèvent l'orfèvrerie britannique.

Art. 9. Il est entendu entre les hautes puissances contractantes que si l'une d'elles juge nécessaire d'établir un droit d'accise ou impôt sur un article de production ou de fabrication nationale qui serait compris dans les énumérations qui précèdent, l'article similaire étranger pourra être immédiatement grevé à l'importation d'un droit égal.

Il est également entendu entre les hautes puissances contractantes que, dans le cas où le Gouvernement britannique jugera nécessaire d'élever les droits d'accise qui grèvent les esprits de fabrication nationale, les droits d'importation sur les vins pourront être modifiés de la manière suivante :

Chaque augmentation d'un shilling par gallon d'esprit sur le droit d'accise pourra donner lieu, sur les vins payant un shilling et demi, à une augmentation de droit qui ne pourra excéder un penny et demi; et sur les vins payant deux shillings, à une augmentation qui ne pourra excéder deux pence et un demi-penny.

ART. 10. Les deux hautes parties contractantes se réservent la faculté d'imposer, sur tout article mentionné dans le présent Traité ou sur tout autre article, des droits de débarquement ou d'embarquement affectés à la dépense des établissements nécessaires au port d'importation et d'exportation.

Mais, en tout ce qui concerne le traitement local, les droits et les frais dans les ports, les bassins, les docks, les rades, les havres et les rivières des deux pays, les priviléges, faveurs ou avantages qui sont ou seront accordés aux bâtiments nationaux, sans exception, ou à la marchandise qu'ils exportent ou importent, le seront également aux bâtiments de l'autre pays et aux marchandises qu'ils importent ou exportent.

ART. 11. Les deux hautes puissances contractantes prennent l'engagement de ne pas interdire l'exportation de la houille et de n'établir aucun droit sur cette exportation.

ART. 12. Les sujets d'une des hautes puissances contractantes jouiront, dans les États de l'autre, de la même protection que les nationaux pour tout ce qui concerne la propriété des marques de commerce et des dessins de fabrique de toute espèce.

ART. 13. Les droits *ad valorem* établis dans la limite fixée par les articles précédents seront convertis en droits spécifiques par une convention complémentaire qui devra intervenir avant le 1ᵉʳ juillet 1860. On prendra pour base de cette conversion les prix moyens pendant les six mois qui ont précédé la date du présent Traité.

Toutefois, la perception des droits sera faite conformément aux bases ci-dessus établies : 1° dans le cas où cette convention complémentaire ne serait pas intervenue avant l'expiration des délais fixés pour l'exécution par la France du présent Traité; 2° pour les articles dont les droits spécifiques n'auraient pu être réglés d'un commun accord.

ART. 14. Le présent Traité sera exécutoire pour le royaume uni de la Grande-Bretagne et d'Irlande aussitôt que la sanction législative nécessaire aura été donnée par le Parlement, sous la réserve faite, en ce qui concerne les vins, par l'article 6.

Sa Majesté Britannique se réserve, en outre, la faculté de conserver, pour des motifs spéciaux et par exception, pendant un temps qui ne pourra excéder deux années, à partir du 1ᵉʳ avril 1860, la moitié des droits qui grèvent actuellement les articles dont l'admission en franchise est stipulée par le présent Traité. Cette réserve n'est pas applicable aux soieries.

ART. 15. Les engagements contractés par Sa Majesté l'Empereur des Français seront exécutoires, et les tarifs précédemment indiqués à l'importation des marchandises d'origine et de manufacture britanniques seront applicables dans les délais suivants :

1° Pour la houille et le coke, à partir du 1ᵉʳ juillet 1860;

2° Pour les fers, les fontes, les aciers qui n'étaient pas frappés de prohibition, à partir du 1ᵉʳ octobre 1860;

3° Pour les ouvrages en métaux, machines, outils et mécaniques de toute espèce, dans un délai qui ne dépassera pas le 31 décembre 1860;

4° Pour les fils et tissus de lin et de chanvre, à partir du
1er juin 1861 ;

5° Pour tous les autres articles, à partir du 1er octobre 1861 ;

ART. 16. Sa Majesté l'Empereur des Français s'engage à ce
que les droits *ad valorem* établis à l'importation en France
des marchandises d'origine et de manufacture britanniques
aient pour *maximum* la limite de 25 p. 100, à partir du 1er octobre 1864.

ART. 17. Il demeure entendu entre les hautes puissances
contractantes, comme élément de la conversion des droits *ad
valorem* en droits spécifiques, que pour les fers actuellement
grevés à l'importation en France d'un droit de dix francs, non
compris le double décime additionnel, le droit sera de sept
francs pour cent kilogrammes jusqu'au 1er octobre 1864, et
de six francs à partir de cette époque, les deux décimes additionnels compris dans les deux cas.

ART. 18. Les dispositions du présent Traité de commerce
sont applicables à l'Algérie, tant pour l'exportation de ses
produits que pour l'importation des marchandises britanniques.

ART. 19. Chacune des deux hautes puissances contractantes
s'engage à faire profiter l'autre puissance de toute faveur, de
tout privilége ou abaissement dans les tarifs des droits à l'importation des articles mentionnés dans le présent Traité, que
l'une d'elles pourrait accorder à une tierce puissance. Elles
s'engagent, en outre, à ne prononcer l'une envers l'autre
aucune prohibition d'importation ou d'exportation qui ne soit
en même temps applicable aux autres nations.

ART. 20. Le présent Traité ne sera valable qu'autant que
Sa Majesté Britannique aura été autorisée par l'assentiment
de son Parlement à exécuter les engagements contractés par
elle dans les articles qui précèdent.

ART. 21. Le présent Traité restera en vigueur pendant dix
années, à partir du jour de l'échange de ses ratifications ; et,

dans le cas où aucune des deux hautes puissances contractantes n'aurait notifié, douze mois avant l'expiration de la
dite période de dix années, son intention d'en faire cesser les
effets, le Traité continuera à rester en vigueur encore une
année, et ainsi de suite, d'année en année, jusqu'à l'expiration d'une année, à partir du jour où l'une ou l'autre des
hautes puissances contractantes l'aura dénoncé.

Les hautes puissances contractantes se réservent la faculté
d'introduire, d'un commun accord, dans ce Traité, toutes
modifications qui ne seraient pas en opposition avec son esprit
ou ses principes, et dont l'utilité serait démontrée par l'expérience.

Art. 22. Le présent Traité sera ratifié, et les ratifications
en seront échangées à Paris, dans le délai de quinze jours, ou
plus tôt, si faire se peut.

En foi de quoi, les Plénipotentiaires respectifs l'ont signé,
et y ont apposé le cachet de leurs armes.

Fait en double expédition à Paris, le vingt-troisième jour
de janvier de l'an de grâce mil huit cent soixante.

ARTICLE ADDITIONNEL.

Par l'article 8 du Traité de commerce entre Sa Majesté
l'Empereur des Français et Sa Majesté la Reine du royaume
uni de la Grande-Bretagne et d'Irlande, signé à Paris le
23 janvier dernier, Sa Majesté Britannique s'est engagée à
recommander au Parlement l'admission dans le royaume uni
des eaux-de-vie et esprits importés de France à un droit
exactement égal au droit d'accise perçu sur les esprits de
fabrication indigène, avec l'addition d'une surtaxe de deux
pence par gallon, ce qui mettrait le droit actuel à payer, pour
les eaux-de-vie et esprits de France, à huit shillings deux
pence par gallon.

Depuis la ratification du dit Traité, le Gouvernement de
Sa Majesté Britannique s'est assuré que la surtaxe de deux

pence par gallon n'est pas suffisante pour contre-balancer les charges que les lois de douane et d'accise font actuellement peser sur les esprits de fabrication anglaise, et qu'une surtaxe limitée au taux de deux pence par gallon laisserait encore subsister sur les esprits de fabrication anglaise un droit différentiel en faveur des eaux-de-vie et esprits étrangers.

En conséquence, le Gouvernement de Sa Majesté Britannique ayant fait connaître ces circonstances au Gouvernement de Sa Majesté l'Empereur des Français, et Sa Majesté Impériale ayant consenti à ce que le montant de la dite surtaxe fût augmenté, les deux hautes parties contractantes au dit Traité de commerce sont convenues par le présent article additionnel que le montant de cette surtaxe serait de cinq pence par gallon, et Sa Majesté Britannique s'engage à recommander au Parlement l'admission dans le royaume uni des eaux-de-vie et esprits importés de France à un droit exactement égal au droit d'accise perçu sur les esprits de fabrication indigène, avec addition d'une surtaxe de cinq pence par gallon.

Le présent article additionnel aura la même force et valeur que s'il avait été inséré dans le Traité de commerce du 23 janvier dernier. Il sera ratifié, et les ratifications en seront échangées à Paris, dans le délai de cinq jours, à partir de la date de sa signature.

TABLE DES MATIÈRES

CHAPITRE V.

Seizième et dix-septième siècle.

CHAPITRE VI.

Dix-huitième siècle.

L'organisation du commerce de Bordeaux se perfectionne; mais la
lutte des tarifs continue à retarder le progrès; heureusement,
le commerce des colonies grandit. — Bordeaux en devient l'entrepôt principal. — Le goût des produits coloniaux se répand
dans des proportions inespérées. — La prospérité de notre port
atteint le plus haut degré. Cependant, cette fortune commerciale n'était, en général, que le résultat de circonstances exceptionnelles. — Nos produits agricoles, richesse immuable et sûre,
demeuraient toujours victimes de l'exagération des droits étrangers. — Le gouvernement de Louis XVI reconnaît le mal et a le
courage de le combattre. — Le traité de 1786 fut un acte d'une
grande valeur. — Conçu toutefois avec hésitation, et n'ayant pas
pour base une réciprocité réelle, il ne put produire que des résultats peu décisifs. — En ce moment, des embarras financiers forcent l'État à consulter la nation. — Les idées de réformes
sociales s'agitent et se répandent. — De grands malheurs intérieurs entraînent enfin une guerre générale. — Anéantissement

CHAPITRE VII.

Dix-neuvième siècle.

Paix d'Amiens. — Reprise des hostilités. — Pertes du commerce
de Bordeaux. — Mesures extrêmes à l'égard des marchandises
de fabrique anglaise. — Paix de 1814. — Reprise rapide du
commerce. — Après l'événement des Cent Jours il reste languissant et paralysé. — Les anciens éléments n'existaient plus. —
Efforts énergiques des armateurs bordelais pour créer de nou-

www.ingramcontent.com/pod-product-compliance
Lightning Source LLC
Chambersburg PA
CBHW061005220326
41599CB00023B/3835